MA VIE POUR UNE ÉTOILE

AIMÉ JACQUET

MA VIE POUR UNE ÉTOILE

Récit recueilli par Philippe Tournon

Éditions Robert Laffont-Plon

© Éditions Robert Laffont-Plon, Paris, 1999
ISBN : 2-221-08942-1

« ... pour atteindre l'inaccessible étoile. »

Jacques Brel

À Martine, à Karine, à Nicolas.

À tous ceux dont j'ai croisé un jour le chemin, dont le nom figure ou ne figure pas dans ce récit, mais qui ont contribué à faire de moi ce que je suis et de ma vie ce qu'elle a été.

1

Des émotions pour l'éternité

C'est comme un trou noir. Un immense trou noir. Il ne reste qu'une poignée de secondes à jouer, Manu Petit vient de marquer le troisième but, d'un tir croisé dans le petit filet. Le but du couronnement. Tout ce qui peut subsister d'incertitude dans cette finale se trouve définitivement balayé. Alors, pour la première fois du match, mes yeux quittent le terrain pour se tourner vers notre banc.

J'ai à peine le temps d'apercevoir David Trezeguet qui pleure à gros sanglots, comme seul un gosse peut pleurer. Le temps encore de lancer à Henri Émile ou à Philippe Bergeroo, je ne sais plus, à moins que ce ne soit à moi-même : « Ça y est, on est champions du monde ! » Et puis rideau, fini, je bascule, je perds le fil de ce qui se passe autour de moi. Tandis qu'une formidable clameur explose dans le stade, une succession d'images incohérentes se met à défiler dans ma tête...

Je me revois dans mon village de Sail-sous-Couzan, gamin encore, avec sur le dos un maillot qui n'est pas bleu mais orange, en train de taper dans le ballon avec les copains, sous l'œil du « Nesse », notre entraîneur, coiffé de son éternel chapeau. Et puis c'est l'équipe au grand complet qui cette fois s'élance fièrement pour défiler dans la grand-rue, en partant du cimetière, derrière la fanfare et les majorettes. Nous fêtons notre victoire en coupe... La coupe de la Loire ! Ce jour-là, je n'ai pas joué, mais peu importe, ma joie est la même que celle de toute l'équipe.

Les époques se télescopent. Après ces souvenirs lointains, ce sont les images toutes récentes de notre départ de Clairefontaine pour la grande finale qui me reviennent à l'esprit. Je revois ces milliers de gens massés à la sortie du Centre technique, en train d'agiter drapeaux et banderoles. Leur chaleur nous va droit au cœur. Elle nous porte. Mais, la première émotion passée, j'ai soudain la hantise que notre car ne parvienne pas à se frayer un chemin à travers cette marée humaine. Et si nous arrivions en retard au Stade de France ? « On ne sera jamais à l'heure ! » je m'inquiète, comme si cela pouvait y changer quelque chose. Dieu sait si aujourd'hui nous avons un rendez-vous à ne pas manquer...

Mais déjà une image chasse l'autre. Ou plutôt c'est un maillot qui en chasse un autre. Je suis à Saint-Étienne, vêtu d'un maillot de légende, vert cette fois. En face de moi, Snella, mon entraîneur, me jauge du regard et, à sa manière allusive, avec un minimum de mots, me fait comprendre que « je ne fais pas le poids » et que j'aurais intérêt à fréquenter la salle de musculation :

— Fais attention, Aimé, t'es épais comme une ficelle et c'est pas le vent qui manque par ici...

Jacquet ? Pas bâti pour l'emploi. Les épaules pas assez larges... Aussitôt surgit le visage du père Wenhert, chez qui je me suis astreint à cette musculation prônée par Snella. Puis celui du gars qui a dirigé mes exercices de gym après ma grave blessure, une rupture du tendon d'Achille qui m'a tenu à l'écart des terrains pendant vingt mois. Revient aussi la silhouette de « Kiki », le maître nageur qui surveillait mon travail en piscine tous les matins. Tous ceux qui m'ont appris à me surpasser, parfois dans la douleur...

DES ÉMOTIONS POUR L'ÉTERNITÉ

Les flashes se succèdent. Me revoilà à Sail, chez Marie Vial ou sa fille Raymonde, qui m'ont si souvent gardé, enfant, pendant que mes parents étaient occupés à la boucherie. Il y a aussi Martine, ma future femme... que je ne connaissais pas à l'époque et qui n'était même pas née ! Tout défile dans ma tête à un rythme fou, sans respect du temps ni du lieu.

– Aimé ! Viens saluer les gens de Sail-sous-Couzan !

La voix de Philippe Tournon, notre chef de presse, me rappelle un bref instant à la réalité. C'est sans doute le nom de Sail qui a opéré le déclic, parce qu'il fait écho à ma plongée dans le passé. Philippe m'entraîne pour saluer le public d'une tribune située dans un angle du stade, où se sont rassemblés ceux de mon village. Je le suis comme un automate. Parmi cette foule survoltée, je ne reconnais personne, évidemment, mais, face à elle, je lève les bras au ciel en faisant le V de la victoire. Le geste n'a rien de réfléchi. En fait, je suis déjà reparti dans mon film intérieur...

C'est dans cet état second que je monte à la tribune officielle en compagnie des joueurs et des entraîneurs pour recevoir cette coupe dont nous avons tant rêvé. Les dernières marches ! Tout au long de la montée, j'ai vaguement conscience qu'on me tape sur l'épaule, qu'on me serre la main, qu'on voudrait m'embrasser. Les visages se superposent à toute vitesse. Impossible de tous les mémoriser. Mme Sastre est là, Platini aussi, Jacques Chirac enfin... Seules les images de la télévision et des magazines me permettront, par la suite, de renouer le fil de ces moments de folie que j'ai vécus comme « décalé », jamais complètement à chaud.

Il suffit pour s'en persuader de regarder les photos qui ont été prises entre le coup de sifflet final et le tour d'honneur. Sur toutes ou presque, j'ai le regard vide, comme absent.

Aucun doute, je suis ailleurs. Et, pendant qu'en file indienne les joueurs prennent d'assaut la tribune pour recevoir le trophée, j'ai la sensation de donner la main à une autre farandole, celle que forment les fantômes de mon passé, tous ceux qui ne sont plus là pour partager notre triomphe. À plusieurs reprises, durant ces minutes irréelles, passera devant mes yeux le visage de mes parents...

Paradoxalement, c'est à l'instant précis où je quitte physiquement le sol, hissé sur les épaules de mes joueurs par les bras puissants de Marcel Desailly, que je reviens sur terre.

J'ai une bonne raison pour retrouver mes esprits : là, dans les mains, je tiens la Coupe du monde ! Le Graal des footballeurs ! En fait, je l'ai déjà brandie là-haut, devant la tribune officielle, mais j'étais encore dans le brouillard : il n'y avait pas d'adéquation entre le geste du vainqueur et les pensées qui m'occupaient.

Mais de retour sur le terrain, au milieu de mes joueurs, porté par eux, je suis de nouveau au contact de l'événement, happé par l'énorme liesse qui continue de déferler sur le Stade de France. Je lève le trophée à bout de bras. Oui, nous sommes champions du monde ! À cet instant, au risque de paraître égoïste ou vaniteux, je n'ai qu'une pensée en tête : « On l'a bien mérité ! »

En une fraction de seconde, je mesure l'ampleur du travail accompli depuis deux ans avec mon staff et avec les joueurs. Un travail obstiné qui nous a conduits là où nous sommes aujourd'hui, sur la plus haute marche du podium. Cette coupe, j'en connais le prix !

Et, au plus fort de ce bonheur total que nous partageons entre nous et que nous transmettons à des millions de téléspectateurs, comment pourrais-je ne pas mettre en regard

DES ÉMOTIONS POUR L'ÉTERNITÉ

l'existence de « dingue » – le mot n'est pas trop fort – que j'ai menée et que j'ai imposée à mes proches comme à mon équipe pendant deux longues années ? Cela représente des mois et des mois toujours sur la brèche, à reprendre inlassablement, un par un, tous les dossiers, à examiner tous les cas de figure possibles ou imaginables.

Oui, cette vague de bonheur qui semble tout emporter sur son passage, il faut la mesurer à l'aune de ce que j'ai enduré, singulièrement depuis la mi-mai 1998, où a véritablement commencé l'opération Coupe du monde, où nous sommes entrés dans cette « bulle » dont je raconterai plus loin les coulisses. Pour bien sentir ce que je peux éprouver au soir du 12 juillet, il est indispensable de connaître et d'apprécier à sa juste valeur le véritable parcours du combattant que nous avons effectué avant de déboucher en pleine lumière, vainqueurs sous les projecteurs du Stade de France. Qui pourrait alors me reprocher de penser en cet instant, au vu des sacrifices consentis : « Cette coupe, on ne l'a pas volée ! » ?

Dans l'énorme tumulte, toutes ces réflexions s'entremêlent au point que ce bonheur me devient presque souffrance. Ça tape très fort à l'intérieur, ça cogne dans ma poitrine. La « bulle » a volé en éclats, et je n'imaginais pas le ressentir à ce point, dans ma chair. Le choc est si violent que j'en suis oppressé. J'essaie de me dire : « C'est fini, tout ce stress, ce travail forcené, mené dans l'incrédulité quasi générale, tu ne les connaîtras plus jamais. Tu as réussi. On a bien bossé, en vrais pros, et la récompense est là, entre nos mains. »

L'émotion me submerge, je suis incapable de la contenir plus longtemps. Je touche du doigt la réalité, l'« authenticité » de notre performance. Une performance que personne ne peut plus contester et que rien ne pourra nous enlever. Oui, je suis marqué à vie.

Pendant le tour d'honneur, que de fièvres, que de joies passent entre les tribunes et le terrain ! J'ai l'impression étrange de voir tout le monde à la fois et personne en particulier. Sur ces milliers de visages éclatent l'émotion, les larmes parfois. Rien de plus parlant, de plus évocateur que ces regards radieux. Je suis littéralement chaviré par tant de bonheur vécu en commun.

Mais voilà cet étau qui me serre de nouveau, lancinant... J'ai sans doute vécu trop longtemps sous son emprise, broyé par les exigences de la haute compétition. Je n'arrive pas à dénouer l'étreinte, je ne parviens pas à me libérer de tout ce qui a précédé et qui a été si éprouvant. Un autre match se livre en moi, entre les réminiscences d'un passé proche, placé sous le signe des tensions et d'un labeur forcené, et l'exaltation que procure le couronnement de mes efforts. La balle va d'un camp à l'autre, souvent indécise, mais déclenchant de fréquentes poussées d'adrénaline !

J'ai la gorge nouée par le spectacle qu'offrent les héros du jour, par leur fraternité évidente, par leur manière de partager leur exploit, comme si aucun ne voulait tirer la couverture à soi. Au contraire, ils sont soucieux d'attribuer à chacun la part de gloire qui lui revient, à l'image de ce trophée qu'ils se passent et se repassent, sans jamais l'accaparer, pendant tout le tour d'honneur.

De temps en temps, un sanglot m'étrangle, et je serais bien incapable alors de prononcer le moindre mot. Heureusement, personne ne me demande rien. Nous vivons un rêve éveillé. Nous prenons conscience peu à peu que nous venons de réaliser un « gros truc », comme on dit dans notre jargon, un « truc *hénaurme* ».

Nous aurions pu rester toute la nuit sur la pelouse. Mais voilà qu'on nous presse gentiment de quitter le théâtre de nos exploits afin de laisser la place à la cérémonie de clôture. Il va falloir regagner les vestiaires.

DES ÉMOTIONS POUR L'ÉTERNITÉ

Soudain, deux pensées me traversent l'esprit. Je m'aperçois que j'ai manqué à mes devoirs, l'un qui me tient à cœur, l'autre plus anecdotique.

Zagallo ! J'ai oublié de féliciter Mario Zagallo, l'entraîneur brésilien !

Cet homme si simple, si attachant, qui affiche pourtant, ne serait-ce qu'en Coupe du monde, un palmarès qu'il me faudrait deux vies au moins pour approcher, je n'ai même pas songé à aller le saluer. C'est la preuve, s'il en était encore besoin, que j'ai eu une « absence » ! Moi qui vais systématiquement serrer la main de mon collègue à la fin des matches, quel que soit le résultat... Cette fois, je ne l'ai pas fait, pris dans la tourmente. Et je m'en veux terriblement. Je sais que je le reverrai tout à l'heure, à l'occasion de la traditionnelle conférence de presse d'après-match. Je me promets de lui apporter un maillot de l'équipe de France, mais je ne me pardonne pas cet oubli, je me reproche de n'avoir pas eu le réflexe, la courtoisie de rendre hommage au vaincu, surtout lorsqu'il a l'envergure d'un Zagallo.

Eh bien, je me trompe sur toute la ligne ! Ce réflexe, je l'ai bien eu, mais je ne m'en souviens pas. Dans la sorte d'apesanteur qui était la mienne au moment du coup de sifflet final, je n'ai pas enregistré ce que je voyais ni ce que je faisais...

Par la suite, la télévision et la presse ont montré à l'envi cet *abrazo* à la sud-américaine, où le vainqueur 94 et le vainqueur 98 se congratulent chaleureusement. J'ai cherché à savoir, depuis, si quelqu'un m'avait soufflé cette démarche. Mais non. Il devait me rester juste assez de lucidité, au milieu de mon film fou, fou, fou, pour avoir la présence d'esprit d'accomplir ce geste.

Mon second manquement, bien réel celui-là, prête moins à conséquence. Durant l'année précédant la Coupe du monde, je m'étais laissé aller à prendre des paris insensés : on se souvient peut-être de la descente en luge du glacier de La Grande-Motte à Tignes ! J'avais aussi promis – en cas de victoire naturellement – d'effectuer un tour d'honneur *à reculons* sur la piste du Stade de France. Roger Lemerre, de son côté, avait visé encore plus haut : il s'était engagé à faire ce tour d'honneur... sur le toit du Stade de France !

Alors, Roger, chiche ?

Nous voici tous dans le vestiaire. Entre nous. Les acclamations du stade nous parviennent toujours, mais étouffées. Les personnalités n'ont pas encore quitté la tribune pour venir jusqu'à nous. À nouveau, il me vient une pensée égoïste : je voudrais arrêter le temps, préserver pour l'éternité ces instants privilégiés où, les yeux dans les yeux, sans qu'il soit besoin de mots, nous échangeons les vives émotions qui nous animent.

Là, dans ce vestiaire spacieux, avant l'arrivée des officiels, avant les photos « pour l'Histoire », s'écoulent deux ou trois minutes d'une exceptionnelle intensité. Ce qui leur donne ce caractère unique, c'est qu'elles ne concernent que la petite quarantaine de personnes qui a vécu l'aventure de A à Z, celles qui savent tout.

Nous avons réussi ! Ce but si lointain, nous l'avons atteint. Encore ruisselants de sueur et de larmes, pour la première et sans doute la dernière fois, à l'abri de la tourmente et des indiscrétions, nous accueillons cette victoire, nous validons en quelque sorte le bien-fondé de notre travail. Sans retenue, sans rien dissimuler, ne serait-ce que par pudeur, nous nous offrons cette joie, nous la savourons. Comment ne pas souhaiter prolonger au maximum des moments aussi forts ?

Mais tout s'enchaîne très vite, trop sans doute, au gré des sollicitations de toutes sortes. Dehors, et c'est bien compréhensible, le monde nous réclame. Des obligations me contraignent

DES ÉMOTIONS POUR L'ÉTERNITÉ

à m'arracher à ce groupe, à cette intimité. Je n'y parviens pas tout à fait. Dans les minutes qui suivent, partout où j'irai, j'aurai l'impression d'être en représentation : mes pensées comme mes sentiments sont restés dans ce vestiaire et dans la grande salle contiguë où les joueurs vont retrouver leurs épouses, leurs compagnes, leur famille, et où se mêleront encore larmes d'émotion et épanchements.

De mon côté, j'arpente les couloirs interminables du Stade de France. Direction les studios de télévision. Puis la conférence de presse.

D'habitude, dans ces occasions, tout en marchant, je m'entretiens avec Philippe Tournon de la manière d'aborder les journalistes. Il en profite pour me suggérer une ou deux phrases d'introduction, il me glisse quelques mots clés. Mais, ce jour-là, je n'entends pas ses recommandations. Franchement, c'est le cadet de mes soucis ! Rien ne m'importe plus, j'y vais les mains dans les poches. Ou, plutôt, je vais m'exécuter consciencieusement, parce que c'est dans ma nature, mais je n'ai plus à me préoccuper de savoir comment mes propos seront perçus. Je n'ai plus à peser des mots qui seront inéluctablement épluchés, repris et souvent, hélas, mal interprétés. Tout cela n'a plus aucune importance. L'équipe de France est championne du monde, point final. À quoi bon les commentaires ?

– Aimé Jacquet, vous voulez revoir les trois buts de la finale ? me demande un journaliste dans les studios de TF1.

– Je m'en fous !

Ma réponse jaillit droit du cœur, abrupte, mais sans aucune méchanceté. Tout ça me semble déjà loin et anecdotique : ces péripéties appartiennent au passé, au chemin de croix. L'alpiniste parvenu au sommet éprouve-t-il le besoin de revoir comment il a négocié telle ou telle corniche ? Seul le résultat compte. Et ceux qui y ont contribué...

Lorsque je parviens à émerger de mon océan de bonheur, ce n'est pas pour penser aux deux têtes de Zidane ou au coup de pied de Manu, mais pour associer à notre réussite tous ceux qui l'ont méritée et qu'il serait injuste d'oublier ! Ce succès, je le clame haut et fort dès le 12 juillet au soir, c'est d'abord celui de *tout* le football français.

Car l'équipe de France n'est pas une planète à part. Elle n'a rien d'une entité en lévitation ! Elle a un socle, elle est l'aboutissement ultime d'une vaste entreprise sportive et humaine qui regroupe plus de deux millions de personnes, réunies sous la bannière de la Fédération française de football. Cette énorme masse d'anonymes forme la base d'une pyramide dont l'équipe de France figure le sommet. Les dirigeants, les éducateurs bénévoles qui encadrent plus d'un million de jeunes de moins de vingt ans, les entraîneurs nationaux, les conseillers techniques régionaux et départementaux qui détectent les jeunes espoirs... Ce sont eux qui permettent l'émergence d'une jeune élite, façonnée dans les centres de formation de nos clubs professionnels. C'est grâce à ce processus patient qu'il peut y avoir, à l'arrivée, des joueurs de grande valeur et une équipe de France compétitive. On n'a pas compris la signification profonde de ce 12 juillet si on n'a pas compris ce travail de fondation.

En ce soir de jubilation nationale, alors que micros et caméras rivalisent soudain de superlatifs pour tenter d'ériger ma personne au rang d'homme providentiel ou de magicien, il aurait été presque indécent de ne pas rappeler cette vérité première.

Au sein de la vaste famille du football, c'est aux « techniciens » que je pense en priorité. Je suis moi-même un technicien. Je connais leurs problèmes, en particulier pour les plus modestes d'entre eux qui, avec une foi admirable, souvent sans moyens, s'investissent à fond dans leur mission d'éducateurs.

Ils ne comptent pas les heures, ni même leurs deniers parfois, pour se montrer à la hauteur de leur tâche : la transmission d'un savoir et d'une passion. Qu'y a-t-il de plus noble ?

Bien sûr, on m'objectera que ma mission à la tête de l'équipe de France, avec les moyens considérables dont j'ai disposé, n'a qu'un très lointain rapport avec le véritable sacerdoce de ces hommes. Pourtant, ce soir-là, je ne doute pas qu'ils se reconnaissent en moi. Parce que, comme eux, j'ai fait mon boulot.

Je pense aussi à ces milliers de petits clubs confrontés à d'innombrables difficultés mais qui constituent, à travers tout le territoire, la toile d'araignée du football français. Toute une architecture bâtie pierre à pierre, depuis le début du siècle. Voilà notre œuvre, notre patrimoine. Et la Coupe du monde, c'est la coupole dorée qu'en ce 12 juillet nous plaçons au sommet de l'édifice. Voici pourquoi, spontanément, j'offre ce trophée à tous les footeux qui en mesurent la valeur et au-delà, bien sûr, à tous les Français.

On aurait tort de voir dans ces « remerciements à toute l'équipe » l'expression d'une modestie convenue. Si je songe à tous ces hommes de terrain, c'est qu'en eux je retrouve mes racines et mon itinéraire. Ce monde-là, j'en suis issu, il m'a pétri. Je m'y reconnais comme dans un miroir. Nous avons cheminé ensemble, affronté des difficultés semblables. Jusqu'aux doutes qui ont longtemps plané sur la capacité du football français à remporter un jour la Coupe du monde... Le doute, j'ai dû y faire face aussi, pratiquement tout au long de ma carrière ! Quand je suis arrivé à Saint-Étienne, j'ai entendu mon lot de réflexions peu encourageantes : « Celui-là, il n'est pas très doué, ça ne sera pas facile pour lui... » Pourtant, à force de travail, j'ai conquis ma place en équipe première et je ne l'ai plus lâchée. Même chose pour la sélection : comparé aux autres internationaux stéphanois de l'époque, je n'étais pas vraiment à niveau, mais j'y suis arrivé quand même. Toujours par obstination.

J'aurais pu me laisser abattre par ces réserves qui pesaient sur mes chances – comme par celles que je pouvais entretenir sur mon compte ! Au lieu de cela, je les ai transformées en levier, je m'en suis fait des alliées. Rien n'est plus pernicieux que de se barder de certitudes. Dans le doute, au contraire, on trouve moyen de progresser, on prend la peine d'accumuler ce que j'appellerais des « pièces à conviction ». Quand on en a suffisamment amassé, on franchit un palier, on sait de quoi on est capable. Et, à force de franchir des paliers, on avance. Mais je n'ai rien inventé. La plupart de ceux qui ont laissé une trace dans notre histoire, petite ou grande, ont procédé de cette manière. Je n'ai fait que me nourrir de leur exemple. Le général de Gaulle – n'allez pas croire que je me compare à lui ! – était de ceux-là. Il posait les questions, cernait les problèmes, mesurait les avantages et les inconvénients des diverses solutions. Puis venait l'heure de la synthèse, de la conviction. La décision prise, il s'y tenait mordicus, et il allait de l'avant.

À mon niveau, je fonctionne ainsi. Avec le doute en guise d'outil. Et ce que je remets en cause en premier lieu, c'est moi. Déjà, quand j'étais joueur, à la fin d'un match, j'analysais ma prestation, jamais celle des autres joueurs. J'ai connu beaucoup d'équipiers qui, pour justifier une contre-performance, se retranchaient sans cesse derrière des considérations extérieures. Cela n'a jamais fait progresser personne de savoir si le copain a été bon ou pas. Un regard aussi objectif que possible sur son comportement me paraît plus utile et plus positif.

Référence aux anciens, conscience du cordon ombilical qui relie notre titre de champion du monde à l'ensemble du football français, absence de complaisance à l'égard de sa propre action... Voilà les notions qui se chevauchent dans ma tête lorsque j'arrive sur le podium de la salle de presse, où *monsieur* Zagallo termine son interview.

DES ÉMOTIONS POUR L'ÉTERNITÉ

Face au remue-ménage ambiant, je m'efforce de rester lucide : « Calme-toi, mon petit bonhomme. Les Zorro, ça n'existe pas dans la vie. Tu es champion du monde, d'accord, mais n'oublie pas tous ceux qui t'ont permis d'arriver là, qui t'ont protégé, qui t'ont donné les moyens de travailler comme tu l'entendais... »

Je rejoins Zagallo sur le podium. Avant toute chose, je lui offre mon maillot. Je sais que sa tristesse est proportionnelle à mon bonheur. Je voudrais lui remonter le moral, l'associer un peu à notre joie. Ce cadeau symbolise tout le respect que j'ai pour lui. Encore un grand moment... au moins pour moi ! De son côté, au milieu de son chagrin, Zagallo a l'air sincèrement touché par mon geste. Nous nous étreignons longuement, je l'embrasse maladroitement, à lui décrocher les lunettes. Tandis qu'il s'éloigne, je ne peux m'empêcher de penser à ce qu'il représente, à tous les titres et les honneurs qu'il a accumulés. Zagallo, c'est un véritable monument ! Aujourd'hui, c'est lui le vaincu et moi le vainqueur. Pour un peu, j'en ressentirais presque de la gêne.

La conférence de presse en elle-même ne me laisse aucun souvenir particulier. Il s'agit là d'un passage obligé dont je m'acquitte volontiers, professionnalisme oblige, mais qui, après les transports vécus sur la pelouse ou dans le vestiaire, me fait retomber dans un rituel conventionnel, en dépit de la ferveur ambiante. Je devrais boire du petit-lait devant l'empressement des journalistes, mais, après deux mois de huis clos, j'ai besoin de grand air, de liberté. Je n'ai plus envie de reparler ni du terrain, ni de la stratégie, ni des changements de joueurs. Je sors d'un long tunnel et je veux seulement m'enivrer du bonheur d'avoir mené à bien la mission qui m'était confiée. Pour le reste...

Mais je ne suis pas au bout de mes émotions ! Sur le chemin qui mène des vestiaires au car, je croise des joueurs qui quittent le niveau 0 du Stade de France au bras de leur épouse. Je vais vers elles autant qu'elles viennent vers moi, nous nous embrassons. Là encore, peu de mots, mais le courant passe. Comme le témoignage d'une reconnaissance réciproque. Car les femmes des joueurs ont leur part dans notre succès. Elles nous soutenaient depuis les tribunes, mais elles ont aussi, à Marseille, à Lyon et à Clairefontaine, partagé plusieurs de nos soirées. Leur présence, souhaitée et organisée par nous, prise en charge par la Fédération, a été un plus indiscutable dans notre parcours.

C'est un cortège de deux cars qui entreprend, à plus de 1 heure du matin, de regagner Clairefontaine. D'un commun accord, nous avions décidé d'écrire la dernière page dans ce lieu hautement symbolique.

Le voyage de retour commence par une contrariété. La France fête partout la victoire des Bleus et, dans Paris comme sur le périphérique, on enregistre des embouteillages monstres. Pour des raisons de circulation, nous ne pouvons pas prendre le même chemin qu'à l'aller (nationale 10 après l'A13). L'escorte de police nous impose un grand détour par l'est de la capitale pour retrouver l'autoroute d'Aquitaine.

Ce faisant, et bien malgré nous, nous « posons un lapin » à des milliers de gens qui nous attendent drapeaux au vent tout au long de la nationale 10, de Trappes à Rambouillet. Je déplore ce rendez-vous manqué, mais, en la circonstance, je ne suis pas le patron !

En arrivant sur Clairefontaine, après avoir quitté l'A10 à la sortie de Dourdan, nouveau problème. Sous prétexte que deux ou trois mille personnes obstruent la route qui monte de l'église de Clairefontaine au Centre technique, les gendarmes veulent nous faire prendre un chemin qui permet d'aborder le CTNF par-derrière.

DES ÉMOTIONS POUR L'ÉTERNITÉ

Cette fois, je me rebelle, et tout le monde avec moi. Nous emprunterons la route habituelle ! Il est déjà 3 heures du matin, cela prendra le temps qu'il faudra, mais nous voulons partager notre bonheur, nous voulons offrir la Coupe du monde à ces gens qui font le pied de grue depuis deux ou trois heures. Sans compter que nous n'avons rien contre l'idée de rester un peu plus dans le car, entre nous, à chanter à tue-tête !

Voilà une décision que nous ne regrettons pas. Le car roule au pas, nous pouvons voir à loisir ces visages tendus vers nous, sur lesquels se lit une telle reconnaissance que nous en sommes bouleversés.

Impossible, bien sûr, d'aller serrer ces mains, d'aller dire un petit mot à ces spectateurs de tous âges. Nous ne pouvons même pas baisser la vitre pour établir un contact direct entre eux et nous. Climatisation oblige, les autocars modernes sont hermétiquement clos, et nous devons nous contenter de grands signes et de larges sourires. Surtout, nous brandissons la coupe, à en attraper des crampes... De leur côté, les supporters débouchent des bouteilles de champagne et en aspergent le car, dans la meilleure tradition des podiums de formule 1.

Cette foule qui ne veut pas nous quitter prend souvent des risques inconsidérés pour coller au plus près du véhicule. Plus d'une fois, je redoute qu'un imprudent ne finisse par passer sous nos roues. Soudain, mon regard s'arrête sur un visage qui ne m'est pas inconnu : c'est Jean-Marie de Guardia, le pompiste chez qui je prends toujours de l'essence à Rambouillet. Pendant des années, nous n'avons échangé que des banalités, sans jamais parler foot ou presque, et cette nuit, à 3 heures du matin, il est là, avec sa femme !

Tant bien que mal, nous parvenons finalement à franchir le portail d'entrée du Centre technique. Malgré les instructions très précises données à maintes reprises, plusieurs photographes et cameramen, juchés sur des motos, réussissent à s'engouffrer dans le sillage du car, avant la fermeture des grilles. Ils attendent maintenant devant la résidence de l'équipe de France, persuadés qu'ils vont pouvoir, au moins pendant un moment, s'inviter parmi nous.

Philippe Tournon, bien dans son rôle, se fait l'interprète des chasseurs d'images. Il m'explique qu'un premier titre de champion du monde ne peut pas se fêter à huis clos, qu'il faut absolument laisser des traces à la postérité. Non, encore non, trois fois non. Philippe ne parviendra pas à ébranler ma détermination. Ce sera nous, rien que nous !

Je tiens à retrouver, dans un contexte à peine élargi, les sensations que j'ai éprouvées lors de notre rentrée au vestiaire. Nous allons célébrer ensemble une victoire géante, nous allons nous libérer totalement, danser, boire... Et ces moments ne peuvent et ne doivent appartenir qu'à nous.

Deux exceptions toutefois : j'ai associé à la fête une dizaine de personnes du Centre technique qui travaillent avec nous à Clairefontaine à longueur d'année et qui, pendant la Coupe du monde proprement dite, se sont montrées d'une disponibilité exemplaire.

D'autre part, pour la première fois dans ma carrière de sélectionneur-entraîneur, je me suis autorisé une faveur, disons plutôt un grand plaisir personnel. Dès que j'ai su que nous jouerions la finale – à mes yeux, et quoi qu'il arrive, le contrat était rempli –, j'ai dit à Riton (Henri Émile) que, le 12 juillet au soir, je voulais avoir ma famille auprès de moi.

En réunissant mes proches pour un événement de cette dimension – avec la victoire en prime ! – j'ai le sentiment de boucler la boucle, sur le plan professionnel comme privé. C'est une façon de dire aux miens : « Je vous ai un peu ou beaucoup délaissés tout au long de ma carrière et particulièrement ces derniers mois où plus rien n'existait en dehors de la préparation à la Coupe du monde, mais aujourd'hui vous êtes là, avec moi, au moment où je cueille le fruit de mes efforts. »

DES ÉMOTIONS POUR L'ÉTERNITÉ

La disposition des lieux à Clairefontaine se prête bien à ce petit « supplément au programme ». Les joueurs, le staff et nos épouses prennent place dans le grand salon de la résidence, par tables rondes de dix ou douze. À côté, dans notre salle à manger habituelle, trop exiguë pour la circonstance, s'installent les miens, à la table traditionnellement occupée par les joueurs. J'avais bien pris soin de ne pas tout mélanger, ce dont certains auraient pu s'étonner.

Entouré de tous ceux qui comptent à mes yeux, je suis l'homme le plus heureux du monde. Un instant, j'admire mes héros du jour, qui baignent dans l'euphorie, et, quelques secondes plus tard, je retrouve Martine, mon épouse, ma fille Karine, accompagnée de son ami David, mon fils Nicolas et son amie Anne-Laure, mon frère René et sa femme, mes neveux... Sans oublier Milou, mon grand copain de Thônes, le village de Haute-Savoie où je vais me ressourcer au moins une fois par an. Ils sont tous là...

Si le bonheur a un visage, c'est bien celui-là.

Celui de cette nuit du 12 au 13 juillet 1998 quand, de retour dans notre bulle, mais cette fois libérés de toute contrainte, de toute pression, nous pouvons « ouvrir les vannes ».

Et, croyez-moi, ça y va! Bagarre générale au champagne. Hilares, Marcel (Desailly) et quelques autres mordent un énorme cigare. Lolo (Blanc) déchire le tee-shirt de Lizarazu en un semblant de strip-tease. Youri (Djorkaeff), torse nu, danse un *kazachok* endiablé. Personne n'y échappe. Moi-même – eh oui! – je me retrouve en train de danser une macarena très appliquée!

Je voudrais que cette nuit ne finisse jamais. Le cœur gonflé de joie, nous vivons des heures intenses, intimes, chaleureuses. Ce n'est pas un banquet ordinaire, non, c'est une fête démesurée, sur une autre planète, entre des individus qui se sont donnés à fond pour atteindre un objectif hors norme. Des personnes qui ont mis en commun leurs souffrances, leurs doutes, leurs espoirs et qui désormais ne songent plus qu'à partager leur réussite.

Finis les calculs, oubliés les rapports de forces avec les joueurs. L'osmose est parfaite. Objet de toutes les convoitises, la Coupe du monde circule de table en table, à la fois symbole et concrétisation de ce sentiment de plénitude qui nous habite tous.

Il n'est pas loin de 7 heures lorsque nous regagnons nos chambres, après un dernier toast au champagne. En ce qui me concerne, c'est la chambre n° 15, au rez-de-chaussée, à droite dans le couloir. Dans cette pièce qui a été le théâtre de tant de discussions, le lieu de décisions lourdes, parfois pénibles, je pénètre comme jamais encore, en compagnie de ma femme, la Coupe du monde dans les mains !

Cette nuit-là, je dors deux heures à peine. Une excitation comme celle que nous venons de connaître ne retombe pas d'un coup. Et le programme du lendemain s'annonce chargé....

Lundi 13 juillet, 9 heures du matin. J'ouvre un œil, il fait gris, il pleut. Je relève la tête, je cherche du regard... Oui, la coupe est bien là, sur ma table de chevet. Je ne l'ai pas rêvée. À elle seule, elle suffit à illuminer la pièce et à faire resurgir des milliers d'images et d'émotions.

Riton a un mal fou à rassembler toute la troupe à l'heure convenue. La nuit a été courte ! Et c'est avec trente bonnes minutes de retard que nous atteignons la Fédération française de football, où nous attend le journal télévisé de TF1, délocalisé pour l'occasion. Mené par Jean-Pierre Pernaut, il durera ce jour-là pas moins de cent vingt minutes !

La Fédération, située au 60 *bis*, avenue d'Iéna, à deux pas de l'Étoile, c'est un peu notre maison, en tout cas celle du foot-ball. On s'y sent chez nous. Le président Simonet a bien fait les choses, mais simplement, comme je les aime. Dans les salons cossus du premier sous-sol, aux parois lambrissées de bois, où luisent bronzes de footballeurs et trophées du temps jadis, nous déjeunons entre nous. Beaucoup de tranquillité, de modestie. Les traits sont tirés, les yeux cernés, mais la sérénité se lit sur tous les visages. Aucune excitation, un bonheur pai-sible, sûr de soi.

À l'issue du déjeuner, le trophée original de la Coupe du monde, qui porte gravé sous son socle le nom des nations vic-torieuses depuis 1974 (la petite statuette ailée du sculpteur français Abel Lafleur, dit trophée Jules Rimet, est quant à elle devenue en 1970 la propriété définitive du Brésil, trois fois vainqueur) –, ce trophée nous est enlevé. On lui substitue une réplique à l'identique... à ce détail près qu'elle n'est pas en or massif. L'original est donc resté en notre possession très préci-sément entre le 12 juillet, 23 heures, et le 13 juillet, 15 heures. Il repose depuis dans les coffres d'une banque parisienne, qu'il ne quittera plus qu'en décembre 2001, destination la Corée du Sud ou le Japon, pour la traditionnelle cérémonie du tirage au sort de la phase finale de la Coupe du monde 2002. Mais, réplique ou original, quelle importance ? Ce qui compte, c'est que nous l'avons gagnée, cette coupe. Et maintenant, nous allons l'offrir à tous les Français !

Car le moment est venu de grimper sur le bus à impériale qui sera notre char de triomphe. Dans la nuit, il a été décoré de superbes fresques à la gloire de l'équipe de France ! L'une d'elles, magnifique, représente les joueurs vus de dos, qui se tiennent par la taille pendant *La Marseillaise*. Le résultat est superbe. Mais nous ne sommes pas au bout de nos surprises...

Quel choc, en effet, lorsque notre véhicule débouche sur le rond-point des Champs-Élysées ! Nous venons d'emprunter les rues relativement calmes derrière l'immeuble de la Fédération, mais là, à perte de vue, de la Concorde à l'Arc de triomphe, nous découvrons une gigantesque marée humaine ! Combien sont-ils ? Six cent mille ? Huit cent mille ? Un million ? Il y aurait de quoi remplir une bonne douzaine de Stades de France ! Ceux qui, la veille, ont suivi la finale sur les écrans géants installés sur les places publiques, dans les cafés ou bien entre amis, se sont donné rendez-vous là dans l'espoir de voir les héros en chair et en os, pour les remercier aussi. En contemplant cette multitude compacte, je me dis : « On ne passera jamais ! »

Mais cette considération pratique est aussitôt balayée par l'émotion. Quel plaisir de voir ces gens venus de toutes parts dans le seul but de témoigner leur joie, avec écharpes et banderoles ! Une foule multicolore, multiraciale, à l'image de notre équipe de France, à l'image de la France d'aujourd'hui, une foule où se mêlent dans une même ferveur, sans arrière-pensées, des gens de tous milieux, de toutes origines, de toutes croyances qui, hier encore, s'ignoraient peut-être, quand ils ne se regardaient pas en chiens de faïence.

À tous, j'ai envie de dire : « Nous sommes là, avec la coupe. Si nous avons pu paraître loin de vous ces derniers mois, si nous avons fait l'essentiel de notre préparation à l'étranger et nos entraînements dans le cadre protégé de Clairefontaine, ne nous en voulez pas. Ce n'était pas dirigé contre vous, c'était une nécessité pour travailler au mieux, afin de répondre présents le jour J. Sans doute vous avez souffert de cette distance. Mais tout cela n'a pas été vain. Aujourd'hui, nous fêtons la France championne du monde ! »

Sur la plate-forme de notre bus à impériale, je scrute la foule. Nous avançons avec une telle lenteur que j'ai le temps de fixer ces regards qui convergent sur nous. J'y lis un enthousiasme si pur que des sanglots me montent à la gorge. Joie éphémère ? Peut-être, mais si intense, si palpable, qu'elle soulève les poitrines. Les corps bondissent, les mains se tendent. Oubliées pour un temps les pesanteurs du quotidien, comme si, devant notre exploit, tous ces gens se sentaient portés à en réaliser d'autres, dans leur propre existence. Comme si tout devenait possible. « La victoire est en nous », clament les tee-shirts que nous avons enfilés.

Mais, après une heure et demie de ce bain de jouvence, une inquiétude se fait jour. Les élans de la foule sont de plus en plus difficilement maîtrisés par le triple cordon de gardes mobiles qui, en nage, au bord de l'épuisement, tentent encore de frayer un chemin à notre bus. De notre position élevée, nous sommes bien placés pour voir que des spectateurs ne touchent plus terre, ballottés par la houle. Certains, pris de malaise, sont difficilement extraits de la cohue. Des enfants pleurent.

Nous demandons à Zidane, dont chaque apparition déclenche des vagues d'enthousiasme impressionnantes (« Zizou ! Zizou ! »), de ne plus se montrer : il descend au « rez-de-chaussée » rejoindre les femmes, invisibles derrière les vitres peintes, mais qui suivent, avec une appréhension grandissante, cette frénésie populaire dont on commence à craindre qu'elle ne débouche sur l'accident, sur l'irréparable. Déjà, la veille au soir, sur cette même avenue, une voiture folle a foncé dans la foule. Pourvu qu'il n'arrive rien ! Un drame maintenant suffirait à gâcher la fête.

Cette angoisse sourde, nous la ressentons tous. Elle prend le pas sur notre allégresse de tout à l'heure. Très vite, nous transmettons le message aux autorités de police par l'entremise de Jean-Pierre Cantin, notre « monsieur Sécurité », et de nos anges gardiens du RAID qui ne nous ont pas quittés depuis six semaines : il faut arrêter.

Arrêter ? Tout le monde s'accorde sur ce point, mais où et comment ? Comment sortir du piège ? Il reste plus de trois cents mètres avant l'Arc de triomphe, lieu d'arrivée théorique de notre périple. Impossible d'aller jusque-là. À hauteur du Fouquet's, les cars de police qui nous précèdent mettent donc le cap à gauche et l'avenue George-V nous apparaît soudain comme l'avenue de la libération.

Bien sûr, nous avons conscience de faire des déçus par milliers. Tous ces gens agglutinés en haut des Champs-Élysées, qui ont attendu quatre à cinq heures pour finalement ne jamais voir passer le car des champions du monde ! Mais il n'y a pas d'autre solution. Nous sommes au bord de la rupture, trop près d'un malheur que nous nous reprocherions éternellement.

Nul n'est à incriminer ici. En dépit d'un délai de préparation très court, un énorme travail a été effectué en amont par les autorités concernées, le service d'ordre est conséquent, la protection civile veille, les secours sont prêts à intervenir à tout moment... Mais trop c'est trop. Surtout, que la fête populaire reste une fête !

Après un grand détour par les quais de Seine, nous récupérons au bois de Boulogne notre bus habituel, le car plus discret conduit par le fidèle José. (Depuis, ce véhicule, resté en l'état, est devenu une sorte de monument historique, que José fait parfois visiter, en indiquant les sièges où étaient installés Zidane, Thuram, Barthez et les autres. Je ne serais pas étonné si, à l'heure qu'il est, il avait fait visser sur les dossiers des plaquettes portant le nom des joueurs, comme certains restaurants célèbres immortalisent les places occupées par des vedettes du cinéma ou de la politique !)

Parvenus presque incognito à la Fédération, nous avons à peine le temps de troquer notre tee-shirt contre une chemise bleu marine que nous voilà déjà partis pour le Lido. Nous

DES ÉMOTIONS POUR L'ÉTERNITÉ

pénétrons dans le célèbre cabaret par l'entrée des artistes, car les Champs-Élysées sont encore très encombrés, plus de deux heures après le grand show de l'après-midi.

Dès l'entrée du Lido, les souvenirs affluent. J'y suis déjà venu en 1968, il y a tout juste trente ans, avec l'équipe de Saint-Étienne, pour fêter notre victoire en Coupe de France contre Bordeaux ! Je découvrais alors un pan de la vie nocturne parisienne, les Champs-Élysées et leurs lumières. À la sortie du Lido, un photographe avait placé la coupe sur le trottoir et m'avait demandé de sauter par-dessus. Si on m'avait dit que je devais y revenir trente ans plus tard, avec une coupe autrement plus prestigieuse !

À mes yeux, le Lido n'est donc pas un lieu anodin. C'est une passerelle – que dis-je une passerelle, un viaduc – jetée entre deux sommets, le point culminant de ma carrière de joueur et l'apogée de mon parcours d'entraîneur. C'est dire si les émotions se bousculent dans ma tête à ce moment-là ! Aussitôt entré, je suis gentiment prié de rejoindre Patrick Poivre d'Arvor qui présente son 20 heures en direct du cabaret.

Après le journal de midi réalisé à la Fédération qui avait duré deux heures, je pensais en être quitte. « Juste deux ou trois questions », m'assure-t-on. En fait, je reste plus d'une demi-heure avec PPDA, pour redire, peu ou prou, ce que j'ai dit à Jean-Pierre Pernaut.

De cette conversation, beaucoup ne retiendront que mes déclarations visant le comportement de certains journalistes... Pourtant, au moment où je m'exprime, je ne vois rien de bien nouveau dans mes propos. Je suis peut-être un peu plus précis dans mes attaques, voire plus agressif qu'auparavant, mais le présentateur doit bien savoir que s'il me branche sur ce sujet, ô combien sensible, il ne tardera pas à me trouver. Ou alors il ne connaît pas le bonhomme ! Qu'espère-t-il ? Obtenir le scoop d'une absolution « en direct » ? Mais j'aurai l'occasion d'y revenir plus loin, et en détail...

Il en faut davantage, vous l'imaginez, pour gâcher ma soirée. D'autant que celle-ci se termine par un spectacle splendide, toujours aussi bien rodé, et, comme il y a trente ans, par la traditionnelle photo au milieu des Blue Bell Girls. Elles n'ont pas changé. De mon côté, j'ai pris un coup de vieux, mais ce soir, malgré une nuit presque blanche, je me sens étrangement rajeuni !

Le lendemain 14 juillet, un autre style de réjouissances nous attend. Impossible d'y couper, la fête nationale sera placée cette année sous le signe du football !

Le calendrier et les aléas du jeu ont bien fait les choses : finale de la Coupe du monde le 12 juillet, victoire « historique » des Bleus, et la fête nationale quarante-huit heures après. Que demande le peuple ? Et comment éviter le rapprochement ? Certains grincheux considèrent peut-être qu'en nous recevant le président de la République fait beaucoup d'honneur à des footballeurs. Mais quel chef d'État, dans n'importe quel pays du monde, n'agirait pas de la sorte ? C'est d'ailleurs une constante dans l'histoire de l'épreuve que les lauréats soient reçus, après la victoire, par le plus haut personnage de l'État. Après quatre succès, les Brésiliens ne s'en lassent pas. Alors, pensez, en France, où l'on n'a encore jamais connu pareille fête ! N'a-t-on pas vu par le passé des vaincus descendre les Champs-Élysées et être reçus Faubourg Saint-Honoré ?

En relation avec Jean-François Lamour, conseiller pour la Jeunesse et les Sports à la présidence de la République, les modalités de notre venue à l'Élysée sont rapidement réglées. Nous arriverons vers 13 heures ; nous déjeunerons dans un salon réservé à notre intention pendant que Jacques Chirac se prêtera, dans les jardins du palais, à la traditionnelle interview

DES ÉMOTIONS POUR L'ÉTERNITÉ

télévisée ; il viendra ensuite nous saluer et nous l'accompagnerons sur le perron côté jardin pour les inévitables photos.

Tout se déroule comme prévu. Dès leur arrivée, les joueurs et leurs épouses se répartissent par petites tables avant de mettre à mal un excellent buffet. Quant à moi, je déjeune avec les présidents Simonet et Le Graët à la table de Marie-George Buffet, la ministre des Sports, et de son mari. Lionel Jospin et sa femme viennent saluer toute la troupe, sans aucune formalité, en faisant le tour de toutes les tables. Nous voyons aussi arriver Johnny Hallyday qui ne manque pas de nous inviter à son concert de septembre... au Stade de France !

Peu après, le président de la République fait son entrée. Souriant, détendu, il improvise un petit discours, pour dire sa joie et sa fierté. Il annonce que je figure dans la promotion du 14 juillet de la Légion d'honneur au grade de chevalier et promet, avec l'assentiment de Lionel Jospin, que les joueurs seront eux aussi distingués en août, par décision spéciale du Conseil des ministres.

Nous voilà bientôt tous, dans un joyeux brouhaha, sur le perron de l'Élysée, qui n'a jamais, sans doute, connu d'hôtes aussi peu soucieux de l'étiquette. Certains joueurs prêts à partir pour le soleil des vacances ont déjà la tenue de circonstance : jean et polo. Pour une fois, les ministres et autres personnalités invitées se trouvent presque éclipsés. Ils seront quasiment invisibles sur les photos où l'on ne remarquera autour du chef de l'État et du Premier ministre que les sourires radieux de Zizou, Bernard, Lilian, Lionel, Didier, Stéphane et tous les autres, de leurs épouses et parfois même de leurs enfants.

Et au diable le protocole en vigueur dans ces lieux chargés d'histoire ! Tout le monde reprend en chœur le « Et un, et deux, et trois zéro » scandé par les milliers de jeunes invités, aussi enthousiastes que nous. Puis l'assistance se met à chanter « *I will survive* » en frappant des mains ! On est bien loin de la traditionnelle garden-party un peu guindée !

Les invités sont chauffés à blanc par ces chants de victoire. Et lorsque le président nous invite, Marie-George Buffet et moi, à aller serrer quelques mains, nous sommes très vite obligés de battre en retraite ! Comme sur les Champs-Élysées la veille, mais à une échelle moindre évidemment, la foule est si dense, si avide de nous approcher, que nous n'avons bientôt plus aucune liberté de manœuvre. Au point que la garde présidentielle est contrainte de jouer des coudes pour nous dégager ! Dans la mêlée un peu rude qui s'ensuit, je heurte le président, à moins que ce ne soit Mme la Ministre, et mes lunettes en prennent un sacré coup. Elles termineront là leur existence, tandis que nous regagnons sans autre dommage les magnifiques salons de la présidence.

Dès le lendemain de la finale, chacun perçoit comme une quasi-évidence que les cotes de popularité du président et du Premier ministre vont bénéficier de « l'effet Mondial ». Il n'y a que les aigris pour s'en offusquer et instruire des procès en récupération... En ce qui me concerne, je me soucie peu de ces critiques. D'abord parce que je sais que, si récupération il y a, c'est la règle du jeu. Et ensuite parce que j'ai eu l'occasion, à plusieurs reprises, d'apprécier l'intérêt sincère que nous ont apporté, à des moments clés, les deux plus hautes figures de l'État.

Jacques Chirac est venu nous rendre une longue visite à Clairefontaine début juin. La date a son importance. Nous sommes alors en phase finale de préparation, l'équipe n'a, paraît-il, convaincu personne lors de ses derniers matches. L'affaire des vingt-huit sélectionnés, au lieu des vingt-deux attendus, est encore fraîche. L'entraîneur des Bleus se trouve dans tous les collimateurs. Bref, le climat est à la morosité et au doute généralisé, soigneusement entretenu par le seul quotidien sportif de la presse nationale...

DES ÉMOTIONS POUR L'ÉTERNITÉ

L'hélicoptère du président se pose vers 17 h 30 sur le terrain Michel-Platini que nous avons déserté pour la circonstance. Jacques Chirac nous rejoint ensuite sur le stade Pibarot où nous terminons un entraînement très ludique.

Sur le bord de la touche, au côté du président Simonet, il assiste aux dernières minutes d'un petit jeu, puis il s'avance vers le centre du terrain où je lui présente les joueurs et le staff. S'adressant à eux, il ne mâche pas ses mots, à mon grand étonnement :

– Moi, je suis jacquettiste ! Je crois en votre chef comme je crois en vous. Je vous ai regardés évoluer à l'instant et j'ai senti que le courant passait entre vous, qu'une grande force vous unissait. Une force qui va vous mener loin !

Je m'attendais à un discours plutôt convenu, prudent, en un mot « politique », et je découvre un homme qui s'engage, refusant la langue de bois. Son langage est simple et percutant. Dans le contexte de l'époque, une telle prise de position n'a rien d'anodin. C'est même un drôle de clin d'œil au pays et un sacré pied de nez à nos détracteurs. Nous en avons le cœur réchauffé.

Tandis que nous regagnons la résidence des Bleus, puis en attendant les joueurs, partis pour la douche et le massage, le président m'assaille de questions sur notre préparation, le contenu de nos entraînements, nos séjours et nos matches à l'étranger, la récupération, la vie quotidienne à Clairefontaine.

Il est bien informé, bien « briefé » peut-être, mais je sens qu'il s'intéresse vraiment à tout ce qui nous touche. Aucun doute, c'est un vrai supporter.

Au fur et à mesure de l'arrivée des joueurs, les discussions s'engagent sans formalisme. Le président parle de l'Arménie avec Djorkaeff, de l'Italie avec Deschamps, il aborde mille sujets à grand renfort d'anecdotes qui détendent l'atmosphère... Celle-ci n'a d'ailleurs nullement besoin de l'être.

Au dîner, nous parlons beaucoup de diététique. En effet, la présence du président de la République ne nous a pas fait déroger à nos habitudes : menu sportif pour tout le monde. Ce qui laisse peut-être sur sa faim une fourchette aussi réputée que Jacques Chirac !

Beaucoup plus tard, lorsque je serai au côté de Bernadette Chirac pour le lancement de l'opération « Donnons des couleurs à l'hôpital », en faveur des personnes âgées hospitalisées, elle me racontera que le président, de retour de Clairefontaine, lui a fait part de sa surprise à propos de notre rigueur, notamment en ce qui concerne l'alimentation. Selon lui, j'aurais, au cours du dîner, foudroyé du regard un joueur qui s'était servi une assiette un peu trop garnie à mon goût ! À vrai dire, je n'en ai aucun souvenir, mais puisque le président le dit...

Nous avons passé ce jour-là une soirée formidable, à la fois décontractée (Roger Lemerre se fendit même d'une histoire grivoise, à la demande générale) et instructive. Mais surtout très bien venue dans la période un peu tendue que nous traversions alors, à quelques jours du coup d'envoi ! Cette visite nous a permis de « soulever le couvercle de la marmite ».

Le président est reparti avec un poster dédicacé par nos soins... que j'ai revu plus tard à l'Élysée, dans une antichambre attenante à son bureau. Aux dernières nouvelles, il y est toujours. Le président pensait le laisser quelques semaines seulement, mais il a changé d'avis : il paraît que de nombreux visiteurs, et non des moins illustres, demandent à se faire photographier à côté du poster de l'équipe de France championne du monde. Peut-on imaginer plus bel hommage ?

Lionel Jospin, quant à lui, est plus discret. Les deux hommes, on le sait, n'ont pas le même tempérament. Autant Jacques Chirac est extraverti, tout en démonstrations, autant le Premier ministre se montre plus sur la réserve. Il n'en est pas moins chaleureux, convaincant ou convaincu quand il parle de football. Nous en avons eu l'illustration à Lens pour le match France-Paraguay, où il nous a félicités dans le vestiaire après notre qualification au forceps. Il est même reparti avec un costume passablement trempé parce qu'un petit malin, dans la meilleure tradition des chahuts d'après-match, a aspergé notre groupe avec une bouteille d'eau minérale. Mais je connais le coupable !

Les deux hommes sont venus à deux ou trois reprises, ensemble, dans notre vestiaire au Stade de France. Il y avait entre eux à la fois beaucoup de respect et de complicité. Hiérarchie oblige, Lionel Jospin veillait à être toujours légèrement en retrait du président de la République. Celui-ci, pour sa part, semblait soucieux de ne rien faire sans son Premier ministre. Il l'attendait fréquemment, de façon à arriver avec lui devant tel ou tel joueur. Certains auraient pu s'amuser de ce manège cocasse, mais je dois dire que j'ai trouvé leur comportement très digne et presque touchant.

Revenons à l'Élysée, en ce 14 juillet. Les festivités s'achèvent. Dans la cour, des voitures attendent déjà. Elles vont emmener les premiers joueurs concernés vers les gares et les aéroports. Cette fois, c'est bien fini. Nous avons eu le privilège extraordinaire de passer deux jours ensemble après notre succès, mais à présent il va falloir écrire pour de bon le mot « fin ». J'ai conscience que c'est la dernière fois, au moins dans mon rôle d'entraîneur, que j'ai tous mes gars autour de moi.

Ils sont là, je les couve des yeux encore quelques minutes, je revois ce que nous avons vécu ensemble, tout ce que nous avons accompli. Une fois de plus, les larmes me viennent aux yeux. Une fois de plus, je voudrais arrêter le temps.

Mais déjà quelques-uns s'éclipsent pour des vacances mille

fois méritées. Les autres tournent en rond dans ce salon de l'Élysée en tâchant de se donner une contenance. Comme après une fête réussie, personne ne veut lancer le signal du départ, de la séparation. Alors on va de l'un à l'autre, on se cherche du regard, on s'embrasse une fois, deux fois, trois fois...

Mon Dieu que c'est dur! Que c'est poignant!

Soudain, mon regard se porte vers une tenture de velours rouge. Lilian Thuram et Bixente Lizarazu, le dos tourné à la salle, se tiennent par la taille, dans la posture un peu raide de deux communiants. Intrigué, je m'approche sans bruit. Mais que font-ils? Quelles sont ces messes basses? J'arrive à leur hauteur. Et là, surprise : ils sont en train de fredonner. Et pas n'importe quel air! Non, ils chantent *La Marseillaise*! À voix basse, rien que pour eux. Dans leur coin, ils reprennent ce chant qu'ils ont entonné hier devant des centaines de millions de téléspectateurs! Comme si, une dernière fois, dans la position exacte qu'ils adoptent sur le terrain pendant les hymnes, Bixente le Basque et Lilian le Guadeloupéen voulaient recréer ce moment exceptionnel entre tous, qui les a cimentés entre eux, en même temps qu'avec tout un pays... Eux non plus, ils ne veulent pas partir, ils ne veulent pas rompre ce fil qui nous a reliés pendant cette Coupe du monde terminée en apothéose. Et quel cinglant désaveu, au passage, pour ceux qui, lors de l'Euro 96, ironisaient sur cette équipe hétéroclite, incapable de chanter correctement l'hymne national!

L'heure des adieux a bel et bien sonné. Un mois et demi plus tard, nous nous retrouverons dans ces mêmes salons, à l'occasion de la remise des décorations promises par le président de la République. Mais ce ne sera déjà plus pareil... Les vacances auront fait leur œuvre, la saison aura repris, la prio-

DES ÉMOTIONS POUR L'ÉTERNITÉ

rité sera donnée de nouveau, en toute logique, aux clubs. Nous ferons alors un peu figure d'anciens combattants qui se retrouvent. Il faut bien que la roue tourne...

En ce 14 juillet, elle n'a pourtant pas tout à fait fini de tourner. Si les joueurs sont déjà en vacances, il me reste encore un grand moment de fraternité à vivre. Je tiens à écrire la dernière page en compagnie de ce que j'appelle mon « staff rapproché », avec lequel j'ai préparé minutieusement, de façon presque maladive, cette Coupe du monde. Nos épouses sont invitées : elles ont été suffisamment délaissées ces derniers mois, désormais nous ne les quittons plus !

Quel endroit plus indiqué pour cette petite fête intime que le restaurant de « Bibiche », notre cuistot, associé lui aussi de bout en bout à notre aventure ? Bibiche qui a subi sans broncher, et même avec le sourire, nos changements d'horaire, parfois en dernière minute.

C'est donc Chez Bisson, juste à côté du château de Rambouillet, que je retrouve, le soir venu, Philippe Bergeroo, Roger Lemerre et Henri Émile, mes entraîneurs, Philippe Tournon, notre chef de presse, et le docteur Jean-Marcel Ferret. Ensemble, nous avons élaboré le timing heure par heure des soixante-trois jours que nous avons passés sous la « bulle », du 11 mai au 12 juillet. À tel point qu'on nous a surnommés la « bande des six », avec une pointe d'irritation dans la bouche de certains. Lors des repas, nous formions une table de six, parce qu'il était fréquent que, même là, nous entamions une discussion de travail, pour envisager une modification du programme à venir. Tous les gens concernés étant présents, c'était pratique et fonctionnel. Par définition, les autres membres du staff étaient moins en rapport direct avec moi. Ce qui ne veut pas dire, loin s'en faut, que je les aie tenus en moins haute estime ou qu'ils n'ont pas pris, chacun dans son rôle, leur part dans notre réussite.

41

Chez Bibiche, on s'est vraiment lâchés! La Coupe du monde bien en évidence au centre de la table, nous nous sommes laissé gagner par une douce euphorie, entretenue par quelques bonnes vieilles bouteilles poussiéreuses à souhait que le maître des lieux remontait régulièrement de sa cave. Et j'ai même fini la soirée avec un énorme « bâton de chaise » entre les dents! C'était la deuxième fois de ma vie que je fumais le cigare. Le premier datait de Bordeaux, pour notre premier titre de champion de France. Encore un pari stupide, probablement... Pas si stupide que ça, après tout! Si je ne fume jamais, pas plus le cigare que la cigarette, j'avoue que l'odeur d'un bon havane est loin de me déplaire.

Et, puisque j'en suis aux confidences, sachez que les membres de la « bande des six » ne sont pas tous sortis indemnes de cette soirée d'adieux à Rambouillet. Mais inutile d'insister, vous n'en saurez pas davantage!

2

Le fils à Claudius

Avant que ma profession de footballeur puis d'entraîneur ne m'amène à voyager dans le monde entier, mon horizon se limita d'abord, pendant plus de dix ans, aux contours de Sail-sous-Couzan, un petit village de la Loire situé à une cinquantaine de kilomètres de Saint-Étienne.

Comme j'y ai été heureux ! Et comme je l'aime, aujourd'hui encore, mon village, même si je n'y retourne pas souvent, même s'il ne ressemble plus guère, exode rural et chômage obligent, à ce qu'il était au temps de ma jeunesse ! C'est là, dans cette jolie région escarpée des monts du Forez, que j'ai appris beaucoup des vraies valeurs de l'existence – ces valeurs qui ont guidé toute ma vie.

Mes racines, que je prends bien garde de ne jamais renier, sont là-bas, à Sail, où je suis né le 27 novembre 1941 sous le toit de Claudius Jacquet, homme fort et imposant, d'une autorité naturelle qu'on ne contestait pas, et qui exerçait le métier de boucher. Avec ma mère, Bénédicte Dorier de son nom de jeune fille, il tenait la boucherie près de la mairie, à côté de l'épicerie Triantafilos dont l'un des fils, Yves, me rejoindra plus tard chez les Verts de Saint-Étienne.

Sail-sous-Couzan avait alors une population de mille cinq cents habitants et une véritable activité industrielle qui lui

43

procurait une animation en partie éteinte aujourd'hui, hélas ! Deux usines de métallurgie, une de textile, une scierie, et surtout la source d'eau minérale gazeuse Couzan-Brault constituaient le poumon économique du village et de ses environs. Je me souviens de ces camions, alignés sur plusieurs centaines de mètres, qui attendaient des heures durant pour charger leur cargaison de palettes de bouteilles. Aujourd'hui, sous l'impulsion de son maire Simone Daval et de mon ami Roger Tuffet, Sail essaye vaillamment mais difficilement de retrouver son dynamisme d'antan.

Très occupés à la boutique, mes parents eurent recours, comme beaucoup de commerçants à cette époque, aux bons services d'une « nounou », Mme Vial, qui avait un fils du même âge que moi, Jacky, avec qui j'ai grandi comme un frère et qui reste mon meilleur copain. Mme Vial venait me chercher le matin à la boutique et elle m'y ramenait le soir à la fermeture.

La boucherie, aujourd'hui reconvertie en logement, est restée telle quelle côté rue. Une façade traditionnelle en petits carreaux de faïence blancs, avec quelques motifs et des bandes verticales et horizontales de couleur rouge. Sur mes yeux d'enfant, ces carreaux rouges et blancs exercèrent longtemps une sorte de fascination, d'autant que j'avais le loisir de les contempler, mon père n'aimant pas trop que je traîne à l'intérieur de la boutique. On ne s'amuse pas autour de la viande.

Elle était belle, cette boucherie, et mes parents veillaient à ce qu'elle soit toujours impeccable. Tous les jours, nettoyage à grande eau et, chaque soir, mon père raclait scrupuleusement le plot, ce grand établi sur lequel il travaillait la viande, pour en faire disparaître la moindre trace.

Ce que j'aimais, c'était passer du temps avec lui dans le « laboratoire », cette pièce à l'arrière de la boutique où il préparait ses pâtés et ses boudins. L'appartement était voisin, avec les chambres à l'étage et tout en haut la pièce où dormaient les commis, Roro, Meno, Antoine, à côté des saucissons et des jambons qui séchaient.

Mon père se levait tous les matins à 5 heures, parfois à 4 heures, et mon grand plaisir, ma grande fierté aussi dès que je fus en âge de donner un coup de main, c'était de partir le jeudi matin avec lui, dans la Juva 4, le col de la canadienne relevé jusqu'aux oreilles, au marché à bestiaux de Boën-sur-Lignon. Il achetait une vache, un veau, parfois des génisses ; avec la remorque, on rentrait à Sail, direction l'abattoir, et on tuait tout de suite.

Les premières fois, c'est terrible ! On mettait une corde entre les deux cornes de la vache, on l'amenait jusqu'à un anneau fixé par terre, on glissait la longe dans l'anneau de façon que la bête ait la tête bien courbée et, là, mon père ou le commis empoignait la masse, une sorte de gros marteau muni d'un clou, et vlan, un grand coup ! Après on saignait, et c'était terminé. Mon père pouvait dépecer et mettre la bête en quartiers.

L'après-midi, je faisais la triperie. Autre genre de réjouissances ! Là, autant appeler les choses par leur nom, c'était carrément les mains dans la merde. Feuillet par feuillet, il fallait tout nettoyer à grande eau, dans le ruisseau, qu'il pleuve ou qu'il gèle. Les copains venaient souvent me donner un coup de main pour qu'on aille jouer au foot le plus vite possible. Mais pas question de bâcler le travail ou de partir avant que tout soit en ordre ! Le travail, c'est sacré et ça passe avant tout le reste. Je l'ai appris très tôt et je ne l'ai jamais oublié.

Tuer le cochon, au début, aussi, ça impressionne. L'animal pousse des cris épouvantables comme s'il avait conscience de ce qui l'attend. On dirait qu'il pleure et qu'il appelle au secours ! Une fois qu'il est saigné, qu'on a recueilli le sang, il faut aller très vite pour faire du boudin. Après, il faut le brûler.

45

Le cochon, ça vous a des tout petits poils qu'il faut enlever avec des brûlots, dès qu'il a été mis sur une sorte de brancard.

C'était le côté un peu violent et sanguinolent du métier de boucher. Il y avait heureusement des aspects plus bucoliques. Par exemple, quand mon père faisait ce qu'on appelle l'embouche : il achetait des vaches pour les mettre au vert un certain temps avant de les abattre. Nous louions à Sainte-Foy-Saint-Sulpice un grand pré appartenant au comte de Neubourg, que nous apercevions de temps en temps, très fier, sur un superbe cheval blanc. Il fallait amener le troupeau (quinze à vingt bêtes parfois) que mon père avait acheté à Boën ou à Montbrison, jusqu'au fameux pré.

Avec le chien qui faisait la police, mon copain Jacky et moi l'escortions tandis que mon père nous précédait à bord de sa Juva 4 et nous attendait aux carrefours dangereux pour être certain qu'il n'y aurait pas de problèmes. Parce que souvent, pour nous amuser, nous faisions galoper le troupeau et alors c'était la fuite en avant, la fuite aveugle, nous ne contrôlions plus grand-chose... ce qui nous valait un drôle de savon !

Je ne sais pas si c'est là que j'ai pris goût à la course – on ne parlait pas encore de footing ! –, mais, gamin, j'étais toujours en mouvement. Dès que nous avions un moment de libre, nous étions dehors, avec les bêtes, ou aux champignons, dans les prés, en forêt. Nous ne connaissions pas la fatigue. Nous aurions même bien dormi à la belle étoile dans les cabanes que nous construisions inlassablement, mais, là, les parents n'étaient pas d'accord...

C'est dans ces années-là, à coup sûr, que j'ai contracté pour toujours le virus de la nature, de la vie à la campagne, au rythme du soleil et des saisons. En accompagnant mon père qui allait acheter des bêtes chez les paysans, j'ai découvert un monde convivial, la porte toujours ouverte pour un verre de vin de leur vigne, pour le casse-croûte ou l'omelette de

LE FILS À CLAUDIUS

8 heures, le repas de midi, la collation de 16 heures ou la soupe du soir.

Pendant les grandes vacances, chez un cousin à Ailleux, quand la batteuse passait de ferme en ferme pour la moisson, j'ai vécu des moments extraordinaires : tous les voisins s'entraidaient et c'était l'occasion de festins géants, avec des pâtés en croûte gargantuesques et du jambon de pays comme on n'en trouve plus.

J'ai été le témoin du véritable amour que le paysan porte à ses bêtes, de l'échange qui se crée quand il leur parle, quand il appelle ses vaches par leur prénom, la Pervenche, la Rouquine, la Mignonne...

Quand j'avais dix ans, je pensais que je ferais un jour partie de ce monde paysan, que j'aurais, moi aussi, mes vaches, mes cochons. Et mon petit bout de vigne, comme mon père. Moi aussi, je ferais mon vin après les vendanges qui donnaient lieu, là encore, à de belles fêtes réunissant les voisins et les amis. Reprendre la boucherie de mon père, je n'y pensais pas vraiment, mais, lorsque je l'accompagnais sur une foire, je n'étais pas peu fier d'entendre sur mon passage des gens qui ne connaissaient pas mon prénom me désigner comme le « fils à Claudius ». Dans ma petite tête, ce n'était pas un mince compliment !

En attendant de connaître son destin, le « fils à Claudius » allait à l'école, laïque et républicaine. L'école haute pour les garçons, l'école basse pour les filles, à cette époque, on ne mélangeait pas !

Autant le dire franchement, j'étais un élève plutôt dissipé, et l'école a certainement regorgé d'éléments plus brillants que moi durant les six ans que j'ai passés, jusqu'au certificat d'études, sur les bancs de la classe de M. Jourdan puis de M. Rivière.

MA VIE POUR UNE ÉTOILE

Ah, M. Rivière ! Il personnifiait l'instituteur, au sens le plus noble qu'on ait jamais donné à cette fonction. Avec le curé, c'était « la » personnalité du village. Unanimement respecté, écouté de tous car totalement investi dans sa mission, il constituait, dans la formation des garnements que nous étions, un pilier indispensable, juste complément de l'éducation familiale.

Le soir, quand nous n'avions pas bien travaillé, nous restions à l'école, M. Rivière nous expliquait le travail à faire et il partait biner son jardin. Il revenait de temps en temps voir où nous en étions, et pas question de regagner nos pénates avant d'avoir terminé. Les parents ne s'inquiétaient pas de notre absence tardive : si nous ne rentrions pas à l'heure à la maison, c'était que M. Rivière nous avait retenus, forcément pour la bonne cause.

Lorsque mon père parlait de « monsieur l'instituteur », il y avait toujours dans ses propos un respect absolu, presque de la vénération.

À cette époque, l'instituteur de campagne connaissait toutes les familles du village, il n'ignorait rien des problèmes des uns et des autres et n'hésitait pas à intervenir, durement parfois, auprès des parents si quelque chose n'allait pas.

Et comment ne l'aurais-je pas adoré, lui qui nous emmenait jouer au foot – car il était aussi dirigeant au club du village –, lui qui avait accepté que, dans la cour de l'école, pour nos petits matches acharnés lors des récréations, nous dessinions un but sur un mur et un autre en face, sur les portes des toilettes ? Lui qui, en dernière année, celle du certif, me fit un des plus beaux cadeaux de ma jeune existence : un ballon de foot tout neuf, avec sa valve bien apparente, que je trouvai un jour à ma place en pénétrant dans la salle de classe.

Il savait bien que, de toute la bande, j'étais le plus mordu de foot et c'était sa manière à lui de m'adresser un clin d'œil

LE FILS À CLAUDIUS

complice. Le ballon allait servir à toute la classe, bien sûr, mais il reposait sur mon pupitre et le roi n'était pas mon cousin !

Le jour du certificat d'études, que nous passions au chef-lieu du canton, à Saint-Georges-sous-Couzan, c'est M. Rivière, encore lui, qui m'a emmené dans sa voiture. Je me souviens d'une épreuve de calcul où nous disposions d'un délai précis pour résoudre un certain nombre d'opérations, et, au signal de l'instituteur indiquant la fin du temps imparti, il fallait rester le crayon en l'air pour bien montrer que nous ne touchions plus à notre copie. Cette scène, je ne sais pourquoi, m'est restée gravée dans la mémoire... beaucoup plus que les autres épreuves.

Car ce qui comptait par-dessus tout à mes yeux, c'était déjà le football !

Le football, à Sail-sous-Couzan, ça allait de soi. De génération en génération, on naissait footballeur. Je ne vois pas comment un garçon de Sail aurait pu y échapper ! À l'école, avec M. Rivière, c'était foot et, inévitablement, on enchaînait avec l'USC, l'Union sportive de Couzan, un club du district de la Loire qui devait connaître son heure de gloire dans les années 1958-1960 : il remporta pour la première fois la Coupe de la Loire en 1958, termina finaliste la saison suivante, année où il fut aussi champion de première division de district, avant d'être couronné champion de Promotion en 1960.

Le maillot orange des gars de Sail était célèbre aux quatre coins du département, et les résultats des différentes équipes alimentaient toutes les conversations du début de semaine au Bar des Sports.

Pour mesurer ce que le ballon rond représentait à Sail-sous-Couzan dans les années 50, il faut savoir que ce village de la Loire a donné au football français pas moins de cinq joueurs professionnels : Jean et Yves Triantafilos, Michel Ratier, José Pelletier et moi. Sans compter que mes copains Michel et

Bernard Cotte, Raymond Duris, Michel Houzet, et j'en oublie quelques-uns, possédaient largement l'étoffe de pros, s'ils avaient pu ou voulu s'engager dans cette voie.

C'était alors tout un village qui se passionnait pour son équipe de foot, qui relevait les défis avec elle. Les oppositions Sail-Boën ou Sail-Andrézieux mettaient la population en ébullition et donnaient lieu à des face-à-face qui dépassaient largement le seul cadre du match. On ne parlait pas de « pression » comme aujourd'hui, l'ambiance était beaucoup plus légère, plus festive surtout : une éventuelle défaite n'empêchait jamais de faire une fête du tonnerre jusque tard dans la nuit.

Cette convivialité qui unissait tous les footeux, je l'ai vécue de l'intérieur lorsque, cadet surclassé, j'ai évolué en équipe première, mais je l'ai ressentie dès mes premières années. Il faut dire qu'avec M. Rivière à l'école et le Nesse au club, nous avions deux formidables « maîtres » en football. Ils n'avaient pas de diplômes en poche, mais ils n'en étaient pas moins des éducateurs extraordinaires.

Le Nesse, Joanie Berthet selon l'état civil, était le cordonnier du village. Sa petite boutique, derrière laquelle se trouvait le terrain de boules lyonnaises, l'autre sport roi du pays, avait une fenêtre qui donnait sur la rue principale. Des centaines de footballeurs sont venus s'asseoir à cette fenêtre pour parler de football et de bien d'autres choses. À la belle saison, il s'y tenait un forum quasi permanent, on y refaisait le monde.

Le Nesse avait réponse à tout. Sur chaque sujet abordé, il développait une philosophie frappée au sceau du bon sens qui nous convenait bien. Tout paraissait simple, presque évident, dans la bouche de cet homme qui continuait à ressemeler, à coller et à clouer tout en dispensant sa bonne parole, sans aucune prétention, mais avec une force de conviction qui balayait tout sur son passage.

Mon premier poste, sur un terrain de football, ce fut gardien de but ! Je ne sais pas trop pourquoi. Peut-être ma manie, déjà, de vouloir prendre les choses en main, d'organiser la manœuvre à partir d'une position reculée... Mais, dès que nous étions menés au score, je venais à la pointe de l'attaque relancer la mécanique, marquer quelques buts éventuellement avant de réintégrer ma cage !

C'était encore le temps de l'improvisation, avec mes copains Jacky Vial, Marius Jacquemont, Pierrot Daval, André Beauvoir, Lucien Vray... Mais j'avais le ballon dans la peau et rien ne me rebutait dès qu'il s'agissait d'aller taper dans la balle. Le football, c'était mon carburant ! Et je n'étais pas près d'en changer. Pourtant, il allait se passer encore beaucoup de choses avant que j'en fasse mon métier...

La première « rupture » survint quand j'avais treize ans. Victime d'une double pneumonie, mon père a dû arrêter le travail et vendre la boutique à un commis. Mes parents sont partis à Boën-sur-Lignon où ils ont rejoint mes grands-parents maternels qui tenaient le grand café « À l'arrêt des cars ». Tous les cars venant de Saint-Étienne, de Thiers ou de Montbrison y faisaient une halte, on déchargeait les colis dans le café avant de les recharger sur d'autres cars. Ma mère allait désormais s'occuper de ce transbordement, toujours levée de bonne heure, toujours active jusqu'à la fermeture.

Moi, je suis resté à Sail chez ma tante Francine. J'avais encore une année d'école jusqu'au certificat d'études et tout le monde, moi le premier, était convenu que je ne serais nulle part mieux qu'avec M. Rivière.

Un an plus tard, le certif en poche, je rejoignais Boën et mes parents, pour tenter une épineuse classe de cinquième au collège... Je n'en mourais pas d'envie, c'est le moins qu'on puisse dire. Autant l'école avec un instituteur comme M. Rivière m'avait incité à décrocher mon certificat, autant je manifestais dès l'entrée en cinquième une mauvaise volonté évidente. Je ne rêvais plus que de nature, de troupeaux... et de football. Ah, ça, côté football, aucun problème! Je continuais de jouer à l'US Couzan, à Sail, où je retrouvais régulièrement mes copains et le Nesse. S'il y avait eu des notes, j'aurais été premier à tous les coups!

Ce qui devait arriver m'arriva, comme à la majorité des garçons de mon âge après le certificat d'études. Avec mon père, ça n'a pas traîné :

— Tu ne veux pas travailler à l'école? Allez, hop, en pension, tu vas apprendre un métier!

Aussitôt dit, aussitôt fait.

Quelques discussions de comptoir, les bons conseils dont les clients abreuvaient ma mère faillirent m'orienter vers une école de la SNCF, mais la bonne réputation du Centre d'apprentissage de Thiers l'emporta finalement et c'est ainsi que, à compter du 1er octobre 1956, je découvris les métiers de la métallurgie.

La première année, les apprentis touchaient un peu à tout, la lime, le tour, la fraiseuse, mais ces machines ne suscitaient pas en moi beaucoup plus d'enthousiasme ni même d'intérêt que la cinquième du collège de Boën. Je souffrais le martyre parce que je voyais bien que je n'accrochais pas, mes notes étaient catastrophiques. Ma bouée de sauvetage, ce fut le football.

Lorsqu'on écopait d'une note en dessous de 7, c'était la colle le samedi. Autrement dit, pas de match le dimanche à Sail-sous-Couzan... Deux premiers week-ends à Thiers, deux fois collé! Dès que j'ai pris conscience du drame qui allait s'abattre sur moi si je continuais à collectionner les mauvais résultats, la réaction a été immédiate. J'ai effectué une remontée spectaculaire : 14e puis 8e, bientôt 5e, et par la suite je n'ai plus quitté les premières places. Année scolaire 1957-1958 : 14 de moyenne, 2e sur 62. Et, l'année suivante, 1er partout. J'étais devenu le roi de la fraiseuse. La machine me plaisait bien, il fallait calculer, être précis, j'y avais pris goût.

Et puis, le jour de l'examen final, il m'est arrivé un coup dur : ma pièce a sauté. Le prof était catastrophé car j'étais l'un des meilleurs, je travaillais vite et bien, mais là, en voulant trop bien faire, j'ai tout fait péter. Compatissant, le prof a couru chercher un bout de ferraille dans une benne.

— Dépêche-toi, tu as peut-être le temps de recommencer.

Mais c'était trop juste, je n'ai pas pu finir ma pièce. Éliminé. Pas de CAP !

Heureusement, j'avais une bonne réputation, le centre était bien coté et puis il y avait du travail pour tout le monde dans la région. J'ai donc trouvé du boulot à Saint-Chamond, aux Aciéries de la marine, futur Creusot-Loire, sous engagement de repasser mon CAP en candidat libre. Ce qui fut fait l'année suivante.

Durant toute la durée de mon apprentissage à Thiers, je n'ai jamais autant joué au football ! Le jeudi après-midi, je disputais le championnat scolaire-universitaire (OSSU) avec l'équipe du Centre d'apprentissage. Nous avons même remporté le titre de champions d'Académie juniors en 1958 avec de sacrés joueurs comme Delpino, Aubert, Drouillat, Goutorbe... Et, le dimanche, je retrouvais le maillot orange de l'US Couzan. Le retour au pays, le samedi après-midi, était facilité par la présence au centre d'un professeur, M. Rouchouse, dirigeant de Pont Cin Cleppé, dans la région de Feurs, qui me ramenait chez moi en voiture.

Une fois installé à Saint-Chamond, c'est en autocar que j'effectuais les trajets pour revenir jouer les week-ends avec mes copains. Mais ce circuit ne devait guère durer plus d'un an. Car un événement allait bientôt bouleverser ma vie : à la fin de la saison 1959-1960, je quittais l'US Couzan pour signer à l'AS Saint-Étienne !

Une page se tournait définitivement. Aujourd'hui encore, je ne l'évoque pas sans une certaine nostalgie. Tout d'un coup, c'en était fini de mon football de village, ce football de fête où le car qui nous ramenait, victorieux ou battus, s'arrêtait toujours pour la pause casse-croûte, et où chacun poussait sa chansonnette. Adieu les bals du dimanche soir dont nous faisions souvent la fermeture, quitte à arriver au travail le lundi matin sans avoir eu le temps de nous changer...

Le football de mes vingt premières années, j'en garde le souvenir d'un immense bonheur partagé. Nous étions tous unis par la même passion, insouciants sans doute, mais profitant pleinement de cette convivialité sans égale qui s'exprimait au mieux dans nos folkloriques voyages en autocar. C'est de là, à coup sûr, que me vient ce goût toujours intact pour les déplacements en car... Je suis convaincu que ce football de clocher a perdu un atout précieux le jour où les voitures individuelles ont supplanté ce mode de transport collectif!

Tout s'est arrêté par la faute, si j'ose dire, d'un certain Hernandez, responsable de la réserve pro de l'AS Saint-Étienne. Il est venu me superviser à l'occasion d'un match. En toute modestie, ma jeune réputation était déjà bien établie dans le département de la Loire et, au-delà, dans la Ligue du Lyonnais (future Ligue Rhône-Alpes). Hernandez m'a convaincu de venir tenter ma chance chez les Verts.

En fait, ce n'était pas la première fois que le grand club du département s'intéressait à moi. Mais les précédents observateurs, qui n'étaient pourtant pas les premiers venus puisqu'il s'agissait de Pierre Garonnaire (lequel devait détecter pour le compte des Verts nombre de jeunes talents passés à la postérité) et de Claude Abbes, ancien gardien international du club, n'avaient visiblement pas été convaincus par ma prestation...

LE FILS À CLAUDIUS

Recruté par Saint-Étienne, je n'en devenais pas professionnel pour autant. À cette époque, on passait très rarement du statut d'amateur dans un petit club à celui de professionnel dans un grand club. Dans un premier temps, on signait comme « amateur chez les pros » et, si tout se passait bien, on se voyait proposer un contrat en bonne et due forme... Lequel vous liait au club jusqu'à la fin de votre carrière ! Le contrat à durée déterminée ne devait voir le jour qu'en 1969, au grand profit des joueurs qui retrouvaient là une liberté et une dignité trop longtemps confisquées.

Quoi qu'il en soit, j'entamai à Saint-Chamond une nouvelle vie. L'expression n'est pas trop forte puisque c'est en cherchant une chambre chez l'habitant, comme beaucoup de célibataires travaillant aux Aciéries, que je trouvai à me loger chez... ma future belle-mère ! Martine, qui deviendra ma femme en 1970, devait avoir à l'époque une dizaine d'années. Je me souviens de nos soirées où, avant de prendre le repas à la table familiale où j'avais été admis, je l'aidais à terminer ses devoirs.

C'est aussi à Saint-Chamond, dans cette immense usine bourdonnante, que je découvre en juin 1959, sous le matricule 4917, ce monde ouvrier si particulier qui va me séduire d'emblée par sa simplicité et sa solidarité. Un univers qui diffère de celui de la campagne que j'ai connu pendant mes quatorze premières années, mais où je retrouve la même authenticité, le même respect de l'autre.

Désormais, ma vie au quotidien n'est plus rythmée par la courbe du soleil mais par les horaires imposés. Dans ce nouveau cadre, les hommes et les femmes vivent bien, toujours prêts à s'épauler, à s'entraider, sans jalousies, sans mesquineries, avec le souci de voir le voisin réussir dans ses entreprises. Des gens simples et sincères qui ne demandent pas à l'existence plus qu'elle ne peut leur apporter mais qui tracent leur route joyeusement, dans la fraternité.

Le plus bel exemple en est Roger Berne, le meilleur ouvrier de l'atelier d'outillage où j'ai été affecté, atelier noble entre tous puisqu'il fournit les pièces aux autres.

Lorsque j'ai commencé à m'entraîner à Saint-Étienne, j'ai vite été confronté à des problèmes d'horaires quasiment insolubles. Quand je faisais le poste 4 heures du matin-midi, impossible d'aller à l'entraînement et quand je faisais midi-22 heures, difficile de revenir de Geoffroy-Guichard pour embaucher à l'heure...

Avec l'accord du contremaître, tout heureux d'avoir dans son atelier un bon footeux, un Vert qui plus est, Roger a pris tous les postes du matin. Il lui arrivait même de pointer discrètement pour moi et de commencer mon boulot lorsque je n'étais pas rentré de l'entraînement à midi. Ce qui se produisait souvent, inutile de le préciser.

Merci, Roger, de ce que tu as fait pendant toutes ces années où j'essayais à grand-peine de concilier travail et football, comme beaucoup de jeunes joueurs à l'époque. Merci de tous ces moments de fraternité vécus dans l'atelier, lorsque vous entouriez ma machine de rubans noirs après une défaite ou, au contraire, que vous la décoriez joliment après une victoire.

Le midi, au retour de Geoffroy-Guichard, c'était une sacrée cavalcade ! Je passais prendre un sandwich en quatrième vitesse, je le dévorais en traversant les interminables enfilades d'ateliers et j'arrivais devant ma machine, haletant, à peine changé.

Mais quel plaisir aussi de brûler la vie, avec la même intensité, entre le grand air des terrains de jeux et le fourmillement de cette usine qui comptait plus de cinq mille ouvriers ! Je me sentais aussi à l'aise dans les deux univers.

Je n'eus pas le loisir de m'interroger longtemps sur les charmes comparés de cette « double vie » : en juin 1961, l'armée m'appela. La guerre d'Algérie durait encore et je me voyais déjà à vingt ans dans les Aurès, occupé à ce qu'on appelait alors la « pacification ».

Convoqué au 22ᵉ bataillon de chasseurs alpins de Nice, je fis mes trois mois de classe et j'attendais l'heure de traverser la Méditerranée, direction Alger ou Constantine. Mais, un beau jour, nous étions tous alignés dans la cour de la caserne pour la présentation au nouveau commandant de l'unité, lorsque j'entendis un ordre vigoureux :

— Jacquet, sortez des rangs !

Exécution. On me présenta au commandant :

— Jacquet, vous êtes sportif de haut niveau ?

— Euh, non, pas vraiment...

On m'avait conseillé de ne pas trop me dévoiler.

— Si, si, je vous connais. Vous êtes de Saint-Étienne. J'ai besoin d'un type comme vous pour mettre tous ces gus en condition. Vous me créez une équipe de foot, une équipe de basket, je veux des bons judokas... Vous ne partez pas pour l'Algérie, vous restez là. Au travail !

Voilà comment débute une carrière d'entraîneur ! Tous les matins, c'étaient les grandes manœuvres... d'éducation physique. En football, ça a tellement bien marché que nous avons été champions de la région, à Marseille.

J'aurais pu jouer avec l'OGC Nice pendant mon service militaire, mais l'AS Saint-Étienne, dont l'accord était indispensable, s'y opposa, et Koczur Ferry qui était venu à la caserne pour me débaucher s'en retourna bredouille. Mais comme j'avais très envie de retrouver la compétition, je signai une licence à l'ASPTT Nice, un bon club de division d'honneur, où je trouvai à la fois un excellent dirigeant, M. Durand (auquel je ne manque pas d'associer, dans mon souvenir, son épouse), et un entraîneur compétent, René Giordano. Après l'armée, ils me proposèrent de rester avec eux en me faisant miroiter divers concours qui pouvaient me valoir une belle carrière à la Poste, mais, malgré la qualité de nos relations, je ne retins pas l'éventualité plus d'une minute ! Je voulais regagner Saint-Étienne.

Et, en mars 1963, je repris ma double vie de fraiseur-footballeur. Toutefois je m'y épuisais, et l'année suivante, en septembre 1964, il me fallut choisir. Évidemment, j'optai pour le football. D'abord, parce qu'il était assez clair désormais que je possédais suffisamment de qualités pour prétendre à une honnête carrière. Ensuite, parce que, au retour de l'armée, j'ai trouvé à Geoffroy-Guichard un nouveau président, Roger Rocher, qui affichait de fortes ambitions malgré la situation morose du club en deuxième division. Enfin et surtout parce que j'ai eu à Saint-Étienne le « choc football » de mon existence : la rencontre avec Jean Snella.

La passion du football, je pensais l'avoir bien ancrée en moi, mais, avec Snella, je découvrais un homme totalement impliqué dans le football, un homme qui me fit prendre conscience qu'au-delà de mon dilettantisme, de ce goût forcené de la fête et des virées entre copains, il existait un authentique amour du football qui peut mener à une aventure encore plus fabuleuse, pour peu qu'on lui consacre tout.

C'est à ce moment-là que les mots de *sérieux, rigueur, exigence, professionnalisme* vont prendre un sens pour moi, dans la sphère du football. Snella m'a tout appris. À travailler comme il faut, utilement, sans me disperser. Mais aussi la musculation, la diététique, la récupération. Avec lui, rien n'était laissé au hasard.

Dans ses méthodes de travail, Saint-Étienne, grâce à Snella, avait au moins dix ans d'avance sur tous les clubs français. Tout était organisé, pensé pour que le joueur exerce son métier dans les meilleures conditions.

Nous arrivions au stade les mains dans les poches. Dans le vestiaire, tout était prêt, les équipements d'entraînement disposés sur les bancs. Nous n'avions à nous occuper que de nos chaussures. Chacun avait son casier où il rangeait ses crampons et ses petites affaires, mais nous n'avions pas le droit de fermer le casier à clé. De temps en temps, Jean Snella faisait un tour d'inspection, il regardait dans les casiers et, s'il les jugeait mal rangés, si les chaussures étaient sales, mal entretenues, il balançait tout par terre ou dans une poubelle.

C'était une véritable école de la vie et du métier de footballeur. Respect total du matériel, respect du métier, respect des autres.

Toutes nos affaires portaient le numéro attribué à chacun en début de saison, pour moi le 20, qui restera toujours mon numéro fétiche : le survêtement d'entraînement, le survêtement de repos, le peignoir pour aller au bain ou à la douche, les claquettes... Et interdiction d'aller à la douche sans claquettes ! Si Snella en surprenait un qui s'y rendait pieds nus, il lui faisait rebrousser chemin.

Le terrain, c'était sacré. Il fallait qu'il soit toujours impeccable, et plusieurs fois nous avons été réquisitionnés pour enlever les mauvaises herbes. Quant au vestiaire, c'était pire : Snella s'y considérait dans son domaine, il en était le patron absolu, et personne n'y pénétrait sans son autorisation. Je l'ai vu mettre Roger Rocher à la porte parce qu'il était entré sans frapper !

Dans le fonctionnement que j'ai mis en place pour la Coupe du monde, beaucoup de choses me venaient de Snella, dont les principes, adaptés aux évolutions, restent toujours d'actualité.

L'axe principal repose sur le respect du groupe et du travail en groupe. Le terrain, c'est *notre* terrain, le vestiaire, c'est *notre* vestiaire, on n'y touche pas, on n'y entre pas. Le langage que l'on y tient est destiné à l'usage exclusif des joueurs. Les personnes de l'extérieur n'ont pas à l'entendre. Je ne connais pas, à ce jour, d'autre manière de constituer un vrai groupe, de le concentrer sur son travail, de le pousser, par ce mélange d'intimité et de complicité, à donner le meilleur de lui-même.

Le plus extraordinaire, c'est que Snella imposait ses règles avec une placidité impressionnante, sans jamais élever la voix. On le sentait si imprégné de sa fonction qu'il lui suffisait de dire les choses simplement pour être obéi sans discussion. Il était tellement évident qu'il avait raison sur tous les plans, pour le bien des joueurs comme de l'équipe, que ses recommandations devenaient des ordres exécutés sans broncher.

Un jour, tout au début de ma période stéphanoise, j'ai eu le malheur, après un entraînement particulièrement dur, de faire à mi-voix une réflexion à mon copain Mitoraj, du genre : « J'en ai plein les bottes. » La formule était même un peu moins élégante... Snella qui passait par là a entendu la petite phrase que je n'aurais jamais dû prononcer et, au moment où j'allais quitter le vestiaire, il a lâché, sans autre explication :

— Sur le terrain, à 3 heures.

Au lieu de l'après-midi de repos prévu, je me suis retrouvé sur le terrain entre deux autres « punis », torse et pieds nus, à taper dans le ballon pendant deux heures. Deux heures au terme desquelles il m'a simplement demandé :

— Fatigué ?

— Non, non, monsieur, pas du tout...

Jean Snella aimait procéder de façon allusive. Un minimum de mots mais percutants, qu'il fallait parfois décoder. Comme cette remarque un jour sur mes shorts « un peu sales, vraiment trop sales »... Je me suis demandé ce qu'il voulait dire par là. Et puis j'ai compris. Il me signifiait simplement que je devais arrêter de tacler comme un fou, pour me retrouver à terre neuf fois sur dix... le short maculé. Autrement dit, un footballeur à terre est un footballeur éliminé. Un footballeur reste debout !

LE FILS À CLAUDIUS

Jean Snella était un personnage hors norme, grâce à qui j'ai appris tout ou presque de mon métier de joueur et aussi d'entraîneur. Un autre homme devait compléter ma formation et m'apporter également beaucoup : ce fut Albert Batteux, le successeur de Snella à Saint-Étienne.

Batteux, c'était la magie du verbe. Je n'ai jamais rencontré quelqu'un qui « parle football » avec autant de talent. Sa première causerie a duré plus de quatre heures ! Je n'ai pas vu le temps passer. J'étais subjugué, comme par une petite musique qui parvenait à nos oreilles et dont nous ne nous lassions pas.

Pour se présenter et se faire adopter, il s'était lancé dans une grande fresque du football, ses évolutions, ses grands moments, ses figures de légende. Tous, nous écoutions ce torrent comme un conte de fées.

À l'évidence, Batteux et Snella partageaient la même passion du football, mais ils la transmettaient différemment, celui-ci par l'exemple, celui-là par l'explication et par le langage.

À son arrivée, Albert Batteux a eu la grande sagesse de ne rien remettre en cause de ce qu'avait bâti son prédécesseur. Les structures étaient bien en place, il n'avait pas à se battre pour imposer je ne sais quelle refonte. Il a donc apporté autre chose, sa grande expérience, son souci du dialogue permanent. Et il parvenait, autant que Snella mais d'une autre manière, à faire passer les messages, à obtenir l'adhésion du groupe.

Pour moi qui n'avais connu que la campagne et l'usine, où les beaux discours ne couraient pas les rues, c'était une révélation. D'autant que Batteux me fournissait la preuve qu'on pouvait parler bien en parlant clair. Car, s'il avait parlé pour le plaisir d'aligner les mots, il n'aurait pas gardé longtemps notre attention. Non, son langage avait un contenu précis, en phase directe avec notre métier et nos préoccupations. Nous nous y

61

retrouvions toujours, même lorsqu'il évoquait son passé avec Reims ou avec l'équipe de France de 58.

Il faut porter au crédit du président Roger Rocher d'avoir su offrir à Saint-Étienne des hommes de l'envergure de Snella et de Batteux, qui ont édifié le club sur des fondations à toute épreuve, lui permettant d'obtenir un des plus beaux palmarès du football français. Rocher était un président plein de fougue, qui avait envie de laisser une trace dans le football. Très jeune, il avait été à la mine, puis il s'était lancé dans le bâtiment et les travaux publics, où il a connu une belle réussite.

Il lui arrivait de se montrer un peu brusque, presque brutal et cassant, mais il avait un cœur gros comme ça. Il engueulait les gens, sans leur retirer pourtant son affection. Et s'il se mettait en pétard, c'était pour la bonne cause, pour avancer, pour faire gagner les Verts.

Roger Rocher a eu aussi le mérite, à la différence de certains dirigeants, de vouer une confiance totale à ses techniciens et de mettre en œuvre avec promptitude ce qu'ils lui demandaient. Il préfigurait en cela l'importance aujourd'hui évidente du couple président-entraîneur dans la réussite d'un club. Un couple qui ne peut être harmonieux et efficace que si le champ des compétences de chacun est parfaitement délimité et respecté par l'autre.

Sur la fin des années 70, peut-être grisé par le succès, ou aux prises avec des difficultés professionnelles, il s'écarta sensiblement, pour son malheur et celui des Verts, du chemin qu'il avait longtemps suivi avec brio, mais cette sortie peu glorieuse ne doit pas faire oublier le grand bâtisseur que fut l'homme à la pipe, qui mérite bien une petite place au panthéon des grands dirigeants du football français.

En ce qui me concerne, il m'a permis d'exercer de la plus belle façon mon métier de footballeur professionnel. Supporter des Verts j'étais à Sail-sous-Couzan, Vert à part entière je suis devenu à Saint-Étienne, où j'ai passé douze années formidables, gagné cinq titres de champion de France, trois Coupes de France, et décroché deux sélections en équipe nationale.

Ces deux sélections, je les dois sans doute autant, je ne suis pas dupe, à la vague stéphanoise du moment, emmenée par Carnus, Bosquier, Bereta, Herbin, Mitoraj et Hervé Revelli, qu'à mes qualités propres qui étaient celles d'un bon milieu de terrain, sans plus.

Il n'entre aucune coquetterie ou fausse modestie dans mes propos quand je dis que j'étais un joueur moyen. J'avais de l'abattage, j'étais utile à l'équipe, je faisais largement ma part de boulot, mais je n'avais pas le rayonnement d'un Bosquier en défense ou l'efficacité d'un Bereta devant. Allez, disons « bon joueur », si vous insistez, mais grand joueur, certainement pas. Pour preuve, le Jacquet sélectionneur n'aurait probablement pas retenu le Jacquet joueur pour la Coupe du monde !

Mais je n'en suis que plus fier d'avoir, à force de travail et d'obstination, réalisé la carrière de joueur qui a été la mienne... et que mon père n'envisageait pas d'un bon œil.

Lorsque, pressé par Jean Snella de choisir une fois pour toutes entre mon travail de fraiseur à Saint-Chamond et une carrière de joueur à Saint-Étienne (la situation devenait intenable), j'ai fait part à mon père de mes interrogations, il eut cette réplique :

— Footballeur, ce n'est pas un métier ! Et d'abord, qu'est-ce que ça gagne, un footballeur ?

— Pas grand-chose, ai-je été obligé de répondre, prenant finalement ma décision tout seul, contre l'avis paternel.

Il a fallu que je décroche ma première sélection en équipe de France pour que mon père, qui changeait rarement d'avis, convienne que je n'avais peut-être pas fait un mauvais choix. Et encore, je le soupçonne d'avoir été plus sensible à *La Mar-*

seillaise et au coq sur le maillot − son côté patriote − qu'aux mérites de son fils...

C'est à Saint-Étienne, dans les rangs des Verts, que je me suis fait mes meilleurs potes, au sein d'une équipe qui a dominé largement le football français des années 60. Roland Mitoraj, Georges Bereta, Georges Carnus, Bernard Bosquier. Voilà de vrais amis, et nous en avons livré des combats ensemble !

Pendant des années, en déplacement, j'ai fait chambre commune avec Georges Carnus, un garçon calme, toujours de bonne humeur, avec qui je partageais le goût de la tranquillité, de la précision et de l'ordre... un brin méticuleux. Avec Bernard Bosquier, il nous arrivait de refaire les matches perdus jusque tard dans la nuit. À l'époque, nous n'en perdions pas beaucoup mais quand Bobosse avait réécrit l'histoire à sa façon, avec son accent si caractéristique, nous avions fait au moins match nul. Et la victoire n'était pas loin...

Saint-Étienne, c'était aussi, ne l'oublions pas, le stade mythique de Geoffroy-Guichard, le fameux « chaudron vert » ! Un public connaisseur, qui exigeait que l'on mouille le maillot mais qui ne tolérait pas non plus que l'on touche à ses Verts ! À l'image de ses supporters, Saint-Étienne formait une équipe chaleureuse. Nous étions heureux d'être ensemble sur le terrain, mais aussi en dehors du terrain. Nous nous recevions, nous allions manger ensemble, avec nos femmes. Il est rare qu'une équipe réussisse de grandes choses quand cette ambiance n'est pas instaurée et entretenue. Je l'ai tellement appréciée à Saint-Étienne que je me suis appliqué à la recréer à Bordeaux, puis lors de la Coupe du monde, où nos compagnes ont été très présentes auprès de l'équipe de France.

Ce qui favorisait ce climat si convivial, c'était, jusqu'à la généralisation des voyages en avion, les déplacements en train. Pour aller de Saint-Étienne à Bordeaux, nous ne mettions pas

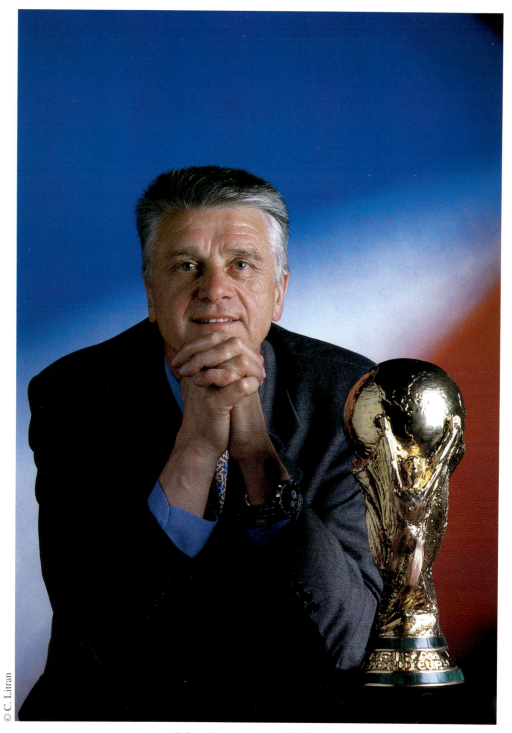

Ma vie pour une étoile…

En compagnie de Jacky Vial (*à droite*), le fils de ma « nounou », né quatre mois avant moi, avec qui j'ai grandi comme un frère et qui reste mon meilleur copain.

Petit garçon à Sail-sous-Couzan, mon pays natal, là où sont mes racines que je prends bien garde de ne jamais renier.

En attendant de connaître mon destin, j'allais à l'école laïque et républicaine. Ici en maternelle en 1947-1948.

Cet hiver 1998, avec mon frère René devant la boucherie familiale, dans la rue principale de Sail-sous-Couzan.

Le foot, à Sail-sous-Couzan, cela allait de soi. De génération en génération, on naissait footballeur. Je ne vois pas comment un garçon de Sail aurait pu y échapper ! En 1953-1954, M. Rivière, notre instituteur, met sur pied une jeune équipe scolaire. J'en fais bien sûr partie !

Durant toute la durée de mon apprentissage (*ci-contre*, photo de classe de l'École nationale de Thiers en 1957), je n'ai jamais autant joué au football ! Le jeudi après-midi, je disputais le championnat scolaire-universitaire avec l'équipe du Centre d'enseignement professionnel qui fut championne junior de l'académie (*ci-dessous*).

Photos coll. de l'auteur.

Photos coll. de l'auteur.

Signé de ma main, le 15 juin 1960, mon avis de démission de l'US Couzan : l'aventure stéphanoise va démarrer.

Alors qu'effectuant mon service militaire en 1961 dans le 22ᵉ bataillon de chasseurs alpins de Nice, j'attends mon départ pour l'Algérie, le commandant de l'unité me confie l'entraînement sportif des appelés. Tous les matins, c'étaient les grandes manœuvres… d'éducation physique ! En football, cela a tellement bien marché que nous avons été champions de la région, à Marseille, en 1962.

En octobre 1967, à Saint-Chamond, j'entame une nouvelle vie. L'expression n'est pas trop forte puisque c'est en cherchant une chambre chez l'habitant, comme beaucoup de célibataires travaillant aux aciéries, que je trouve à me loger chez… ma future belle-mère !

Sous le prestigieux maillot des Verts…

Photos coll. de l'auteur.

Coupe d'Europe 1967,
Saint-Étienne – Kuopio.
Après le match,
Raymond Kopa est venu
saluer les Stéphanois.

Clairefontaine, déjà !
En avril 1968 au château
de la Voisine, lors d'un
stage de l'équipe
de France entraînée
par Louis Dugauguez.
Je porte le n°12 (de dos)
et suis entouré d'Aubour,
Bosquier, Esteve, Quittet,
Blanchet, Herbin…

Supporter des Verts j'étais à Sail-sous-Couzan, Vert à part entière je suis devenu à Saint-Étienne, où j'ai passé douze années formidables, gagné cinq titres de Champion de France, deux Coupes de France et décroché deux sélections en équipe nationale.

L'A.S. Saint-Étienne 68-69, Championne de France pour la troisième année consécutive.
De gauche à droite, debout : le président Roger Rocher, Carnus, Bosquier, Camerini, Herbin, Polny, Migeon, Mitoraj, l'entraîneur Albert Batteux.
Accroupis : Pelletier, Fefeu, Jacquet, H. Revelli, Keita, Bereta, Durkovic.

Photos coll. de l'auteur.

Ma première venue au Lido, en 1968, avec l'équipe de Saint-Étienne
pour fêter notre victoire en Coupe de France contre Bordeaux.
Si on m'avait dit que j'y reviendrais trente ans plus tard,
avec une Coupe autrement plus prestigieuse !

moins de huit heures. Après les matches, nous rentrions par le train de nuit. De véritables expéditions qui n'engendraient pas la mélancolie et dont les parties de tarots constituaient l'occupation principale.

En ce qui me concerne, je n'étais pas fanatique des cartes, mais, à l'époque, pour un footballeur professionnel, ne pas « taper le carton » était impensable. Il a donc bien fallu que j'apprenne, pour ne pas rester en dehors du groupe, mais je m'arrangeais pour être sollicité le moins possible. Disons que j'étais premier remplaçant... juste le temps de me faire enguirlander copieusement parce que je ne me concentrais pas assez. Les vrais joueurs de tarots comptaient tous les atouts tombés, ils savaient ce qui avait été joué dans toutes les couleurs, et ce n'était pas franchement mon cas !

Je préférais, de loin, la lecture, que j'ai vraiment découverte à cette époque. D'abord les romans, puis très vite des bouquins d'histoire. C'est mon grand-père maternel qui m'avait donné le goût de l'histoire. Un grand-père formidable avec qui j'ai entretenu une complicité forte, beaucoup plus qu'avec mes parents que j'ai toujours connus au travail, du lever au coucher du jour, à la boucherie de Sail ou au café de Boën. Je n'ai jamais su ce qu'étaient des vacances passées avec ses parents.

Paralysé des deux jambes, mon grand-père Étienne Dorier trouvait le temps long dans la maison familiale, en face du Café des Cars, à Boën. Dès que je rentrais du Centre d'apprentissage de Thiers, le samedi après-midi, j'avalais un énorme sandwich charcuterie-fromage que ma mère m'avait préparé et je filais voir le grand-père.

Je commençais par le raser. Personne d'autre que moi n'était admis à le faire, et si d'aventure je ne rentrais pas un samedi, parce que j'étais collé à Thiers par exemple, il gardait une barbe de deux semaines !

Ensuite, je lui lisais des romans de cape et d'épée. D'Artagnan, il adorait. Et nous écoutions à la radio les informations

65

qu'il assortissait de commentaires à sa façon, souvent cocasses. Le plus poignant, c'était lorsqu'il me parlait de la guerre de 14, des tranchées où il avait connu le froid, la peur de mourir, la faim qu'il essayait de calmer avec un peu de riz... et de la viande de rat.

Depuis ces années, la passion de l'histoire ne m'a pas quitté, et l'entre-deux-guerres, la Résistance sont des périodes qui me fascinent toujours autant.

Il a bien fallu quitter un jour Saint-Étienne, après une grave blessure qui m'a tenu éloigné des terrains pendant près de deux ans. Deux ans sans jouer ! Un véritable chemin de croix pour quelqu'un qui a le football dans la peau et qui, à vingt-neuf ans, se trouve au sommet de sa forme et de sa carrière.

En 1970, nous avions été champions de France pour la quatrième année consécutivement, nous avions gagné la Coupe en écrasant Nantes – où jouait Roger Lemerre ! – par 5 à 0. Accessoirement, je venais de me marier, et j'avais bossé comme un fou pour bien préparer la saison, jouant beaucoup au tennis en plus du travail de terrain. J'avais dû forcer un peu la dose car j'ai commencé à ressentir derrière le pied une petite douleur caractéristique d'un début de tendinite. Je commis l'erreur classique de ne pas en parler tout de suite au médecin ou au kiné, et, un beau matin, ça a craqué : rupture du tendon d'Achille.

Opération par le professeur Trillat, sans doute le meilleur chirurgien du sport à ce moment-là, et quelques mois après ça a recraqué. Tout le monde a cru alors, et moi le premier, que le football, c'était fini pour moi. Mais le professeur Trillat ne s'est pas avoué battu. Il venait de traiter le coureur de demi-fond Boxberger pour le même problème.

– On va tenter la greffe, m'a-t-il annoncé.

LE FILS À CLAUDIUS

On m'a désinséré le court péroné latéral, on me l'a entortillé, je ne sais pas trop où ni comment, de façon à doubler en quelque sorte le tendon d'Achille, et ça a marché.

J'ai entamé alors un long et dur combat pour revenir à mon meilleur niveau. J'ai connu des moments de doute et de lassitude, que j'ai surmontés grâce à la vigilance et aux encouragements du docteur Nicolas, à qui je peux vouer une éternelle reconnaissance. Sans lui, sans ses nombreuses visites réconfortantes, j'aurais probablement baissé les bras et dit adieu à ma carrière de footballeur. Mais la récompense est venue. J'ai rejoué à Saint-Étienne, pour la première année d'entraîneur de Robert Herbin, qui venait de succéder à Batteux. La nouvelle génération arrivait avec notamment Synaeghel, qui m'a vite barré la route – quoi qu'il en soit je tenais ma victoire personnelle, j'avais rejoué !

J'étais tellement heureux de ce retour que je débordai d'activité : j'aidais Robby à l'entraînement, je ne quittais pas les petits jeunes, Rocheteau, Merchadier, Sarramagna, toute la bande de ceux qui allaient bien vite conquérir l'Europe et le cœur des Français.

Mais je voulais rejouer vraiment, pas un match de temps à autre, et je savais que je n'avais plus ma chance chez les Verts. Alors, quand Lyon s'est manifesté en fin de saison, par l'intermédiaire de Jean-Pierre Cappon, je n'ai pas hésité longtemps, malgré la tristesse que j'éprouvais à tourner la page stéphanoise. Pour pouvoir recommencer ces belles années, je donnerais n'importe quoi – sauf peut-être la Coupe du monde !

Le plaisir de rejouer l'emporta donc sur la nostalgie. D'autant que je débarquais certes chez le voisin et ennemi juré des Verts, mais surtout dans une équipe sympathique qui comptait notamment dans ses rangs Ravier, Mihajlovic, Di Nallo, Lacombe, Chiesa et un très bon Uruguayen, Maneiro. Je foulais de nouveau le terrain, je retrouvais mes sensations et, même si j'avais conscience de m'acheminer doucement vers la sortie, la vie me paraissait encore belle. J'avais passé les premiers degrés des diplômes d'entraîneur, la fonction me tentait et je me faisais la main avec l'équipe de troisième division.

Or les choses prirent bientôt une tournure imprévue. Aimé Mignot, l'entraîneur de l'OL, avec qui j'entretenais d'excellents rapports, fut soudain prié de partir en février 1976. Et à qui demanda-t-on de le remplacer ? À Aimé Jacquet.

En réalité, on m'a à peine posé la question. On m'a simplement dit : « Tu prends la place », et je l'ai prise, sans trop réfléchir. Erreur. Double erreur. Je me suis fait piéger.

D'abord, je ne me sentais pas prêt, même si la perspective d'entraîner ne m'effrayait pas. Ensuite, vis-à-vis d'Aimé Mignot, il ne me paraissait pas très glorieux de me précipiter ainsi sur la place. Sur le plan humain, j'ai mal vécu ce passage de témoin entre les deux Aimé. Mais bon, c'était fait, je me suis lancé à fond et, fort de ce que j'avais vu à Saint-Étienne, j'ai commencé à m'organiser.

Côté résultats, ça a plutôt bien marché puisque, quatre mois après mon arrivée aux affaires, le maintien en division 1 était assuré. Nous avons même atteint la finale de la Coupe de France au Parc des Princes contre Marseille. Nous sommes rentrés bredouilles, mais la saison était sauvée.

L'embellie ne dura pas. L'OL aborda une période comme les clubs en connaissent tous : après deux saisons européennes, ce fut le dur retour à des réalités moins souriantes. Nous avons assisté au retrait du triumvirat compétent qui avait si bien géré l'OL pendant de longues années : le président, Édouard Rochet, gynécologue réputé, le vice-président, M. Forest, et le trésorier, Serge Nicol. Tous trois m'avaient accueilli comme joueur, ils m'avaient mis en place comme entraîneur ; non seulement c'étaient des dirigeants de grande qualité, mais ils savaient faire régner au club une ambiance chaleureuse, presque familiale, qui permettait à chacun de s'exprimer dans les meilleures conditions. Chaque année, en fin de saison, M. Nicol organisait chez lui une grande fête champêtre qui était le prétexte à d'interminables parties de boules en famille.

Le départ de ces trois hommes laissa un grand vide et déboucha sur des moments pénibles où il m'arriva parfois de me retrouver seul avec Albine, la secrétaire, pour tenir le club ! On peut dire que j'ai appris mon métier dans la difficulté, mais cela forge sans doute le caractère.

Il y eut certes des points positifs, notamment ma collaboration fructueuse avec un jeune médecin débutant, Jean-Marcel Ferret, que je retrouverai vingt ans plus tard en équipe de France ! Mais il y en eut de moins bons, comme le départ d'éléments forts de mon groupe, notamment Lacombe et Domenech, qui laissèrent le club démuni... à tous points de vue. Je décidai alors de mettre en place une véritable politique de formation lyonnaise sous la houlette de José Broissart, d'Alain Thiry et d'une équipe de techniciens, toujours en poste, à qui l'OL doit d'avoir sorti quantité de bons joueurs.

Le travail en lui-même était intéressant parce que nous nous efforcions de bâtir du solide, mais les difficultés se révélèrent écrasantes. Il y avait trop de bâtons dans les roues, trop de manquements lourds à des postes de direction importants où nous aurions dû trouver des interlocuteurs responsables, pour que je prenne vraiment du plaisir à la tâche.

À la fin de la saison 1979-1980, je reprends donc ma liberté. Et je manque partir pour Metz, où Snella m'a vivement recommandé. Cela tient à trois fois rien. Sans un court flottement au sein du club lorrain, consécutif au retrait provisoire

69

de Carlo Molinari de la présidence, l'affaire aurait sans doute été conclue. Mais, dans l'intervalle, je reçois un coup de téléphone de Didier Couécou, que j'ai connu en sélection nationale. Bernard Lacombe, devenu bordelais, lui a de toute évidence suggéré mon nom avec insistance. Alors directeur sportif à Bordeaux, Couécou ne tourne pas longtemps autour du pot :

— Il faut que tu viennes chez nous. Le président veut tout reconstruire, il a de grosses ambitions et des moyens en conséquence.

Rendez-vous est pris dans un appartement parisien où je rencontre pour la première fois Claude Bez. Il n'est pas moins direct que Couécou :

— Il paraît que tu es un bon. C'est ce qu'on va voir... Tu vas venir à Bordeaux, on va te donner les moyens de bien travailler. Tu as trois ans pour bâtir une équipe qui jouera une Coupe d'Europe. Tu auras un bon contrat, ne te fais pas de soucis. D'accord ?

L'entretien dure moins d'un quart d'heure. J'en sors sous le choc et sous le charme. J'apprécie la démarche sans détour de Claude Bez, sa manière directe de s'adresser à moi, misérieux, mi-provocateur. Le projet tient la route et le président tient ses promesses : mon contrat à Bordeaux est de loin le meilleur que j'aie jamais signé jusqu'alors.

L'aventure bordelaise peut commencer.

Elle va être belle, elle va être grande. Avec des moyens dont je n'ai jamais disposé à Lyon, je peux travailler sur la durée, mettre en application mes convictions et mon savoir-faire.

Je passe huit ans en Gironde. Pendant ces huit saisons, le club décroche trois titres de champion de France (1984, 1985, 1987) et ne termine jamais au-delà de la quatrième place. Il gagne deux Coupes de France (1986 et 1987). Il est européen

LE FILS À CLAUDIUS

chaque saison sans discontinuer, mais sans parvenir malheureusement au-delà d'une demi-finale, à deux reprises. C'est sur ce seul chapitre international que je retiens quelques contre-performances frustrantes.

Dans mon esprit, il est clair que, si un tel parcours a été possible sur huit saisons d'affilée – une période considérable –, c'est parce que les Girondins ont fonctionné de façon cohérente et hyper-professionnelle.

À la base du système et de son efficacité, on trouvait une relation forte et sans ambiguïté entre le responsable technique, moi-même, et le « patron », Claude Bez.

L'homme n'avait pas que des qualités, comme l'histoire se chargea de le prouver, mais notre relation fut placée, avant les dérapages du dernier épisode, sous le signe d'une grande confiance, d'une réelle complicité et d'une totale rigueur professionnelle. Nous fonctionnions à vitesse grand V, il m'écoutait, je l'écoutais et nous agissions. Pas de temps perdu en palabres inutiles, rien que du concret.

Chaque année, en février, je lui présentais mon plan pour la saison à venir ; il disait oui, le plus souvent, parfois il soulevait des objections, mais je savais à quoi m'en tenir. Et les promesses étaient respectées.

Chacun ses compétences, chacun ses responsabilités, lui à sa place, moi à la mienne. Il voulait simplement, et je ne voyais là rien de choquant, que je lui explique mon action et mes objectifs.

Lorsque j'avais une décision lourde à prendre, j'avertissais mon président. Jamais il n'a été mis devant le fait accompli. Jamais, à l'inverse, il n'est intervenu dans mon secteur de compétences. Jamais il n'a cherché, comme tant d'autres, à s'asseoir sur le banc de touche à côté de moi. S'il assistait à l'entraînement deux ou trois fois dans la saison, c'était le maximum, et toujours pour des raisons importantes. Quand il venait, c'est que ça allait chauffer !

71

Donc, respect mutuel, respect total, personne ne marche sur les plates-bandes de l'autre comme on le voit trop souvent.

Ce qui a posé problème au début, c'étaient les installations. Les Girondins avaient à Roquevielle un camp de base pour l'entraînement, mais il n'était pas aménagé comme doit l'être l'outil de travail d'un grand club professionnel. C'était un stade omnisports, on y faisait de tout, y compris du tir ! À Roquevielle, moi aussi, j'ai tout fait, j'ai joué les jardiniers, j'ai manié la brouette, je me suis battu contre des douches trop souvent froides.

De guerre lasse, je suis allé voir Claude Bez, qui m'a renvoyé illico sur la mairie. C'est ainsi que j'ai fait la connaissance de Jacques Chaban-Delmas, plus attaché que quiconque à l'éclosion d'une grande équipe à Bordeaux. Il m'a écouté attentivement et s'est engagé sans hésitation :

— Le service des sports est à votre disposition.

Ainsi allait naître ou plutôt renaître, après bien des recherches, Le Haillan, domaine municipal situé près de l'aéroport de Mérignac. Dès que j'ai vu le site, j'ai tout de suite compris que c'était là que devait s'élever le futur domaine des Girondins. Nous avons commencé à occuper les lieux, nous avons progressivement pris nos aises, jusqu'à en chasser les rugbymen, ce qui n'était pas une mince affaire à Bordeaux, et les travaux ont débuté, nous obligeant à un exil provisoire mais bien vécu.

Le château a été entièrement rénové, les vestiaires construits rigoureusement selon mes instructions, les terrains refaits. Du travail de pros dont je n'ai pas profité longtemps, mais l'important, c'était que le grand club de l'Aquitaine dispose enfin d'un équipement fonctionnel qui lui offre, aujourd'hui encore, des conditions de travail idéales.

Chaban-Delmas était un vrai sportif. Autrefois bon rugbyman, il a aussi beaucoup pratiqué le tennis jusqu'à ce que les atteintes de l'âge l'en empêchent. Il manquait rarement de passer un moment avec nous dans le vestiaire après les nombreux matches auxquels il a assisté à Lescure.

— Je me sens bien ici avec vous, me disait-il souvent, le regard brillant de satisfaction, comme un gosse devant un beau jouet.

Et, pour souligner les vertus des Girondins après une victoire particulièrement méritoire, il avait une expression que j'adorais :

— Ce soir vous avez été solidaires, comme les cinq doigts de la main !

Je me souviendrai toujours de notre premier titre de champion en 1984, remporté lors de la dernière journée, à la faveur d'une victoire à Rennes qui nous permettait de devancer Monaco à la différence de buts !

Chaban-Delmas, à ma grande surprise, avait demandé à suivre le match à côté de moi sur le banc de touche. Tous ceux qui me connaissent le savent bien : en dehors de mon staff et des remplaçants, je ne tolère personne sur mon banc de touche. Mais comment refuser cette faveur à Chaban ? Il a été très sage ! Et très heureux au coup de sifflet final. Une grande fierté irradiait son visage. Bordeaux champion de France, il attendait cela depuis si longtemps... Il a dû être comblé parce qu'il ne m'a plus jamais demandé l'autorisation de venir sur le banc des Girondins.

Avec Bernard Michelena, entraîneur adjoint, nous formions un duo efficace, capable de parer à toutes les situations. J'ai horreur de ces « armées mexicaines » où, à force de diluer les responsabilités et de les déléguer en cascade, on ne sait plus qui est en charge de quoi. Bernard se montra, tout au long de mon séjour bordelais, un second compétent, fidèle et rigoureux. Il avait, chevillé au corps, l'amour de son club, de la région bordelaise et de son art de vivre... grâce au bon vin notamment !

Le club, enfin doté d'installations dignes de ses ambitions, s'est rapidement forgé une identité propre, avec des joueurs de qualité, parfaitement représentatifs, tels que Battiston, Giresse, Girard, Lacombe, Tigana, Specht et bien d'autres encore. Dans le domaine sportif, nous avons vécu huit années d'une sérénité totale, exaltantes pour les professionnels que nous étions, car nous avions les moyens de bien travailler et les résultats suivaient.

Au fond, je n'ai qu'un regret, celui de ne pas avoir arrêté après ces huit années, comme j'en avais confusément ressenti la nécessité. Je m'en étais d'ailleurs ouvert à Claude Bez qui était convenu, lui aussi, que nous avions fait un bon bout de chemin ensemble et qu'il était sans doute préférable pour tout le monde de laisser la place à un autre langage, à une autre forme de management.

Nous éprouvions l'un et l'autre le sentiment d'avoir terminé un cycle, et la décision de principe avait été prise de nous séparer. J'avais la conviction que huit ans dans un même club, c'était un grand maximum. Forcément, l'écoute des joueurs s'émoussait. Pour les anciens, une forme de routine s'installait et, parmi les derniers arrivés, certains avaient du mal à comprendre qu'à Bordeaux il fallait se remettre en cause tous les jours à l'entraînement, avec le travail pour seul mot d'ordre. Plus que jamais, mon credo était « entraînement difficile égale match facile », à l'opposé de certaines théories farfelues trop longtemps répandues selon lesquelles il ne faudrait pas trop forcer à l'entraînement et en garder sous la semelle pour le jour du match !

Et pourquoi éluder la question ? Il y avait peut-être aussi de ma part une forme de relâchement inconscient, une difficulté à me renouveler pour maintenir les esprits en éveil et les énergies mobilisées. Dans l'exigence de la performance au jour le jour que je prônais inlassablement, mes mots n'avaient peut-être plus le même impact.

Il m'était d'autant plus facile de dire « stop, j'arrête » que j'avais noué des contacts assez précis avec Henri Biancheri, dans la perspective d'une venue à Monaco. J'avais aussi une piste en Espagne avec le Real Madrid.

Mais je soupçonne le président Bez d'avoir eu vent de mon possible départ. Il n'a pas supporté l'idée que je puisse passer à la concurrence. En outre, nous avions l'habitude de travailler, en termes de recrutement ou d'organisation, avec un an d'avance et mon départ précipité ne lui convenait pas. Bref, je me suis laissé embarquer à signer un nouveau bail.

Mal m'en a pris. Mes rapports avec le président se sont vite détériorés. Lui-même avait beaucoup changé. D'une certaine manière, il me reprochait d'avoir envisagé de le quitter et quelque chose s'est cassé entre nous. Il a suffi d'une mauvaise passe et de quelques résultats contraires pour que, le 13 février 1989, je me voie retirer la responsabilité de l'équipe. Sans avertissement, sans préavis. Tout le monde avait été mis au courant avant moi...

J'étais d'autant plus amer que cette façon d'agir ne cadrait pas du tout avec la tonalité de nos relations antérieures, toujours empreintes de la plus grande correction et du respect des engagements. Non seulement j'étais viré comme un malpropre, mais Claude Bez refusa obstinément de me verser les indemnités de licenciement auxquelles je pouvais prétendre. Je tentais bien une démarche auprès de Chaban-Delmas, lui qui avait si souvent mis en exergue la notion de solidarité, mais je n'eus droit qu'à une belle lettre ponctuée d'un sibyllin : « Tout passe, tout lasse, tout casse... »

J'ai pensé faire un break. Voyager pour évacuer la pression accumulée pendant neuf saisons enthousiasmantes (au moins huit d'entre elles !) mais aussi profondément usantes. Découvrir d'autres horizons, d'autres centres d'intérêt...

Mais ce ne furent que paroles en l'air et résolutions vite mises à mal par un contact avec Michel Mézy. L'envie de replonger sans attendre davantage l'emporta sur mon désir de repos. Et me voilà à Montpellier, en plein été, où je découvre une sensation inconnue : une chaleur écrasante ! J'avais connu des étés chauds à Saint-Étienne et la canicule à Bordeaux au mois d'août, mais cette chaleur du Languedoc-Roussillon avait je ne sais quoi d'éprouvant qui n'a pas facilité mon intégration.

Pourtant les choses se présentaient plutôt bien au départ. J'ai commencé le recrutement avec Michel Mézy que je connaissais de longue date, nous avons mis en place notre saison. Et puis, un soir où j'étais de passage à Bordeaux, j'appris à la radio que Montpellier venait d'engager Stéphane Paille et Éric Cantona ! Incroyable. Et inadmissible.

Dans ma manière de fonctionner, je ne pouvais pas envisager que le patron technique du club ne soit pas consulté sur le recrutement des joueurs, si talentueux soient-ils. Sur le principe, ça ne passait pas.

J'ai donc téléphoné à Mézy et je lui ai dit qu'il valait mieux arrêter là. S'ils voulaient faire l'équipe, qu'ils la fassent, mais sans moi.

Peu après, Louis Nicollin m'a appelé. Le bon, le jovial, le truculent président Nicollin qui aime passionnément son club de La Paillade, le football et les footballeurs. Avec cette chaleur qui le caractérise, il m'a parlé de malentendu, d'un nouveau départ... À ce moment-là, si je voulais rester fidèle à mes idées, j'aurais dû dire non. Et la suite m'aurait donné raison. Mais je n'avais pas encore assez appris à me méfier de l'affectif et j'ai fini par accepter de reprendre le collier.

Néanmoins, quelque chose avait dû se fissurer en moi, et je n'étais sans doute pas aussi bien armé qu'autrefois pour affronter les difficultés à venir.

LE FILS À CLAUDIUS

Afin de donner une bonne assise défensive à l'équipe, je souhaitais constituer un axe central Julio Cesar-Laurent Blanc. Mais Lolo avait encore en tête que son meilleur poste était en milieu de terrain et il ne voulait pas en démordre, pensant peut-être à l'équipe de France. Le climat au sein de l'équipe s'est ressenti de nos divergences de vues.

Nous avions cependant commencé à redresser la barre lorsque, le 13 février 1990, je fus soudain mis sur la touche... un an jour pour jour après mon éviction de Bordeaux !

Cette fois, j'ai pris un drôle de coup de massue sur la tête. Inévitablement, je me suis posé des questions. Je ne remettais pas en doute mon travail de technicien ni mon football, mais mon fonctionnement. Était-il adapté à la situation montpelliéraine ? Avec Bordeaux, je sortais d'un club de haut niveau, avec les meilleurs joueurs de France. Avais-je su me repositionner dans mon discours, dans mon relationnel ? Une sacrée remise en cause personnelle !

Deux limogeages en un an, c'est beaucoup pour un seul homme, surtout à l'approche de la cinquantaine et dans un métier où les jeunes poussent facilement les « anciens » vers la sortie... Aussi décidai-je cette fois de ne rien précipiter, de prendre le temps de la réflexion. D'autant que ma femme et moi nous plaisions bien dans cette région de Montpellier où nos deux enfants étaient scolarisés.

Je refusai un certain nombre de propositions en France et en Suisse. Et il a fallu que Michel Platini m'appelle, courant juillet, pour que je sorte de ma retraite.

J'appréciais beaucoup Platini. Le joueur, d'abord, qui avait du génie dans son jeu et dans sa vista mais aussi l'homme, toujours très libre et direct. D'ailleurs, à une certaine époque, lorsque je faisais des plans à long terme avec Claude Bez, nous avions sérieusement envisagé que Michel vienne finir sa carrière à Bordeaux. Et puis il avait porté le maillot vert, ça crée des liens !

— Je viens de reprendre le club de Nancy avec un ami, Jacques Brezinski, me dit Platini. On se sépare de l'entraîneur, il faut que tu viennes. On t'attend demain après-midi pour l'entraînement.

Il m'a à peine laissé le temps de répondre... Venant de Platini, l'invitation ressemblait à un ordre. Le lendemain, je pris donc la route de Nancy avec les journaux et revues que j'avais pu rassembler à la hâte pour apprendre par cœur pendant le trajet les noms et les prénoms de l'effectif nancéien. Et, dès le premier entraînement, je me suis comporté avec les joueurs comme si je les connaissais depuis toujours, les appelant par leur prénom et plaisantant comme avec de vieux complices !

Surtout, j'ai réalisé en foulant la pelouse que je retrouvais la foi. En l'espace de quelques heures, je suis passé d'une forme de rejet, d'une mise à l'écart d'abord imposée puis souhaitée, à un enthousiasme neuf, à l'envie retrouvée de me battre et de prouver quelque chose. D'autant que j'ai été très bien accueilli à Nancy, notamment par Jean-Michel Moutier, le directeur sportif qui n'a rien négligé pour faciliter mon intégration dans le club et mon adaptation à la vie lorraine.

Je n'ai jamais bossé autant en si peu de temps. Je me suis remis dans le coup à la vitesse grand V, je débordais de passion pour tout ce que j'entreprenais. L'équipe comptait beaucoup de jeunes et je prenais un plaisir fou à les guider, à les faire progresser. Un peu comme ce qui s'était passé à Lyon, lorsque je débutais dans le métier d'entraîneur.

Nous avons connu une saison difficile (il ne pouvait pas en être autrement), mais nous l'avons bien terminée, assurant le maintien après des victoires face à quelques grosses cylindrées comme Marseille.

J'aurais volontiers continué le travail entrepris mais, quand j'ai vu Platini et Brezinski jeter l'éponge dans un climat assez incertain, je n'ai pas voulu repartir dans l'inconnu, avec des difficultés, voire des embrouilles à peu près garanties. Suivant leur exemple, j'ai tiré ma révérence.

Et me voilà de nouveau comme l'oiseau sur la branche. Dans l'attente... mais de quoi ? Savais-je seulement ce dont j'avais envie, ce dont j'avais besoin ?

Ce retour aux affaires à Nancy, pour bref qu'il ait été, m'avait requinqué, il m'avait redonné le goût d'entreprendre, de transmettre. Mais le moment n'était-il pas venu de faire ce break que je me promettais depuis deux ans ? N'était-ce pas plus que souhaitable, indispensable ?

Pour n'avoir pas su ou pu me décider, je vais en fait me retrouver sans club. Alors je me mets à voyager, je vois beaucoup de matches en France et à l'étranger, mais en toute quiétude, cette fois. Que c'est agréable de suivre un match de football pour le plaisir, sans pression, sans responsabilités ! Il a fallu que j'arrive à la cinquantaine pour m'offrir ce luxe...

Je viens me recycler à Clairefontaine, j'encadre quelques stages à la demande de Gérard Houllier, je forme et je m'informe... C'est finalement une bonne année, pendant laquelle je continue d'habiter Nancy, mais qui me voit souvent à Paris ou ailleurs. Et c'est au terme de cette saison 91-92 qui m'aura permis non seulement de souffler un peu, mais surtout d'aborder le football sous d'autres angles, à la fois instructifs et moins stressants, que j'intègre officiellement la Direction technique nationale de la Fédération en qualité d'entraîneur national avec toutes les missions que cela comporte : responsabilité d'une sélection nationale de jeunes, celles des moins de dix-sept ans, où j'ai pour adjoints Philippe Bergeroo et James Doyen ; encadrement des stages de formation des entraîneurs ; missions d'observation, etc.

J'occupe aussi, et ce n'est pas rien, le poste d'entraîneur en second de l'équipe de France aux côtés de Gérard Houllier, qui vient d'en prendre la direction après le retrait de Michel Platini au sortir de l'Euro 92. J'ai, pour ma part, suivi cette compétition en qualité d'observateur de la Fédération française de football, en compagnie de Jacques Devismes.

Ce poste d'adjoint du patron de l'équipe de France est très particulier. Il place celui qui l'occupe dans une position d'observation privilégiée et lui permet d'avoir avec les joueurs un relationnel très riche. N'ayant pas en face de lui le décideur, celui qui « sanctionne », le joueur se livre plus librement, il se sent écouté, un échange instructif s'instaure.

Un second, par définition, n'est pas responsable. Il est à la disposition de l'entraîneur et des joueurs, au carrefour de plusieurs domaines, mais sans avoir à trancher. Bien sûr, il doit beaucoup « apporter » au numéro un, mais avant tout des éclairages, des pistes dont celui-ci dispose comme il l'entend. Dès que le chef a tranché, ses choix deviennent ceux de tout le staff, sans états d'âme ni murmures. Très importante, cette loyauté absolue des seconds, sinon ça ne peut pas marcher.

Et avec Gérard Houllier, ça marche bien. Très bien même. L'homme a une puissance de travail fabuleuse. Il se projette toujours dans l'avenir, il a dix idées par jour et son cerveau est une mécanique qui tourne à cent à l'heure. Nous n'avons pas le même tempérament, nous n'évoluons pas dans le même monde, mais nous avons les mêmes exigences dans le travail bien que nous les formulions de façon différente. C'est un grand bonheur de travailler avec lui.

Le seul problème, c'est qu'il dort peu et qu'il est capable de pénétrer en trombe dans votre chambre à 2 heures du matin pour vous faire part d'une observation sur une cassette qu'il est en train de visionner. Il suffit de s'y habituer !

Avec Gérard aux commandes, je vais vivre seize mois d'équipe de France. Aujourd'hui encore, je ne sais trop comment qualifier cette période, car il va s'y produire un événement invraisemblable, qui échappe au sens commun et à l'analyse classique...

L'équipe de France, qui vient d'engranger treize points sur quatorze possibles lors de ses sept derniers matches de qualification à la Coupe du monde 94, va perdre les deux derniers, chez elle, au Parc des Princes, alors qu'un seul match nul aurait suffi à lui assurer son billet pour les États-Unis ! Les mauvaises langues et les persifleurs diront qu'une catastrophe aussi hallucinante ne pouvait arriver qu'à des Français...

Que s'est-il passé ? Avons-nous manqué de vigilance ? La rivalité PSG-Marseille qui faisait rage à l'époque a-t-elle gangrené la sélection ? Des déclarations malencontreuses de tel ou tel ont-elles brisé l'unité du groupe ? Y a-t-il eu relâchement ? Un peu de tout cela, sans doute. Qui peut le dire avec certitude ?

Nous faire surprendre par Israël que nous avons battu 4-0 à Tel-Aviv à l'aller, et alors qu'on mène 2-1, c'est déjà gros. Mais on pouvait encore avancer la thèse de l'accident, de l'incident de parcours.

Que dire en revanche de ce France-Bulgarie que nous nous apprêtons à boucler sur un 1-1 nécessaire et suffisant et qu'à trente-cinq secondes de la fin de la partie, nous offrons aux Bulgares, qualification en prime ?

À une minute du coup de sifflet final, alors que nous sommes dans le camp bulgare, côté droit, Gérard me souffle :

– Va leur dire que c'est fini, qu'ils fassent tourner le ballon tranquillement. Surtout aucun risque !

Je me précipite pour répercuter le message mais le cordon de sécurité traditionnel des fins de match se met en place près du banc de touche et m'interdit le passage !

Le temps que je fasse le tour par-derrière et que j'arrive au bord du terrain, la contre-attaque bulgare s'est déclenchée et le ballon termine sa course au fond des filets de Lama. Je n'ai rien vu, rien compris. Je sais seulement qu'un silence de cathédrale s'abat sur le Parc des Princes et que je me prends la tête à deux mains, abasourdi, statufié sur place, anéanti.

C'est de très loin la soirée la plus dure, la plus cruelle, la plus irréaliste que j'ai connue dans le football.

Mais cette meurtrissure, que rien n'effacera, va nourrir en moi une colère froide, comme une violence muette et sourde qui guidera, dans l'intransigeance, beaucoup de mes choix... jusqu'à un certain 12 juillet 1998.

3

Président, on va être champions du monde!

Ce soir de novembre 1993, pour ces malheureuses trente-cinq secondes, le ciel nous tombe sur la tête, par la faute d'un certain Kostadinov. La Bulgarie, contre toute attente, nous arrache des mains le billet pour la Coupe du monde 94 aux États-Unis et plonge du même coup le football français dans une zone de grosses turbulences.

On peut parler sans exagération d'une « explosion », d'un traumatisme lourd. C'est d'abord le sélectionneur en place, Gérard Houllier, qui présente, logiquement et dignement, sa démission. Quelques jours plus tard, le président de la Fédération, Jean Fournet-Fayard, doit abandonner son poste sous la pression médiatique.

En ce qui me concerne, l'avenir me semble tout tracé : je suis l'adjoint de Gérard Houllier, je fais partie du staff perdant, Gérard s'en va, je pars aussi. Clair comme de l'eau de roche. Je vais retrouver mes missions d'entraîneur national, m'occuper des jeunes et de la formation, la vie continuera ainsi du côté de Clairefontaine...

Mais les hommes proposent et les événements disposent.

Jacques Georges, personnage de référence dans le football national et international, président de la FFF de 1968 à 1972 puis de l'UEFA au début des années 80, accepte, après moult

83

péripéties et intrigues dont notre milieu dirigeant est friand, un intérim de quelques mois à la présidence de la Fédération, pour calmer le jeu et assurer la continuité de l'action fédérale. Il lui appartient donc au premier chef, en étroite liaison avec Noël Le Graët, président de la Ligue nationale professionnelle, de pourvoir au remplacement de Gérard Houllier.

Un beau jour, Noël Le Graët me demande de venir dîner chez lui à Guingamp en compagnie de Gérard Houllier. Il n'y va pas par quatre chemins :

— On vient de prendre un bon coup sur la tête, mais il ne faut pas laisser tomber. Vous devez poursuivre le travail entrepris par Gérard.

Ma surprise est totale. Même si je continuais à voir une grosse injustice dans cette élimination-cauchemar, je n'imaginais pas une seconde, faisant partie des battus, me trouver propulser en premier de cordée.

J'ai la proposition en main, et j'hésite énormément. Gérard Houllier, qui éprouve plus que quiconque ce sentiment d'injustice, me dit : « Tu dois y aller. » Je consulte à droite et à gauche, des amis, des techniciens, des gens dont je sais le jugement fiable et dénué d'arrière-pensées. Personne ne me dit : « N'y va pas. » Au contraire, tous me tiennent à peu près le même langage :

— Vu le contexte, ça ne va pas être facile, mais ton passé plaide pour toi, ta crédibilité n'est pas entamée, si tu le sens, vas-y !

Après quelques jours de réflexion, je dis banco. Et c'est parti. Autant il m'arrive de prendre beaucoup de temps pour décider, autant, lorsque ma décision est prise, je me lance aussitôt dans l'action.

L'état des lieux n'est pas mirobolant. J'ai pour moi une bonne connaissance des joueurs et du fonctionnement de la sélection nationale, mais j'ai contre moi la morosité ambiante et l'abattement de plusieurs joueurs, pas très chauds pour revêtir le maillot bleu après ce qui vient de se passer.

À en croire un certain nombre de dirigeants, il faudrait supprimer les matches amicaux prévus à notre programme pour le premier trimestre 1994. Au contraire, je pars du principe qu'il faut nous remettre au travail le plus vite possible afin d'évacuer la terrible déception que nous venons de subir. Tourner la page sur le terrain, balle au pied, pour prouver, d'abord à nous-mêmes, que nous ne sommes pas les incapables incriminés ici ou là.

Certes, quand on laisse échapper une qualification qui semble plus que promise, il doit bien y avoir faute quelque part, mais cette faute a été collective, il faut donc l'assumer tous ensemble et laver l'affront le plus vite possible.

Après avoir fait l'impasse sur un France-Turquie prévu à Toulouse en janvier 1994, nous effectuons donc le grand saut dans l'inconnu à Naples, le 16 février, contre l'Italie. Pour un début, je suis gâté ! L'Italie est une des meilleures nations de football du monde : à titre d'information, nous sommes restés une soixantaine d'années sans parvenir à la battre, entre 1920 et le début des années 80 !

Un but de Djorkaeff – déjà ! – inscrit juste avant la pause nous permet de démarrer notre opération de reconquête sous les meilleurs auspices. Malgré mes discours de remotivation, je craignais de rencontrer une équipe encore fragile et timorée. Et sans parler de grand match, j'ai la bonne surprise de voir des garçons extrêmement attentifs, pleins de bonnes intentions, à l'image d'Éric Cantona.

Éric Cantona... Personnage d'une force extraordinaire, balle au pied bien sûr, mais aussi dans la vie, où il affiche un caractère entier, sans compromis. Dès la première prise de contact, il va devenir mon « homme de base » et, de façon logique, presque naturelle, le capitaine de cette équipe du rachat.

85

La fierté exacerbée, parfois excessive, est un des moteurs d'Éric. Dès ce rassemblement, je sens chez lui, plus que chez quiconque, une volonté féroce d'effacer l'élimination américaine, de prouver quelque chose. Le premier, il m'assure de son engagement total à relancer et à animer les Bleus.

J'insiste sur cette mentalité exemplaire et sur ce qu'Éric représente alors pour l'équipe de France (où il ne pose, je le précise, aucun problème relationnel et où il jouit de l'estime de tous) parce que les événements futurs viendront quelque peu obscurcir le ciel de nos relations. Pour des raisons strictement techniques que j'analyserai plus loin, je déciderai un jour de tourner la page Cantona. Certains ne se priveront pas alors de laisser entendre que le joueur autant que l'homme n'avaient en fait jamais enlevé mon adhésion. Mais ce sont souvent les mêmes qui, après s'être indignés qu'il ait pu porter le brassard de capitaine, réclameront à cor et à cri son retour en sélection !

Pour l'heure, tout heureux de cette bonne entrée en matière contre l'Italie, nous enchaînons sur le Chili à Lyon (victoire 3-1), puis, pour finir la saison, sur la Kirin Cup au Japon.

Il s'agit d'un tournoi international organisé chaque année au printemps par une grande marque de bière japonaise et auquel la France est invitée pour la première fois. Faute de Coupe du monde, nous aurons droit à cette belle confrontation que nous remportons après deux succès, contre l'Australie à Kobe (1-0), sur un terrain-piscine qui voit les débuts de Fabien Barthez en sélection, et contre le Japon (4-1) à Tokyo.

Outre la découverte, pour beaucoup, d'un pays en train de s'éveiller au football et où les femmes composent pour moitié l'affluence dans les stades, ce séjour d'une semaine, loin de chez nous, cimente le groupe et lui redonne une âme. Nous retrouvons Laurent Blanc qui, affecté par les critiques qui ne l'ont pas ménagé après les matches perdus contre Israël et la Bulgarie, avait souhaité prendre un certain recul. Dire que certains se sont offert le ridicule de mettre en doute ses qualités de défenseur !

Il n'était pas question pour moi de renoncer sans lutter à un élément de cette valeur. Je connaissais d'autant mieux son talent en défense que j'avais moi-même entrepris de le convaincre, à Montpellier, de se positionner en libero. C'est un poste taillé à sa mesure, compte tenu de son gabarit, de sa sérénité en acier trempé, mais aussi de sa superbe technique, précieuse rampe de lancement des contre-attaques.

Après avoir respecté son souhait de faire un break, j'ai donc été le relancer à Saint-Étienne début mars 1994. Je suis allé droit au but :

– Laurent, je compte sur toi. À ton poste, tu es sans rival. Tu sais que nous avons un groupe de qualité. La qualification pour l'Euro, nous allons la décrocher avec toi ! C'est le moment ou jamais, il faut que je sache. Tu me dis oui ou non. Tu réfléchis un jour ou deux, tu m'appelles et tu me donnes ta décision.

Et je suis parti discuter un moment avec son entraîneur, Jacques Santini, dans son bureau. Je n'y étais pas depuis dix minutes quand Lolo a frappé à la porte et passé la tête dans l'entrebâillement.

– Coach, laissez-moi encore quelques semaines, mais pour la tournée au Japon et pour la suite, vous pouvez compter sur moi !

Pour une équipe « atomisée » par le séisme de l'automne 1993, il y a tout lieu de se réjouir de ce premier trimestre 1994 gagnant. Mais le retour à la compétition, c'est-à-dire les matches de qualification à l'Euro 96, s'annonce autrement plus délicat...

Le vent du boulet se fait sentir le 17 août à Bordeaux lors d'un match de préparation contre la République tchèque : à cinq minutes du coup de sifflet final, nous sommes en fâcheuse posture, menés 2-0, lorsqu'un certain Zinedine Zidane, entré en jeu pour la dernière demi-heure et qui fête sur son terrain fétiche de Lescure sa première sélection en équipe de France, réussit deux buts coup sur coup, aux 85e et 87e minutes ! Déjà un clin d'œil du destin...

Avec les éliminatoires de l'Euro, nous attaquons alors une période difficile et souvent paradoxale. En effet, j'acquiers vite la conviction que nous possédons un groupe solide, au mental comme au physique, mais je suis bien obligé de constater une déprimante stérilité offensive.

Je ne reviens pas sur l'état piteux du terrain de Bratislava en Slovaquie, ni sur deux pannes d'éclairage importunes, pour nous du moins. Pas davantage sur le cloaque de Zabrze en Pologne où les joueurs sont réduits à pratiquer un pénible pousse-ballon. Lorsqu'on ajoute à ces deux matches le France-Roumanie disputé dans l'intervalle à Saint-Étienne, le bilan est vite fait et, en apparence, peu engageant : trois fois 0-0...

Je dis « en apparence », car le France-Roumanie du 8 octobre à Geoffroy-Guichard constitue malgré tout un déclic. J'ai fait le choix de m'appuyer sur la jeune génération nantaise alors en pleine ascension, celle des Karembeu, Pedros, Ouédec, Loko. Tous les observateurs présents à Geoffroy-Guichard s'accordent à reconnaître que l'équipe de France fournit un très bon match, avec beaucoup d'allant, d'initiatives, d'efficacité dans la progression... jusqu'au moment du dernier geste, celui qui permet de mettre le ballon au fond. J'ai horreur d'évoquer la malchance, d'abord parce que je n'y crois pas trop et ensuite parce que cela ne sert à rien, mais franchement, sur ce match, nous n'avons pas été vernis ! D'autant que la Roumanie, qui a réalisé une très brillante Coupe du monde américaine, ne s'est pas créé une seule occasion de but, fait rarissime à ce niveau.

En dépit de la frustration ressentie unanimement, je confie aussitôt après le match à mes adjoints Philippe Bergeroo et Henri Émile :

– Il y a du talent dans ce groupe, et on va y arriver !

Ce n'est pas notre modeste 2-0 contre l'Azerbaïdjan, à Trébizonde (le match eut lieu en Turquie, près de la frontière azérie, en raison du climat tendu en Azerbaïdjan), qui peut nous autoriser à pavoiser ou à dire que nous avons trouvé la solution à nos problèmes d'efficacité. Soit dit en passant, c'est la troisième fois en trois déplacements que nous sommes obligés d'évoluer sur un terrain épouvantable, ce qui ne favorise pas l'expression de notre supposée mais réelle supériorité technique et collective. Malheureusement, il faut bien faire avec...

Fin 1994, nous pouvons certes nous prévaloir d'une « invincibilité » qui n'est pas négligeable pour la cohésion de l'équipe, pour son mental surtout, mais il est clair que, malgré le prometteur France-Roumanie de Saint-Étienne, nous tournons en rond dans le secteur délicat de l'efficacité offensive.

Ce que nous n'avons pu faire ni en Slovaquie ni en Pologne – gagner, donc marquer – nous le réussissons paradoxalement dès les premiers jours de 1995 en allant nous imposer aux Pays-Bas (1-0)... en match amical.

Allons-nous entendre pour la énième fois le couplet sur la France « championne du monde des matches amicaux » ? Nous sommes bien partis pour, surtout après une nouvelle déconvenue en Israël, d'où nous revenons avec un triste 0-0 qui n'arrange pas nos affaires pour la qualification.

Nous n'avons déjà plus droit à l'erreur. Nous devons absolument remporter le rendez-vous suivant, à Nantes contre la Slovaquie, sous peine de devoir « jeter l'éponge » prématurément.

Ce soir-là, nous prenons une grande bouffée d'oxygène : un 4-0 qui nous relance et le public de La Beaujoire qui exulte, même si les Nantais Pedros, Ouédec et Karembeu sont restés sur le banc de touche. Avec en prime le sentiment d'une certaine justice, d'une reconnaissance tardive mais méritée pour des garçons dont l'application et la volonté d'entreprendre ont été exemplaires depuis le début de cette phase de qualification.

Ces deux matches disputés à un mois d'intervalle me permettent d'évoquer une attitude bien française qui consiste à étiqueter les équipes « offensives » et « défensives » selon qu'elles disposent de deux ou trois milieux de terrain dits défensifs ou récupérateurs. À Tel-Aviv, nous avons présenté, selon ces critères, une équipe « offensive » puisque Desailly et Le Guen étaient à la récupération tandis qu'avec Martins, Pedros, Loko et Ouédec nous disposions de quatre joueurs à vocation franchement offensive.

Résultat : 0-0.

À Nantes, situation inverse. Deschamps, Desailly et Guérin musclent davantage le milieu et nous n'avons que trois « attaquants » dans l'esprit : Zidane, Loko et Ginola.

Résultat : 4-0.

Voilà bien la relativité et l'ineptie de ces analyses techniques de bazar qui ne veulent strictement rien dire ! Combien de fois faudra-t-il répéter que seuls comptent l'animation de l'équipe, l'équilibre de son organisation et sa capacité de jouer sur ses points forts, pour faire évoluer les mentalités et en finir avec les idées reçues ?

Quoi qu'il en soit, en dépit de cette nette victoire face à la Slovaquie, nous ne sommes pas tirés d'affaire ! Un nouveau match nul contre la Pologne, en août au Parc des Princes, nous remet une pression terrible sur les épaules. Nous pouvons même nous estimer heureux de ne pas avoir vu nos espoirs s'envoler ! Quand Lizarazu manque son penalty alors que nous sommes menés 0-1, je me dis que cette fois, les carottes sont cuites. À force de jouer avec le feu, nous allons nous brûler pour de bon !

Sans le coup franc victorieux de Djorkaeff à six minutes de la fin pour arracher l'égalisation, la messe était dite.

La situation a au moins le mérite d'être claire : il nous reste trois matches à disputer, neuf points à prendre, trois victoires à assurer... dont une à Bucarest. Il faut déclencher l'opération commando, se jeter comme des affamés sur ces trois adversaires et passer en force.

Le premier acte de cette pièce est à l'évidence le plus accessible puisque disputé contre le modeste Azerbaïdjan, mais je ne veux surtout pas tomber dans la facilité. À la mi-temps, nous menons 3-0. Pourtant, dans le vestiaire du stade Abbé-Deschamps, je pique une grosse colère dont les joueurs reparleront parfois avec une certaine incrédulité...

Pourquoi cet éclat ? Parce que je pense déjà à ce qui nous attend à Bucarest le mois suivant ! Je ne peux pas me satisfaire de ce jeu gentillet, de cette domination trop aisée, sans agressivité. Alors, j'explose :

– Si vous ne voulez pas faire plus, si vous ne pouvez pas, ce n'est pas la peine d'aller en Roumanie. Là-bas, vous allez vous faire bouger, je vous préviens. 3-0 à la mi-temps, à Auxerre, contre l'Azerbaïdjan, ça ne prouve rien. Vous devez être méchants, doubler, tripler la mise. Faites savoir aux Roumains que vous êtes remontés à bloc et que vous ne doutez de rien !

Résultat final : 10-0. La victoire la plus large remportée par une équipe de France depuis les débuts de la sélection nationale en 1904 ! Ce record historique, je m'en moque éperdument, mais pas de ce que signifient, à mes yeux, la rébellion de cette seconde période, la férocité manifestée à tous les niveaux de l'équipe et illustrée par Frank Lebœuf, auteur de ses deux premiers buts sous le maillot tricolore.

Nous pouvons laisser mijoter nos prochains adversaires roumains pendant un mois avec ce score fleuve sur lequel ils doivent bien se poser quelques questions...

Le 11 octobre 1995, à Bucarest, le public roumain ne semble pas trop s'interroger. À ses yeux, ça ne fait pas un pli : son équipe qui caracole en tête du groupe aura vite fait de mettre à la raison une équipe de France qui n'a même pas été fichue d'obtenir son billet pour les États-Unis, où la Roumanie a brillé de mille feux.

Lorsque nos joueurs viennent reconnaître le terrain une heure et demie avant le coup d'envoi, ils sont reçus par une bronca hostile et par des bordées de sifflets moqueurs.

Mais là, il se passe une chose extraordinaire. Devant un tel accueil, la sagesse voudrait que les joueurs français regagnent au plus vite, sans demander leur reste, la quiétude de leur vestiaire pour se préparer sereinement à l'affrontement. Au lieu de cela, relevant le défi, ils s'avancent tranquillement jusqu'au rond central, s'y regroupent symboliquement et restent là de longues minutes, comme indifférents à tout ce qui peut se passer autour d'eux.

– J'adore ces atmosphères, lâche même Barthez.

Déjà, par cette attitude, les Bleus signifient que le combat ne leur fait pas peur. Pour eux, le match a déjà commencé. Et, dans l'heure qui précède le coup d'envoi, l'ambiance dans le vestiaire dégage une détermination farouche, comme j'en ai rarement ressenti.

Le match est à l'unisson. Plein. Sans la moindre concession de notre part. Témoin ce premier but de Karembeu, à la demi-heure de jeu, où Christian efface rageusement tous ses adversaires pour aller ouvrir le score et le chemin d'un succès indiscutable (3-1). Quelle rencontre ! Quel match d'hommes ! À vous donner le frisson...

Des frissons, mais d'un autre genre, j'en ai encore le 15 novembre à Caen où nous affrontons Israël pour notre troisième et dernier acte. Dans les jours précédant la rencontre, le monde entier a appris, avec stupeur et consternation, l'assassinat du Premier ministre israélien Yitzhak Rabin. Comme de tradition dans de telles circonstances, la Fédération française a programmé une minute de silence en hommage au disparu, juste avant le coup d'envoi. D'habitude, il se trouve toujours quelques poignées d'énergumènes pour troubler ces instants de recueillement par des clameurs incongrues. Mais ce jour-là, lorsque retentit le coup de sifflet de l'arbitre, le stade Michel-d'Ornano est envahi par un silence total, poignant, que rien ne vient troubler. Tous les témoins de la scène en seront fortement marqués. Plusieurs dirigeants israéliens, notamment notre ami Jacob Erel, nous diront plus tard combien ils ont été impressionnés et émus jusqu'aux larmes par ce témoignage unanime de respect.

Il faut pourtant bien revenir au football... Notre qualification se joue là, en quatre-vingt-dix minutes. Mais pas seulement là, dans la mesure où les résultats des derniers matches du groupe, disputés ce soir-là, peuvent encore nous exclure du lot des qualifiés. Pour rester seuls maîtres de notre sort, nous devons à tout prix gagner.

Je demande à mes adjoints de se tenir informés du déroulement de la soirée, mais de ne m'alerter que si nécessaire, au cas où je devrais prendre de nouvelles dispositions.

En fait, lorsque Djorkaeff ouvre la marque à vingt minutes de la fin, les scores sur les autres terrains sont tels que tout suspense est pratiquement éliminé. Nous pouvons même, je crois, consentir une égalisation israélienne sans dommages. Ce qui n'est pas dans nos intentions! Pour la beauté du coup, une équipe avertie en valant deux, Liza double la mise quelques secondes avant la fin.

Dieu que cette phase de qualification a été laborieuse! Mais, une fois les émotions passées, une impression revient sans cesse à mon esprit, pour s'y ancrer définitivement : ce groupe dégage une grande efficacité collective.

Aveuglés par des débuts difficiles et par une longue stérilité offensive, certains commentateurs ont tendance à oublier que cette équipe n'a encore jamais connu la défaite. En 1994 et 1995, elle a disputé 17 rencontres pour un bilan de 10 victoires et 7 matches nuls. Pas de quoi crier au génie, sans doute, mais cette aptitude à se hisser toujours à la hauteur de l'adversaire dénote un mental en or massif. Il y a là, en tout cas, une base solide pour préparer sereinement l'Euro anglais de juin 1996.

Disputer l'Euro, d'accord, mais comment et avec qui ? Dans les buts, je n'ai pas de réels soucis. Bernard Lama règne en maître dans toutes les surfaces de réparation de la planète ; derrière lui, Bruno Martini, professionnel jusqu'au bout des ongles, se tient prêt à intervenir et Fabien Barthez a déjà atteint un niveau remarquable. La défense donne, elle aussi, des gages rassurants, dans des formules différentes. Angloma et Di Meco (coup de chapeau au passage à Éric, symbole de la hargne de cette équipe et boute-en-train apprécié) occupent à la perfection les ailes de notre bloc défensif, mais Thuram et Lizarazu opèrent des incursions de plus en plus fréquentes et convaincantes dans notre système. Dans l'axe, enfin, le tandem Blanc-Desailly constitue l'association parfaite, mais le rendement ne se trouve pas le moins du monde affecté lorsque Frank Lebœuf vient à la rescousse. Pour preuve, Laurent blessé, nous avons disputé nos matches décisifs pour la qualification à l'Euro avec le duo Desailly-Lebœuf.

Tout cela est bien huilé et ne perturbe guère mes nuits, pas plus que le milieu de terrain où, avec des hommes comme Karembeu, Deschamps, Guérin, Lamouchi et Pedros, dans des registres différents, nous pouvons voir venir.

PRÉSIDENT, ON VA ÊTRE CHAMPIONS DU MONDE !

Reste l'attaque et plus largement l'animation offensive. Là, pour parler franchement, notre horizon est beaucoup plus incertain...

L'option nantaise sur laquelle je me suis appuyé majoritairement tout au long de 1994, autour d'Éric Cantona, n'a pas été couronnée d'un réel succès. Notre jeu d'attaque manque trop souvent de volume, d'amplitude, de profondeur et de percussion. Personne n'est à montrer du doigt. La carence est à l'évidence collective, mais le constat n'en demeure pas moins préoccupant.

Beaucoup plus prometteuse et efficace se révèle l'association Zidane-Djorkaeff que je vais mettre en place progressivement à partir du moment où je suis forcé de composer avec l'absence de Cantona, dès janvier 1995.

On se souvient de cette scène impressionnante à Crystal Palace, en championnat d'Angleterre, lorsque Éric, apostrophé par un voyou alors qu'il quitte le terrain, se jette sur son « agresseur verbal », les deux pieds en avant. Une scène digne des meilleures séquences de kung-fu. Du Cantona plus vrai que nature, celui dont le sang ne fait qu'un tour lorsqu'il s'estime victime d'une injustice ou d'une incorrection grave.

Résultat : huit mois de suspension imposée par la Fédération anglaise. Huit mois durant lesquels l'équipe de France est bien obligée de vivre sans Cantona. Huit mois où, sous l'impulsion du tandem Zidane-Djorkaeff, son jeu prend une nouvelle dimension. Nous n'avons toujours pas d'authentique avant-centre (d'ailleurs Cantona n'en était pas un, il ne pouvait ni ne voulait en être un), mais le ballon vit bien, mieux en tout cas.

Lorsque Éric revient sur les terrains, arrive l'heure du choix. Que faire ? Casser ce qui est en train de se mettre en place de façon prometteuse ? Revenir à de nouveaux essais qui prendraient des airs de déjà-vu ? Ou bien tourner la page, au risque de polémiques interminables entre les pros et les anti-Cantona ?

Car il y a bien un cas Cantona. Plus exactement, il y a deux Cantona. Celui que moi-même et les entraîneurs nationaux sommes allés voir dix fois, vingt fois en Angleterre, et celui dont les médias audiovisuels relaient l'image en France.

Le bilan du premier est dressé sur la totalité d'un match : nous étudions le comportement global d'Éric dans tous les compartiments du jeu, sa prestation collective aussi bien qu'individuelle. Le bilan du second Cantona repose sur quelques séquences soigneusement sélectionnées, toujours à la gloire du « King » Éric, jamais avare de gestes inattendus et spectaculaires. Là où nous estimons qu'Éric a été simplement passable dans un contexte anglais par ailleurs favorable à son expression, le public français reçoit l'image d'un magicien ou d'un faiseur de miracles.

Un exemple suffit à illustrer mon propos. En 1996, à la veille de l'Euro, je vais avec Henri Émile et Philippe Tournon reconnaître une dernière fois nos camps d'entraînement. Nous terminons notre virée anglaise par Wembley où doit se disputer la finale de la Cup, entre Liverpool et Manchester United. Une affiche comme celle-là, ça ne se rate pas...

Or que voyons-nous ? D'abord un match de qualité très moyenne, comme beaucoup de finales où deux protagonistes de valeur se neutralisent. Ensuite, un Cantona particulièrement effacé, surtout en début de seconde période. Mais à quelques minutes de la fin, dans une position acrobatique, il réussit le seul but du match, assurant ainsi le triomphe de Manchester ! Le lendemain, en Angleterre comme en France, il n'y en a que pour le King Éric...

J'ai vécu ce « décalage » monumental pendant quatre ans ! Comment expliquer à des interlocuteurs, qui ne voient que les séquences les plus spectaculaires logiquement sélectionnées

96

par la télévision, que nous avons, mon staff et moi, d'autres éléments d'appréciation ? Comment expliquer que les sondages attrape-gogos sur les « meilleurs joueurs pour l'équipe de France », où Cantona mais aussi Ginola figurent régulièrement en tête de liste, procèdent d'une information fragmentaire et orientée ?

Cette incompréhension, je suis obligé de la gérer tant bien que mal. Mais elle n'a pesé d'aucun poids lorsque j'ai dû prendre ma décision, sur les seuls critères techniques, dans l'intérêt de l'équipe de France, toujours placée au-dessus de toute autre considération.

La remarque vaut aussi pour David Ginola, puisque je viens d'évoquer son nom : sa non-sélection pour l'Euro 96, a fortiori pour la Coupe du monde, n'a relevé, quoi qu'on ait pu en dire, que de critères strictement techniques et collectifs. Les qualités individuelles de David n'ont jamais été en cause. Seulement, au moment où je cherchais autour de mon duo offensif de base Zidane-Djorkaeff des complémentarités positives, favorisant la fluidité du jeu, la vitesse d'exécution et la percussion, je n'ai pas estimé souhaitable de retenir un élément certes talentueux, mais qui ne s'inscrivait pas dans ce registre. Et dont les performances en Angleterre – quand il jouait – n'étaient pas particulièrement convaincantes.

Quoi qu'il en soit, c'est donc en mon âme et conscience, en professionnel responsable, que je décide début 1996 de tourner la page Cantona. Il ne sert à rien de revenir sur un passé qui nous a laissé beaucoup de frustrations et de sueurs froides, alors que les options prises dans la nécessité ont permis d'atteindre l'objectif fixé, la qualification à l'Euro. Ces options, avec des éléments plus jeunes et visiblement ambitieux, n'offrent-elles pas de surcroît des perspectives séduisantes ? Telle est ma conviction intime, partagée par une large majorité de mon entourage. Reste maintenant à l'annoncer au principal intéressé...

Je n'ai pas pour habitude de justifier mes choix aux joueurs que je retiens ou que j'élimine. Mais, en l'occurrence, j'ai estimé que je devais accomplir cette démarche, eu égard à la personnalité d'Éric Cantona, compte tenu surtout de son investissement au service de l'équipe de France, singulièrement dans la période difficile de mes débuts à la tête de la sélection.

Me voilà donc parti le 13 janvier 1996, avec mon fidèle Henri Émile, pour assister à Manchester United-Aston Villa. Nous avons prévenu Éric de notre visite et rendez-vous a été pris après le match, dans l'hôtel où il loge encore.

Nous l'attendons dans le hall depuis une bonne demi-heure lorsque, dans la meilleure tradition des romans d'espionnage, il nous appelle pour nous dire que le rendez-vous est « déplacé » et fixé dans un autre hôtel en centre-ville.

Nouvelle attente. Trente minutes. Trois quarts d'heure... Et voilà enfin Éric qui descend l'escalier. Il nous accompagne dans un petit salon où la table est mise pour un prochain dîner, mais que nous pouvons occuper un moment en cette fin d'après-midi.

Tout de suite, je me lance. Je dis clairement à Éric que, sauf coup dur, sauf évolutions imprévisibles, je ne compte pas faire appel à lui pour l'Euro. Je lui explique qu'en son absence l'équipe a bien évolué, que des talents nouveaux sont apparus, qu'un nouveau style de jeu s'est dessiné autour de Zidane-Djorkaeff, et que cela m'apparaît comme la voie à suivre.

Par honnêteté, je fais aussi allusion aux matches disputés avec lui, par une équipe bâtie autour de lui, et qui n'ont pas été spécialement probants.

Il me rétorque qu'à ses yeux on ne peut pas dire que l'équipe ait été construite *autour* de lui, et encore moins *pour* lui. Mais le débat ne s'engage pas sur le sujet.

J'ajoute qu'il n'est pas question de le faire venir en qualité de remplaçant, mais je lui demande si, dans l'hypothèse où des joueurs évoluant dans son registre seraient blessés, il accepterait de revenir comme titulaire.

Silence. Pas de réponse. Je repose la question.

— Éric, si vraiment on a besoin de toi, est-ce que je peux t'appeler ?

Silence. Et puis cette simple phrase :

— Tant que je jouerai, c'est possible... Mais de toute façon, si ça doit arriver, je préfère qu'on s'appelle pour en parler avant d'annoncer quoi que ce soit.

L'entretien est terminé. Je propose vaguement que nous buvions le verre de l'amitié ; il prétexte un rendez-vous urgent. Une solide poignée de main et nous nous quittons.

Éric s'éloigne, certainement touché dans son amour-propre, mais sans en rien laisser paraître.

Une fois de plus, il s'est montré fort, très fort. Ses réactions n'ont pas été celles d'un type qui vient de se voir signifier son éviction ou qui tombe sous le coup de je ne sais quelle sanction. Il n'a cessé de nous regarder droit dans les yeux, comme s'il était au-dessus de ces contingences de cohésion d'équipe, l'air de nous dire : « Êtes-vous conscients de ce que vous faites, êtes-vous bien sûrs de ne pas vous tromper ? »

J'avoue que son aplomb, sa dignité, son extraordinaire force de caractère, que je connaissais bien pourtant, m'ont impressionné une fois de plus. Il avait l'air tellement sûr de lui, pour un peu, il aurait fini par me faire douter. Dans les jours qui suivirent, j'appris qu'il avait été beaucoup plus affecté par ma décision qu'il n'avait bien voulu le laisser paraître. Pourtant, ce soir-là, en quittant l'hôtel, si l'un de nous deux semblait vidé, c'était bien moi !

Cantona est un original. Excessif, sans doute, à l'occasion. Mais tellement sincère jusque dans ses outrances. Son sens de l'honneur, de la dignité, sa susceptibilité à fleur de peau ne l'ont pas toujours servi dans un monde où « les braves gens n'aiment pas que l'on suive une autre route qu'eux ». Mais il est toujours resté en accord avec lui-même, indépendant forcené, solitaire au cœur tendre, artiste du ballon. Sa capacité d'explorer avec succès des territoires autres que le football, d'y imposer, là encore, sa gueule et son tempérament, contribue toujours à faire d'Éric Cantona un personnage hors du commun.

Je n'irai pas jusqu'à prétendre que l'éviction d'une personnalité aussi forte a « libéré » l'équipe de France. Mais tous ses partenaires (avec lesquels il n'a cessé d'entretenir les meilleures relations et qui lui vouaient une estime profonde, souvent teintée d'admiration) ont alors pris conscience qu'il leur faudrait assumer davantage de responsabilités. Il s'est produit chez un certain nombre de joueurs un choc psychologique qui les a amenés à franchir un palier. Car il était désormais évident qu'ils allaient devoir écrire l'histoire seuls, sans Éric Cantona.

Jusqu'à notre départ pour l'Angleterre, nous alignons une série de six matches amicaux victorieux qui nous confortent dans l'idée que nous avons pris la bonne route. Outre qu'elles nous inscrivent dans une précieuse dynamique du succès (les matches amicaux où on peut « laisser filer », ça n'existe pas), ces rencontres nous apportent une foule de renseignements utiles.

France-Portugal (3-2) voit la confirmation des talents de buteur de Djorkaeff, auteur de nos deux premiers buts. Lors de France-Grèce (3-1), disputé par un vent sibérien, c'est Loko qui réalise le doublé. Petite touche par petite touche se dessine le groupe que je vais emmener en Angleterre.

Après Mickaël Madar et Marc Keller vient le tour de Sabri Lamouchi et de Cyrille Pouget, puis de Pierre Laigle. Avec des points positifs pour les uns, négatifs pour les autres, mais c'est la loi de la sélection. Plusieurs joueurs font des aller et retour entre l'équipe A et l'équipe A', au gré des circonstances et des blessures.

La sélection A', trop souvent décriée, est tout le contraire d'un lot de consolation ou d'une voie de garage. Elle fournit à des garçons trop âgés pour jouer en Espoirs (moins de vingt et un ans) un terrain d'expression avant d'intégrer ou de réintégrer l'équipe première.

Il n'y a pas de sélection nationale plus ou moins noble ou prestigieuse. Il n'y a que l'obligation de prouver sa valeur chaque fois qu'on endosse le maillot bleu frappé du coq. Celui qui ne l'a pas compris, qui croit pouvoir se réserver pour les grandes occasions, se met automatiquement en difficulté et, le plus souvent, s'élimine tout seul.

De tous ces matches de préparation, celui que nous disputons à Stuttgart le 1er juin tient une place particulière. D'abord parce que nous gagnons 1-0 (but de Laurent Blanc dès la 6e minute), ce qui est déjà appréciable, les victoires en Allemagne (surtout les nôtres) étant rarissimes. Mais c'est tout l'environnement du match qui reste mémorable...

Fin mai 1996, après une semaine de préparation à Clairefontaine, nous abordons une série de trois matches que je voulais rapprochés afin de nous mettre dans le rythme de la compétition. Nous devons ainsi enchaîner Finlande le 29 mai, Allemagne le 1er juin et Arménie le 5 juin.

Nous commençons par une victoire (2-0) contre la Finlande à Strasbourg. Dès la fin du match, un car nous emmène jusqu'à notre retraite allemande de Baiersbronn, une superbe auberge en pleine Forêt Noire. La gastronomie réputée de l'endroit a déjà été appréciée à plusieurs reprises, comme en témoignent les photos sur le mur, par le chancelier Helmut Kohl et bon nombre de ses illustres visiteurs.

L'établissement est tenu par la famille Sackmann, d'une gentillesse confondante, qui ne manquera jamais, par la suite, de nous envoyer un fax sympathique avant et après chacun de nos matches.

À la faveur de ce petit séjour en Forêt Noire, nous inaugurons une formule que nous allons renouveler en plusieurs occasions, toujours avec le même succès : associer les épouses des joueurs et de l'encadrement à des moments choisis de notre vie en groupe.

Je ne sais pas si, comme le dit le poète, « la femme est l'avenir de l'homme », mais elle est à coup sûr, pour le joueur de haut niveau, un élément important de stabilité, de confiance et donc de réussite.

Il n'est pas question, bien sûr, de faire n'importe quoi n'importe quand, mais des initiatives de ce genre, menées avec discernement, engendrent des retombées extrêmement positives pour l'ambiance générale et le ciment psychologique de la collectivité exclusivement masculine que nous formons 99 % du temps.

Par sa disponibilité et sa bonhomie naturelle, Henri Émile se révèle ici comme ailleurs un maître d'œuvre idéal. De ce jour jusqu'au terme de la Coupe du monde, avec la complicité de mon assistante, Élisabeth Bougeard, responsable administrative à la FFF de tout ce qui concerne l'équipe de France, il va gérer en toute discrétion ce qui pourrait passer pour de l'anecdotique ou du loisir mais qui a participé, je n'hésite pas à le dire, au bon déroulement et au succès de notre entreprise.

À Stuttgart, les femmes sont arrivées de leur côté et nous du nôtre au Neckar Stadion (un stade magnifique, avec son toit transparent et lumineux !). Ce n'est que plus tard, dans l'auberge de Baiersbronn, que nous nous sommes retrouvés pour une soirée de détente totale, placée sous le signe de la gastronomie et de la chanson.

Car Philippe Tournon, notre chef de presse, a des talents cachés de chanteur. Son répertoire de Ferré, Dassin, Lama, sans oublier son célèbre « Mexico », mis à l'honneur au Mundial 86, est impressionnant ! Comme sa compagne Élisabeth fait merveille dans l'interprétation de Piaf, Goldman et quelques autres, nous sommes rarement pris de court quand, en fin de repas, il nous vient l'envie de pousser la chansonnette. Lorsqu'ils interprètent à deux voix le superbe « Dis, quand reviendras-tu » de Barbara, nous avons carrément la larme à l'œil.

Mais ce soir-là, si nous avons les yeux brillants, c'est aussi parce que le champagne a coulé à flots. J'ai dû boire un ou deux verres de trop... Je sais que, sur le coup des 3 ou 4 heures du matin, j'ai voulu passer prendre une bouteille d'eau minérale avant de monter me coucher ; je suis tombé sur un groupe d'Allemands qui m'a accueilli avec des chants folkloriques et nous avons entonné ensemble *La Marseillaise*. Après ? J'ai la mémoire qui flanche, je ne me souviens plus très bien ! Et le lendemain, malgré un footing matinal, je n'étais pas très frais...

Mais je ne regrette rien. Je suis même persuadé que ce genre de soirées, précisément parce qu'elles sont rares, nous font un bien immense, sur le plan individuel et collectif. Nous nous montrons sous un jour autre que dans l'exercice de nos fonctions au sein du staff et cela resserre les liens du groupe. Et cette intimité est sans conteste un atout de plus à notre actif avant d'aller rejoindre outre-Manche les quinze autres pays qualifiés pour *England 96*...

L'Euro représente à mes yeux une première et indispensable étape sur la route de France 98. Sans ce banc d'essai, où les joueurs vont appréhender les exigences trop souvent insoupçonnées d'une phase finale de compétition internationale, nous n'aurions jamais réalisé le parcours qui a été le nôtre deux ans plus tard.

Si étrange que cela puisse paraître, nous avons eu un mal fou à trouver de bons terrains d'entraînement à proximité de nos résidences, le George Hotel de Chollerford pour nos deux matches à Newcastle et un hôtel d'une grande chaîne dans la périphérie de Leeds pour le match intermédiaire de la première phase.

Le choix du lieu de résidence, pour une équipe de football qui se prépare à un rendez-vous important, est un acte capital. Dans cette mécanique complexe qu'est la vie d'un groupe de sportifs de haut niveau, de mauvaises conditions de séjour (sommeil, nutrition, environnement, etc.) peuvent ruiner une préparation par ailleurs rigoureuse.

Tout a son importance : la disposition et le confort des chambres, l'accès à la salle de kiné, à la salle à manger, aux lieux de réunion ou d'activités communes. Il faut aussi se protéger des « agressions » inopinées, parfois anodines en apparence, mais qui peuvent perturber gravement le groupe.

Plusieurs mois avant nos déplacements, Henri Émile, accompagné d'un représentant de Wagonlit, notre voyagiste, se rend sur les lieux du match. Il visite plusieurs hôtels avant d'en choisir un, chronomètre les temps de parcours aéroport – hôtel, hôtel-stade, stade-aéroport, reconnaît les possibles terrains d'entraînement... sans oublier de discuter les conditions financières.

Mais l'impondérable peut toujours survenir. Une mauvaise surprise que nous n'avons pas su anticiper ou qu'on nous a soigneusement dissimulée : un mariage avec deux cents invités la veille du match ou des marteaux piqueurs qui se mettent en route à l'heure de la sieste, juste sous les fenêtres des joueurs. Là non plus, le risque zéro n'existe pas, sauf lorsque nous trouvons la résidence « idéale », un hôtel ou une auberge d'une cinquantaine de chambres à l'écart de l'agglomération, et que nous la réservons dans son intégralité. Nous y sommes alors les rois, nous nous organisons comme bon nous semble, quitte à procéder à quelques aménagements. Les joueurs s'y sentent comme chez eux, à l'abri de toute perturbation.

C'était le cas à Chollerford, dans un merveilleux petit hôtel cossu, en pleine campagne, à une quarantaine de kilomètres de Newcastle, au bord d'une rivière où plusieurs joueurs ne se sont pas privés de taquiner le goujon ou la truite. En mai, lors d'une tournée d'inspection, nous avions été à deux doigts d'y renoncer parce que nous ne trouvions pas, à distance raisonnable, de terrain d'entraînement satisfaisant.

Dans la culture sportive anglaise, toute surface gazonnée à peu près plane constitue un parfait terrain de foot. Ce n'est pas tout à fait l'avis des techniciens français qui aspirent toujours à trouver des aires d'entraînement d'excellente qualité, à la fois pour éviter les blessures et pour y développer des exercices techniques ou tactiques dans les meilleures conditions.

Il a fallu que nous poussions un grand coup de gueule auprès du responsable du Comité local d'organisation pour que de gros travaux soient effectués dans les dernières semaines sur les sites que nous avions retenus. Nous avons finalement disposé, à la High School de Haydon Bridge et au Trinity of All Saints College de Leeds, de terrains d'entraînement d'une qualité satisfaisante.

Si notre présence en Angleterre me paraissait indispensable en vue de France 98, elle n'était pas une fin en soi et ne constituait pas le sommet de nos ambitions. Sans fixer de limites à ces ambitions, j'estimais en arrivant sur le sol anglais que nous pouvions briguer une place dans le dernier carré.

Autant aborder tout de suite ce qui va être notre point noir en même temps qu'un récurrent sujet de polémique : l'état de santé de Zinedine Zidane.

La veille de notre rassemblement pour la préparation à Clairefontaine, le 21 mai, Zizou a eu un accident de voiture.

Henri Émile a été alerté dans la nuit, mais Zizou s'est montré rassurant :

— Rien de grave, juste deux belles bosses sur le front.

Effectivement, quand Zidane est arrivé au Centre technique, il avait deux beaux coquards au-dessus des arcades sourcilières, au point qu'il a fallu le maquiller le lendemain, pour les photos officielles. Par ailleurs, il se plaignait d'une petite douleur en haut de la cuisse, sur la face postérieure.

En réalité, Zinedine, dans le choc, a pris le levier de vitesse dans la fesse et, pendant toute la durée de la compétition, il va ressentir une gêne persistante qui le privera d'une partie de ses facultés d'accélération. En outre, il sort d'une saison éprouvante qui a conduit son club de Bordeaux en finale de la Coupe de l'UEFA, un long périple commencé l'été précédent avec la Coupe Intertoto !

Tous les docteurs Yaka s'empressent de décréter que Zidane n'a pas sa place en équipe de France et que je pénalise celle-ci en le maintenant envers et contre tout. Ce n'est pas l'opinion du technicien. Même diminué, un Zidane, comme un Platini en d'autres temps (notamment au Mexique en 1986), demeure un véritable animateur, un créateur capable du geste décisif à tout moment et en prime, dans le cas de Zidane comme de Platini, un exceptionnel tireur de coups francs.

Pour toutes ces raisons, et comme par ailleurs Zinedine lui-même ne cesse d'affirmer qu'il se sent en état de tenir sa place, jamais il ne me vient à l'esprit de me passer d'un joueur de cette dimension. Je n'aurais pas d'autre attitude si c'était à refaire aujourd'hui.

Notre poule comprend trois grosses « pointures » qui sont aussi, au moins pour deux d'entre elles, de vieilles connais-

PRÉSIDENT, ON VA ÊTRE CHAMPIONS DU MONDE !

sances : l'Espagne qui tient alors le haut du pavé, invaincue depuis son élimination en quarts de finale de la World Cup américaine ; la Roumanie qui a terminé en tête de notre groupe de qualification, mais sur laquelle nous avons l'avantage psychologique de notre victoire à Bucarest ; enfin la Bulgarie, la maudite Bulgarie dont le nom suffit à donner des cauchemars à plusieurs d'entre nous.

Notre premier match contre les Roumains est « costaud ». L'équipe de France prend un bon départ, affichant une maîtrise collective impressionnante devant une formation roumaine expérimentée et souvent brillante. C'est un combat difficile, âpre, indécis, remporté grâce à un but de Dugarry, et qui donne à tous les joueurs un gros moral avant d'affronter l'Espagne.

Contre les Espagnols, nous gérons bien notre match, nous sommes très présents dans les duels et nous prenons logiquement l'avantage grâce à Youri Djorkaeff en tout début de seconde période. Nous semblons nous diriger vers un deuxième succès et donc une qualification déjà assurée pour les quarts de finale quand soudain, dans les dix dernières minutes, l'équipe se désunit. La sanction ne se fait pas attendre. Nous devons nous contenter d'un 1-1 qui n'autorise plus la même approche détendue du dernier match de poule contre les Bulgares...

Notre désir de revanche est si fort que nous l'emportons 3-1 ! Un regret me taraude toutefois : si nous avions gagné contre les Espagnols, nous aurions pu, dans la composition de l'équipe comme dans sa manière d'évoluer, apporter des innovations utiles et instructives pour la suite de l'épreuve. (Ce que j'aurai l'occasion de faire deux ans plus tard contre le Danemark en Coupe du monde, grâce à nos deux victoires face à l'Afrique du Sud et à l'Arabie Saoudite.)

Ce regret ne nous empêche pas d'apprécier à leur juste valeur l'affront lavé contre la Bulgarie et la qualification pour les quarts de finale. Tandis que les joueurs profitent d'une soirée de quartier libre à Newcastle, les membres du staff, calés dans les fauteuils confortables du George Hotel, savourent, selon les goûts, une bière ou un irish coffee.

C'est l'époque où sévit la mode des « écarte-narines », ces bouts de sparadrap qu'on se colle sur le nez et qui sont censés favoriser la respiration. Le docteur Ferret en a descendu une boîte et tout le monde a voulu essayer. Nous ne devons pas avoir l'air très fin avec ça sur le nez, alanguis dans nos fauteuils, mais au diable le ridicule, nous sommes tellement bien !

La suite de la compétition se joue deux fois à pile ou face, ou plus exactement aux tirs au but. En quarts de finale, nous sortons victorieux de l'épreuve contre les Pays-Bas à Liverpool, après un match épuisant, tendu, incertain, sans que je puisse affirmer que les Hollandais n'ont pas été meilleurs que nous ce jour-là. Mais contre la République tchèque en demi-finale à Manchester, nous laissons notre place en finale sans être persuadés de la supériorité des Tchèques... Ce qui ne fait aucun doute, en revanche, c'est que nous sommes passés à côté de ce match. Nous en gardons tous un goût d'inachevé.

Physiquement, cela crève les yeux, nous n'étions plus dans le coup. En outre, nous avons dû surmonter deux absences de poids au milieu de terrain : Karembeu suspendu, et Deschamps blessé. Sur cette blessure de Didier, survenue la veille au soir à l'entraînement, je n'ai pas été bon... mais je saurai retenir la leçon.

La veille de la demi-finale, la blessure de Didier ne paraissant pas présenter de caractère de gravité, j'avais déjà mon équipe en tête : pour pallier l'absence de Karembeu au milieu, je faisais monter Desailly d'un cran et Alain Roche rentrait en défense centrale aux côtés de Laurent Blanc. Thuram et Lizarazu, qui, dans mon esprit, avaient conquis à la faveur de cet Euro leurs galons de titulaires aux dépens d'Angloma et de Di

PRÉSIDENT, ON VA ÊTRE CHAMPIONS DU MONDE!

Meco, occupaient les ailes de la défense. Au milieu, dans la récupération, Desailly épaulait Deschamps et Guérin, Zizou gardait la baguette de chef d'orchestre en essayant de placer Djorkaeff et Loko dans les situations les plus favorables pour conclure.

Nous devions jouer à 16 heures. Or le matin, peu avant 11 heures, Jean-Marcel Ferret est venu me faire part du forfait de notre capitaine. Et pour que « Trois Pommes » renonce, il fallait vraiment qu'il ne soit pas en état de tenir sa place !

C'est là que j'ai commis l'erreur. Ma causerie avait lieu une demi-heure plus tard, avant la promenade collective et le déjeuner. Dans l'urgence, sans prendre vraiment le temps de la réflexion, j'ai décidé de procéder à un remplacement poste pour poste : Sabri Lamouchi remplacerait Didier Deschamps. J'ai maintenu ma causerie, j'ai annoncé l'équipe aux joueurs et vogue la galère.

Aujourd'hui, je sais que j'aurais dû dire : « Stop ! On diffère la causerie aux joueurs, on prend le temps de la réflexion. » Après échange avec mes adjoints, j'aurais certainement repensé dans son entier l'articulation de l'équipe, au lieu de remplacer tout bonnement au poste X par Y.

J'ai pris conscience que, pour des événements de cette importance, de cette complexité et de cette durée, nous étions « juste », côté techniciens. En disant cela, je ne remets pas en cause l'apport de Philippe Bergeroo ou d'Henri Émile, mais l'un et l'autre avaient une mission prioritaire : les gardiens de but pour Philippe et l'ensemble de la logistique pour Riton. Ils ne pouvaient pas m'épauler en permanence pour l'animation des entraînements, le suivi psychologique des titulaires et surtout des remplaçants, le travail des joueurs relevant de blessure, etc.

Ce fut l'une des principales leçons de l'Euro.

La finale de l'Euro 96 se joua donc sans nous, entre l'Allemagne et la République tchèque. Comme nous quittions la

109

compétition sur l'image plutôt terne de la demi-finale perdue aux tirs au but, beaucoup parlèrent de ratage, d'occasion manquée. Les bilans, dans l'ensemble, furent mi-chèvre, mi-chou.

Telle n'était pas mon opinion. Sur la compétition elle-même, je considérais que nous avions mission accomplie. Depuis sa victoire de 1984 chez elle, la France n'avait rien réalisé de significatif à l'Euro. 1988, pas qualifiée ; 1992, deux matches nuls, une défaite et on rentre à la maison. En 1996, nous figurons dans le dernier carré. Quand on sait d'où nous venions, il ne fallait pas faire la fine bouche.

D'autant que cet Euro nous apportait, à moi comme aux joueurs, de nombreux enseignements dans l'optique de la Coupe du monde 98. Et, avant de dire à mes présidents si je poursuivais ma mission à la direction de l'équipe de France, je voulais faire le bilan à tête reposée...

Pour ce genre d'exercice, je n'ai pas trente-six manières de fonctionner : direction la Haute-Savoie, mon chalet de Thônes, où je coupe le contact avec le monde extérieur. Pendant trois semaines, en juillet, j'ai partagé mon temps entre de grandes balades en montagne (départ tôt le matin, le chien sur les talons, un peu de charcuterie de pays et de reblochon dans le sac à dos) et l'analyse minutieuse, crayon en main, de la situation présente et à venir, sans rien exclure de tout ce qui pouvait toucher les hommes et l'organisation de l'équipe de France.

Pendant ces trois semaines, mon seul contact avec le « monde extérieur » a été Babette, mon assistante à la Fédération, que j'appelais tous les deux jours à peu près pour savoir s'il ne s'était rien passé d'essentiel.

Au retour de cette oxygénation-récupération-réflexion, je suis allé voir le président Simonet. Je lui ai tenu à peu près ce langage :

— D'accord, président, on y va ! Ça va vous coûter cher, mais nous serons champions du monde...

PRÉSIDENT, ON VA ÊTRE CHAMPIONS DU MONDE!

Affichée avec force deux ans avant l'événement, cette conviction en a surpris plus d'un, surtout dans la bouche d'un homme qui n'a jamais eu le goût des fanfaronnades ni des paris en forme de provocation.

Aujourd'hui, je ressens la même incrédulité chez mon interlocuteur lorsque je lâche, dans une formule lapidaire :

– On avait tout prévu.

Entendons-nous bien. Ce n'est pas à moi qu'on va enseigner la relativité des choses du football. Je sais combien les résultats sont fragiles, et avec quelle rapidité un héros devient un zéro (et inversement) pour peu que le ballon passe cinq centimètres sous la barre ou cinq centimètres au-dessus...

Quand je me montre aussi catégorique après l'Euro anglais, je veux dire simplement ceci :

1) Le bilan de cette compétition est riche. Il ouvre des perspectives intéressantes.

2) Le chemin qui reste pour atteindre un niveau potentiel de champion du monde, nous avons les moyens de le parcourir si nous investissons à bon escient, sans négliger aucun détail. En un mot, il faut que nous soyons professionnels jusqu'au bout des crampons.

Je trouve en face de moi un président de Fédération qui, loin d'être effrayé par mon abrupt « ça va coûter cher », relève tout de suite le défi :

– Nous ne vous refuserons rien. À événement exceptionnel, moyens exceptionnels, nous n'avons pas le droit de ne pas être de grands professionnels.

Sur de telles bases, je peux m'autoriser quelque optimisme. Si je n'y crois pas, qui va y croire ?

Tous mes prédécesseurs n'ont pas eu ma chance. J'ai bénéficié de l'adhésion sans réserve de la Fédération à mon projet,

111

ou plutôt à *mes* projets, car Dieu sait qu'ils étaient nombreux, variés et coûteux : voyages dans le monde entier, examens, bilans, soins médicaux et dentaires... Mais Claude Simonet n'a pas hésité une seconde. En homme du bâtiment, il m'a dit :

– Quand on investit, on gagne du temps !

Du côté de la Ligue nationale professionnelle et de Noël Le Graët, on ne m'a jamais rien marchandé non plus lorsqu'il s'est agi d'aménager le calendrier ou de prendre une décision en faveur de l'équipe de France. Il y a bien eu chez tel ou tel président de club quelques notes discordantes... Mais je sais gré à un homme comme Gervais Martel, le président lensois, d'avoir formulé devant ses pairs des regrets pour quelques moments de doute. C'était digne et courageux de sa part. Car il ne manque pas de gens qui aujourd'hui me donnent de grandes tapes dans le dos, la larme à l'œil, après m'avoir allègrement critiqué hier, au moins jusqu'à ce que les choses prennent une tournure favorable...

Mais revenons au bilan de l'Euro et à la manière dont j'allais dresser mon plan de bataille pour la Coupe du monde. Ma première certitude, c'est que je dispose d'un groupe solide d'une douzaine de joueurs environ, des éléments forts sur lesquels je peux m'appuyer. Mon noyau dur.

Ces garçons, que l'on identifiera sans peine, ont à la fois une expérience internationale appréciable et une marge de progression importante. Placés dans leurs clubs, les plus grands d'Europe, devant des objectifs très élevés et soumis à une concurrence impitoyable au sein même de leur effectif-club, ils cultivent chaque semaine au plus haut niveau une authentique mentalité de compétiteur.

Lorsque je passe au crible la quarantaine de joueurs, ceux de l'Euro et les autres, qui en cet été 1996 posent valablement leur candidature pour la Coupe du monde, je retiens donc ce noyau de douze ou treize éléments. En deux ans, il peut se passer beaucoup de choses, mais je sais que, sauf blessures, ceux-là ne me feront pas faux bond. Ils ne se perdront pas en vains états d'âme et n'iront pas tenter je ne sais quelle aventure pour quelques dollars de plus.

Le deuxième pilier de mon analyse, la deuxième évidence, c'est que je possède avec Zidane et Djorkaeff deux éléments hors du commun dans le secteur de l'animation offensive. Leur positionnement respectif sur le terrain n'a pas toujours été évident, mais leur potentiel individuel est tel que j'exclus déjà qu'ils ne soient pas côte à côte sur le terrain au moment de la Coupe du monde.

Le problème consiste donc moins à travailler leur interaction que leur environnement. Je décide alors que, dans les deux ans à venir, j'éviterai au maximum de les faire jouer ensemble pour mieux ouvrir notre équipe à d'autres talents, d'autres associations. Après, je ferai la synthèse et, à la lumière de ces expériences multiples, nous choisirons la meilleure complémentarité pour que le duo Zidane-Djorkaeff s'exprime à plein. Dès le début de la saison 1996-1997, je le leur annonce clairement :

– Vous serez les « dépositaires » du jeu à la Coupe du monde. Ne vous posez pas de questions si je ne vous aligne plus ensemble, sauf exceptions.

Cette méthode vaut pour le reste de l'équipe : excepté notre base défensive qui est déjà arrêtée dans mon esprit, j'entends multiplier les essais, bouleverser volontairement les données, match après match, afin de doubler les postes mais aussi d'explorer des pistes inédites.

En procédant ainsi, je sais pertinemment que je vais mettre l'équipe en difficulté, voire la « traumatiser » (le mot en a fait sursauter plus d'un quand je l'ai employé pour la première fois), mais c'est une nécessité à laquelle je ne peux me soustraire.

113

D'abord, parce que, en cas d'indisponibilités pour blessure ou suspension, je dois arriver à la Coupe du monde avec des formules de substitution déjà testées sur le terrain. Sans compter que les joueurs concernés acquièrent ainsi des « références » qui les sécurisent dans leur préparation individuelle.

Ensuite, parce qu'une équipe figée autour des mêmes hommes évoluant toujours dans le même registre est forcément limitée.

Dans un même match, que ce soit sous la pression des circonstances ou par volonté de surprendre l'adversaire, une équipe doit être capable de varier son expression, en changeant de joueurs ou en les redéployant.

C'est tout l'enjeu du coaching, de plus en plus important avec les trois remplacements désormais autorisés. Cela implique que l'entraîneur ait bien en tête toutes les données du problème, individuelles et collectives. Car, si l'expression du joueur est d'abord individuelle (à son meilleur poste, dans son meilleur rôle et son meilleur rendement), il se trouve ensuite confronté à une double exigence : dépasser sa fonction pour un apport toujours plus grand au collectif et se glisser dans un autre rôle, au besoin contre ses goûts et ses penchants naturels, lorsque les circonstances l'imposent.

D'où le vaste champ des essais en tout genre que je vais devoir effectuer pendant dix-huit mois ! Je souhaite en effet que cette période d'investigation puisse se terminer fin 1997. (On verra que je ne pourrai pas tout à fait respecter cette échéance, mais ce n'est qu'un détail.)

Après les joueurs, l'équipe et le jeu, le deuxième chapitre de mes devoirs de vacances est consacré au staff.

Après l'indisponibilité de Deschamps quelques heures avant la demi-finale contre les Tchèques et la décision trop hâtive de son remplacement, j'ai réalisé que, trop absorbé par les différentes tâches de ma fonction, je n'avais pas eu assez de recul pour bien gérer le problème. Un technicien supplémentaire s'impose donc, mais il n'y a pas d'urgence à le désigner. Nous pouvons continuer à fonctionner ainsi pendant la longue période de matches amicaux qui s'ouvre devant nous. L'intégration se fera plus tard, dans les six ou douze derniers mois.

Mais, soyons franc, j'ai déjà en tête le nom de Roger Lemerre. Il a tout à fait le profil souhaité, il est de ma génération : né en 1941 comme moi, il a été major de ma promotion au stage d'entraîneurs ! Je connais déjà les grandes lignes de l'action que je lui confierai : animer les séances athlétiques et s'occuper des entraînements de ceux qui ne jouent pas.

Ce renforcement de mon staff technique me permettra d'être beaucoup mieux dans mon rôle de patron : avoir l'œil à tout, sans être en première ligne dans tous les secteurs. Ainsi, je garderai en toutes circonstances ma lucidité pour avoir la bonne réaction et aller à l'essentiel.

Préparer une séance d'entraînement de soixante ou soixante-quinze minutes peut demander deux ou trois heures. Il faut penser à tout, être très précis, très pointu en fonction des données physiologiques du moment, de l'état psychologique du groupe, des objectifs techniques ou tactiques fixés. Chaque petit jeu, en apparence presque improvisé, répond à un objectif déterminé ; les équipes de cinq ou six joueurs sont soigneusement composées, en vue de telle association de joueurs, de telle disposition sur le terrain. Tout a une finalité. Dans le haut niveau, on ne laisse rien au hasard.

Avec un second entraîneur, j'aurai aussi plus de temps pour soigner le relationnel avec les joueurs, un peu négligé en Angleterre. Dans le contexte d'une Coupe du monde, une réflexion mal formulée, donc mal comprise, peut avoir des effets dévastateurs. Quand on appelle un joueur pour lui parler, ce n'est pas pour une simple conversation à bâtons rompus. Je dois préparer à l'avance, au moins dans les grandes lignes, ce que j'ai à lui dire, je dois peser mes mots.

Autre conclusion évidente tirée de l'Euro : un quatrième kiné est indispensable pour les rassemblements longs avec plus de vingt joueurs. Trois kinés, ça passe sur quatre-cinq jours avec seize ou dix-huit joueurs, mais, au-delà, ça coince. Pour l'Euro, nous avons fait appel, un peu en catastrophe, au jovial Richard Chiche, le Cannois qui a épaulé efficacement nos « titulaires », Frédéric Mankowski, Albert Gal et Philippe Boixel. Pour la Coupe du monde, notre choix se portera en toute logique sur Thierry Laurent, le jeune kiné du Centre technique qui s'est déjà fait la main, si j'ose dire, à la faveur de quelques déplacements avec les Espoirs.

Ce sera tout. J'estime qu'ainsi nous serons bien pourvus et capables de faire face. De toute façon, je tiens à conserver un staff resserré. (Pendant la Coupe du monde, nous aurons même le staff le plus réduit de toutes les grandes nations du football.) Plus on est, moins c'est clair, plus on trouve quelqu'un sur qui se défausser de ses manquements... Moi, je ne fonctionne pas comme ça. Un homme, un rôle bien précis, et on bosse !

Staff légèrement renforcé, juste ce qu'il faut, et des responsabilités clairement définies. Pour les trois techniciens qui m'épaulent, les rôles ont été ainsi distribués. Pour Henri Émile, l'ensemble de la logistique : organisation des déplacements, stades d'entraînement, hôtels, équipements, minutage de toutes les activités, relations avec les sponsors. Certains pensent peut-être que ce n'est pas là un travail de technicien. Erreur. Il est au contraire impératif que tous ces aspects pratiques de la vie d'une équipe soient gérés par un homme « du bâtiment ». Vous pouvez avoir les meilleurs éléments, la meilleure préparation, si les joueurs ne sont pas contents de leurs

PRÉSIDENT, ON VA ÊTRE CHAMPIONS DU MONDE!

chambres, si vous attendez un car une demi-heure pour partir à l'entraînement, vous avez tout faux. Car la sérénité du groupe est atteinte.

Henri Émile, qui figurait déjà dans le staff des Olympiques d'Henri Michel en 1984, et qui a rejoint celui des Bleus après l'Euro 84, est « rompu » à tous ces problèmes d'intendance : il sait anticiper les réactions des joueurs.

Même chose pour les opérations de sponsoring auxquelles nous devons logiquement participer. Il faut sentir ce qu'on peut raisonnablement demander aux joueurs et savoir intégrer les séances photos dans notre programme. Riton connaît si bien mon fonctionnement et celui des joueurs que nous n'avons jamais eu le moindre problème de ce côté-là.

Un jour, un sponsor dont je tairai le nom par charité a présenté un beau scénario (les « créatifs » ont toujours de belles idées...) dans lequel les joueurs de l'équipe de France devaient être filmés dans un car en train de chanter une chanson à la gloire de la marque en question. Sans même nous en parler, Henri a aussitôt dit non : la chose n'était pas envisageable, ni dans l'esprit ni dans la réalisation. Mais Riton a proposé au sponsor une solution de rechange, plus en rapport avec nos possibilités...

Personne n'est irremplaçable, mais, dans ce rôle, Henri Émile est parfait. Nous lui devrons de vivre notre Coupe du monde dans une tranquillité quotidienne totale, parce qu'il s'occupe de ces mille et un détails qui n'en sont pas.

Il tire de cette activité incessante une parfaite connaissance des uns et des autres. Mieux que quiconque, il sait « prendre le pouls » du groupe. Il m'alerte sur la moindre anicroche avant qu'elle ne prenne des proportions incontrôlables. Dans le sens inverse, il me sert aussi souvent de relais pour faire passer un message à tel ou tel. Cela me permet de ne pas intervenir en première ligne à tout propos : mes interventions, individuelles ou en groupe, n'en ont que plus de poids.

117

Pendant quatre ans et demi, nous partageons le même bureau au Centre technique. Grâce à ces échanges quasi quotidiens, notre fonctionnement est parfaitement huilé, notre complicité totale. Riton m'accompagne aussi dans mes déplacements, surtout à l'étranger. Après un match, nous allons dîner avec des joueurs et parfois leurs épouses, pour entretenir le contact, expliquer où nous en sommes, ce que nous préparons pour les matches à venir, etc.

Ces milliers de kilomètres parcourus à travers l'Europe pendant les deux ans précédant la Coupe du monde ont une importance énorme. Peu à peu, nous tissons une toile d'araignée à la fois professionnelle et amicale qui, le moment venu, « enveloppera » nos deux mois d'existence commune. Parce qu'on s'est tout dit, les yeux dans les yeux. La confiance a été semée et cultivée.

Avant mon arrivée, Philippe Bergeroo était exclusivement préposé à l'entraînement des gardiens de but. Dès ma prise de fonction, j'en ai fait mon second, mon adjoint technique le plus proche. Pendant quatre ans et demi, il a tenu ce poste avec loyauté et efficacité, sans jamais se mettre en avant.

L'arrivée, dans la dernière ligne droite, du « personnage » Roger Lemerre, volubile, exubérant, en charge des séances athlétiques ou spécifiques sur le terrain, a pu laisser croire que Philippe avait été « rétrogradé » auprès de ses seuls gardiens de but. Il n'en était rien. Rien n'avait changé dans les réalités de notre travail technique : Philippe a continué de m'apporter ses réflexions, ses observations toujours pertinentes. De tous, il était certainement celui qui, sur le plan du jeu et des joueurs, me connaissait le mieux, avait tout perçu de ma philosophie et de ma ligne de conduite.

Pendant les matches, Philippe était mon « troisième œil » sur l'équipe adverse, et il m'alertait dès que quelque chose pouvait contrarier le bon fonctionnement de l'équipe de France.

Parce qu'il appartient comme moi à la catégorie de ceux qui font plus qu'ils ne disent, à distance des micros et des caméras, Philippe court le risque de ne pas voir son travail suffisamment reconnu. Il ne s'en soucie guère. Tous ceux qui ont travaillé avec lui connaissent ses qualités humaines et professionnelles. Pendant tout le temps que j'ai passé à la tête de l'équipe de France, sa présence, même discrète, a beaucoup compté pour moi. Jamais il n'a failli, jamais il ne s'est laissé dépasser par l'événement. Il s'est toujours révélé clairvoyant et opérationnel. Quelle sécurité, quelle force pour moi d'avoir eu ce grand Basque à mes côtés !

Il a été si actif sur tous les fronts qu'on en viendrait presque à oublier avec quel métier il a géré son « domaine réservé », les gardiens de but.

Gardien, c'est un poste à part, une mentalité à part, un entraînement spécifique. Pour bien saisir toutes les données d'un sujet aussi complexe sur le plan technique que psychologique, rien ne vaut l'expérience d'un ancien gardien de but. Philippe Bergeroo avait cela et, en plus, une grande aisance à faire cohabiter des garçons par définition rivaux.

À certaines périodes, les rapports étaient assez simples entre un « ancien », titulaire indiscutable, et un remplaçant qui avait l'avenir devant lui. À d'autres, ce fut moins évident, avec des postulants de niveau sensiblement égal. Pendant la Coupe du monde, les données étaient encore différentes avec non plus deux mais trois hommes pour une place, mais situés selon une hiérarchie préétablie, nous verrons comment et pourquoi. C'est dire s'il a fallu à Philippe Bergeroo du savoir-faire et de la psychologie pour bien manager son mini-groupe pendant deux mois !

Le troisième technicien, le dernier à intégrer notre staff en janvier 1998, fut donc Roger Lemerre. Il appartenait à la Direction technique nationale depuis plus de dix ans, en charge des footballeurs-militaires à l'École interarmes des sports de Fontainebleau, l'ancien bataillon de Joinville. Les sportifs de haut niveau, issus de toutes disciplines, accomplissaient là leur service dans des conditions idéales pour eux comme pour leurs clubs, qui pouvaient les récupérer pour la compétition, pratiquement à volonté.

Michel Platini et des centaines d'autres professionnels ont ainsi vécu un service militaire « adapté » qui n'a perturbé en rien leur carrière, au contraire. Épisodiquement, ils formaient l'équipe de France militaire qui s'illustra dans de nombreuses compétitions internationales, avec notamment un titre de champion du monde, conquis en 1995 en Italie par Roger et sa troupe.

Au sein de l'équipe de France, Roger Lemerre avait pour mission principale la préparation athlétique, secteur essentiel dans une compétition aussi longue que la Coupe du monde. Il faut non seulement arriver en forme au premier rendez-vous, mais le rester jusqu'au dernier, un mois plus tard. Entreprise pointue, pour laquelle on part d'un canevas préétabli en fonction du temps de préparation dont on dispose, et du rythme de la compétition. Mais ce programme subit d'incessantes modifications selon les constats sur le terrain, les réactions des joueurs, leur degré de fatigue, etc.

Il y a eu d'abord une phase d'élaboration théorique à laquelle ont participé activement tous les techniciens du staff, ainsi que le docteur Jean-Marcel Ferret et Jacques Devismes, un entraîneur national très au fait de ces questions (ce qui n'a pas échappé à l'AS Monaco qui l'a enrôlé au lendemain de la Coupe du monde).

Puis, une fois le groupe rassemblé à la mi-mai, cette préparation athlétique a été revue, actualisée, aménagée presque chaque jour à la faveur de petites réunions avec mes entraîneurs et le Doc.

Chaque cas a été examiné, chaque joueur « évalué ». Sur le terrain d'entraînement, cela s'est traduit par la constitution de petits groupes de niveau, selon que le joueur avait besoin de travailler un peu, beaucoup ou moyennement, qu'il avait joué tout le match ou une partie de match, sans parler de ceux qui avaient droit à des traitements spéciaux parce qu'ils relevaient de blessure... ou qu'ils étaient sous le coup d'une suspension.

Nous avons eu dans ce domaine un comportement hyper-professionnel et j'y vois une des clés de notre réussite. Sauf blessure, les joueurs ont été compétitifs d'un bout à l'autre. Mais à cet aspect purement athlétique, physiologique, s'ajoute une dimension psychologique : chaque joueur s'est senti encadré, jour après jour, comme si son cas était le plus important !

Roger Lemerre a pris soin, avec sa bonne humeur contagieuse mais aussi ses coups de gueule, de suivre les garçons qui se trouvaient plus souvent sur le banc de touche que sur le terrain. Cette attention a assuré la cohésion du groupe des vingt-deux et permis que personne ne décroche.

Roger a une personnalité à plusieurs facettes. Il est tour à tour débonnaire, bon vivant puis, sans transition, rigoureux, presque solennel si quelque chose d'essentiel à ses yeux est menacé ou transgressé. Les premiers jours, son comportement a surpris, puis le bonhomme a rallié les suffrages par son enthousiasme et la force de ses convictions.

Philippe Bergeroo, Henri Émile, Roger Lemerre furent naturellement mes envoyés spéciaux le plus souvent sollicités pour les nombreuses missions d'observation des joueurs dans la période 1996-1998. Mais je m'appuyais aussi sur les autres entraîneurs nationaux mis à ma disposition, sans la moindre hésitation, par Gérard Houllier. À partir de toutes ces observations, des fiches furent établies, puis informatisées, non seulement sur les joueurs français sélectionnables, mais aussi sur tous nos adversaires potentiels.

Jean-Pierre Morlans, Raymond Domenech, Jean-François Jodar, Christian Damiano, Jacques Devismes, Jacques Crevoisier, Patrice Bergues, Claude Dusseau, Francisco Filho, André Mérelle et Gérard Houllier, bien sûr, participèrent ainsi activement à la réalisation d'un puzzle géant qui devait un jour dessiner la Coupe du monde !

Le secteur le plus fourni du staff, parce que sollicité en permanence, c'est le médical. Lourdes responsabilités que les siennes ! Sous l'autorité du docteur Jean-Marcel Ferret, quatre kinés sont en charge du bien le plus précieux dans une équipe : la santé des joueurs.

Dans le football de haut niveau, il y a longtemps que les médecins et les kinés ne sont plus seulement là pour « soigner les bobos ». Ils sont devenus des auxiliaires à part entière pour les techniciens. Ils passent en effet plus de temps que n'importe qui avec les joueurs. Au point que la table de massage finit presque par ressembler au divan du psychanalyste !

Mieux que quiconque, ils sont à même de déceler certains états d'âme, d'explorer ici une petite contrariété, là une euphorie dangereuse. C'est dire l'importance de leur apport dans la gestion du groupe, dans l'élaboration du travail de terrain comme dans la récupération.

Nos quatre kinés avaient en commun une qualité appréciable entre toutes, l'efficacité dans la discrétion. Frédéric Mankowski, l'Amiénois, Albert Gal, le Niçois, Philippe Boixel, le Lavallois, et Thierry Laurent, le Parisien : ils n'ont guère fait parler d'eux pendant la Coupe du monde. D'abord, parce qu'il n'entre pas dans leur tempérament de se mettre en avant ; ensuite et surtout parce qu'ils étaient trop occupés à soigner, strapper, masser, souvent jusqu'à plus de minuit. Quand ils ne couraient pas sur le terrain avec les joueurs en reprise d'activité après une blessure ! Il est même arrivé que, pour équilibrer numériquement les équipes, lors d'un petit jeu, je fasse appel à Manko, qui se débrouille presque aussi bien balle au pied qu'Élastoplast à la main.

Par la suite, lors des festivités de la victoire en Coupe du monde, nos quatre mousquetaires ont pu avoir le sentiment d'être oubliés ou marginalisés. Malheureusement, j'étais bien loin de maîtriser toutes les invitations et tous les protocoles... Qu'ils soient persuadés, cependant, que je n'oublierai jamais la part considérable qu'ils ont prise dans notre aventure.

L'autorité médicale, c'était Jean-Marcel Ferret, qui avait succédé à Pierre Rochcongar. Je le trouvais en poste à mon arrivée en équipe de France, mais c'était une vieille connaissance puisque nous avions fait nos débuts en même temps à Lyon au milieu des années 70 : moi comme entraîneur, lui comme médecin sportif. Nous nous retrouvions vingt ans après avec beaucoup de plaisir, car le courant était toujours bien passé entre nous. Et cette harmonie s'est vérifiée : nous partagions toujours la même approche des questions, souvent lourdes, qui se posent au couple technicien-médecin, attelage majeur dans la compétition de haut niveau.

Le médecin sportif, je l'ai dit, n'est pas là uniquement pour administrer des soins aux blessés. Il est associé à la préparation athlétique de l'équipe, il a son mot à dire sur les charges de travail, il doit imposer ses convictions en matière de diététique, de récupération, d'horaires. Bref, en dehors des options strictement techniques et tactiques, je ne vois pas de domaines où le médecin ne puisse et ne doive être pour l'entraîneur un partenaire de tous les instants.

Jean-Marcel Ferret est de cette race-là. Le sport et la médecine du sport ont constitué de tout temps son univers profes-

123

sionnel, à l'Olympique lyonnais, au Centre de médecine sportive qu'il a créé, dans les instances nationales ou internationales du football. Rien ne lui est étranger de ce qui touche au suivi du sportif de haut niveau. Par ailleurs, il témoigne de cet engagement que j'estime indispensable dans le quotidien d'une équipe.

Spontanément, nous sommes tombés d'accord dès que nous avons commencé à parler de la préparation pour la Coupe du monde : il fallait mettre tous les atouts de notre côté pour avoir des joueurs « au top ».

Comment ? En ouvrant, pour chaque candidat à la sélection, plus d'un an avant l'épreuve, un livret médical très complet, susceptible de fournir à tout moment au médecin les éléments d'appréciation sur son état de santé et surtout sur son évolution. On s'en doute, nous disposions déjà d'un certain nombre de renseignements basiques, accumulés au fil des rassemblements, mais jamais, au niveau de la sélection nationale, nous n'étions allés aussi loin.

Le coup d'envoi de l'opération fut donné à la faveur d'un grand rassemblement de trente-sept joueurs à Clairefontaine fin mars-début avril 1997 : prélèvement d'urine, prise de sang, radios à l'hôpital de Rambouillet, examen dentaire, tout ce qui fut jugé nécessaire par Jean-Marcel.

Ensuite, nous avons effectué le suivi, afin d'actualiser les données en permanence. Dans le domaine dentaire, d'importantes interventions ont été réalisées par le docteur Michel Levin sur plusieurs joueurs qui en avaient grand besoin.

Tout ces soins avaient naturellement un coût, souvent élevé, mais cela faisait partie des « investissements » que j'avais annoncés au président Simonet.

Je n'entends pas quitter ce domaine médical sans dire un mot d'un problème, hélas, à la mode : le dopage. Beaucoup ne comprendraient pas que j'esquive la question. Et les plus mal intentionnés y verraient une dérobade, voire je ne sais quel aveu.

Là aussi, je suis très clair et je fonctionne très simplement : refus de ce qui est interdit. Si on va dans l'interdit, on s'élimine tout seul et automatiquement. Je n'ai pas tenu d'autre langage aux joueurs lors de notre rassemblement de la fin mars 1997 et je devais le leur rappeler plusieurs fois par la suite. De notre propre initiative, nous avons d'ailleurs procédé à plusieurs contrôles, en complément de ceux qui nous ont été imposés en grand nombre par les différentes autorités compétentes.

Je vais être encore plus clair : le dopage, c'est une saloperie, une tricherie et un poison qui peut mettre la vie en danger. Pour toutes ces raisons, jamais je n'ai demandé à quiconque, pas plus au docteur Ferret qu'à un autre médecin, de prescrire un jour à un joueur je ne sais quel produit miracle.

Ma position est donc sans équivoque sur un sujet où trop de gens, aussi bien du côté des « scientifiques » que dans le milieu du football, semblent prendre un malin plaisir à tenir des discours hermétiques, à procéder par allusions ou par amalgames, sans apporter ni noms ni preuves. Il en résulte un sentiment de malaise très déplaisant. Surtout quand, après nous être soumis à tous les contrôles possibles et imaginables, nous sommes confrontés à des interlocuteurs qui, à bout d'arguments, nous lâchent d'un air entendu : « Oh, vous savez, les contrôles, ça ne prouve rien... »

Il y a un juge de paix, c'est la liste des produits interdits. Si elle est mal faite, qu'on la refasse. Il y a des gendarmes au bord de la route, ce sont les contrôles anti-dopage. S'ils sont inutiles, qu'on les supprime ou qu'on en modifie le contenu. On ne sortira pas de ces évidences.

Mais, de grâce, évitons le ridicule de ces contrôles tape-à-l'œil, quand un médecin préleveur débarque à Clairefontaine avec une équipe de télévision sur les talons – bravo pour la confidentialité inscrite dans le règlement! – ou quand, le lendemain de Noël, à Tignes, au cours d'un stage familial de détente, nous sommes obligés de battre le rappel des joueurs pour des prélèvements d'urine (qui ne risquent de révéler que des doses alarmantes de champagne).

Oui à une lutte impitoyable contre le dopage, avec des contrôles tous les mois si on l'estime nécessaire et salutaire. Non à ces gesticulations qui permettent peut-être à quelques petits chefs de bomber le torse mais qui ne font pas avancer les choses.

Marie-George Buffet, notre ministre de la Jeunesse et des Sports, dont je salue le travail lucide et opiniâtre, sait bien tout cela...

Les médias, c'était le domaine de Philippe Tournon. Ancien rédacteur en chef adjoint et responsable de la rubrique football à *L'Équipe*, il a rejoint la Fédération en 1983 à la demande conjointe du président Fernand Sastre, qui cherchait un chef de presse expérimenté pour l'Euro 84, et de Michel Hidalgo. Depuis la Coupe du monde 82 en Espagne, ce dernier était convaincu que la présence dans le staff tricolore d'un professionnel en charge de la gestion des médias était indispensable. Il n'avait pas tort, et on peut même s'étonner que ce poste n'ait pas été pourvu plus tôt.

Car ce n'est pas une mince affaire de réguler et de gérer les relations entre deux « populations » qui n'ont pas d'affinités naturelles (il y a d'un côté ceux qui jugent et de l'autre ceux qui sont jugés), mais qui n'en ont pas moins des intérêts et des besoins complémentaires.

Il s'agit, dans un emploi du temps quotidien où le technique, les soins et le repos ont la priorité absolue, de trouver un

PRÉSIDENT, ON VA ÊTRE CHAMPIONS DU MONDE!

créneau d'une heure où les journalistes peuvent s'entretenir avec les joueurs et l'entraîneur, dans des conditions bien définies. Mais, tout en insistant sur l'organisation, je rejoignais Philippe dans son refus d'intervenir sur le contenu des entretiens, laissés à l'entière responsabilité du joueur.

J'ai simplement demandé que le plan presse respecte deux impératifs en rupture avec nos précédentes habitudes, mais issus de nos réflexions post-Euro :

1) Aucun journaliste n'est admis dans le lieu de vie de l'équipe de France, à Clairefontaine ou ailleurs.

2) Allégement sensible des obligations faites aux joueurs.

Pour répondre au premier point, nous avons réalisé à Clairefontaine des aménagements provisoires (mais coûteux) : location de deux grands chapiteaux en toile, un pour l'accueil, l'autre pour la presse écrite ; édification de deux studios, un pour la radio, un pour la télévision. Les joueurs désignés se rendaient ainsi dans un espace presse situé à cinquante mètres de leur résidence, mais, une fois revenus « chez eux », ils bénéficiaient d'une tranquillité absolue.

Second point, la cadence des obligations médias. Au cours de l'Euro anglais, nous avons reçu des félicitations de l'ensemble de la presse internationale pour la disponibilité quotidienne de tous les joueurs français. Mais, pour une Coupe du monde disputée chez nous, la pression médiatique sera telle qu'il est hors de question de lâcher nos vingt-deux dans l'arène chaque jour.

D'où ce « découpage » en trois groupes de sept ou huit éléments répartis selon des horaires très précis dans les zones presse écrite, radio, télé, ce qui devait permettre aux joueurs de n'être sollicités qu'un jour sur trois.

Signe des temps, c'est le studio télé qui fut le plus fréquenté. Avant les deux derniers matches, contre la Croatie et le Brésil, nous y avons dénombré plus de soixante caméras ! Heureusement, les installations sont à la hauteur et le joueur interviewé n'a pas à affronter une forêt de micros. Il est équipé d'un micro-cravate et les caméras sont reliées à des boîtiers-son installés et gérés par Éric Dubray et Mickaël Le Foll, les deux techniciens audio-vidéo du Centre technique.

Même allégé, notre dispositif médias répondait encore parfaitement aux exigences de la FIFA et nous a valu, une fois encore, des appréciations très positives, principalement de la part des journalistes étrangers qui, même avec leur équipe nationale, n'étaient pas toujours logés à si bonne enseigne.

Pour ma part, je tenais un point-presse quotidien dans le grand auditorium du Centre technique, mais l'exercice allait se révéler de plus en plus lassant au fil des semaines. Mal récompensé des efforts déployés pendant deux ans pour expliquer notre action par le détail, je n'avais aucune intention, la compétition venue, de dévoiler mes batteries devant des observateurs du monde entier. La concision de mes réponses eut assez vite raison de la curiosité des uns et des autres, ce qui ne favorisa évidemment pas l'échange...

Dans toutes les équipes, c'est l'homme le plus sollicité du staff : le responsable des équipements, armé d'une patience à toute épreuve, doit pouvoir, à tout moment d'une journée qui se termine très tard, répondre aux besoins des uns et des autres. Chez nous, le rôle était tenu à la perfection par Manu de Faria – dont le vrai prénom est Diamantino !

Manu était avant nous à Clairefontaine : il occupait déjà le pavillon du gardien lorsque la Fédération, en 1984, s'est rendue propriétaire de ce domaine de cinquante-six hectares en forêt de Rambouillet, propriété du banquier Lazard, puis de ses héritiers.

Manu, c'est la disponibilité et la fiabilité même. Préparer les malles pour un déplacement, charger et décharger un camion, disposer les tenues d'entraînement dans le vestiaire, les récupérer ensuite pour les porter au lavage... Avec lui, tout s'enchaîne sans une minute de répit. Les jours de match, dans le vestiaire, il faut le voir tout préparer méticuleusement avant l'arrivée des joueurs, puis se tenir à la disposition de chacun pour un crampon manquant, un tee-shirt de dépannage, une paire de lacets ou de protège-tibias, avant de couper rituellement les manches du maillot de Barthez... (Philippe Tournon les récupère ensuite pour les accrocher en guise de trophées au mur de son bureau, avenue d'Iéna.) C'est bien simple, sans Manu, nous serions perdus !

Le benjamin du staff, c'est Jean-Pierre Cantin, dit Moblo, notre « monsieur Sécurité », en provenance d'une unité du ministère de l'Intérieur, spécialisée dans la protection rapprochée des personnalités. Il a été longtemps en mission auprès de notre ancien président, Jean Fournet-Fayard, et il s'est donc assez logiquement retrouvé dans notre groupe. Pendant la période de la Coupe du monde, il fut épaulé par une équipe du RAID conduite par Christian Sarkis. Ces six hommes spécialisés dans les interventions « délicates » se montrèrent d'une efficacité remarquable, dans la bonne humeur et la discrétion. Au point que nous avons fini par ne plus les remarquer, malgré leur gabarit impressionnant !

Il me reste à évoquer notre « chef » de Rambouillet, André Bisson, qui n'a pas hésité à faire un stage dans la meilleure pizzeria de Lyon, avant le Mondial, pour pouvoir servir à nos « Italiens » des pâtes variées et « al dente », et Gilles Bocq, l'ancien joueur professionnel de Rouen, représentant d'Adidas, équipementier de l'équipe de France depuis une trentaine d'années, qui vient de prendre la direction du Centre technique de Clairefontaine.

Sans oublier – mais comment les oublier ? – nos deux dirigeants permanents, aux petits soins pour l'équipe de France

129

depuis de si nombreuses années, Jean Verbeke, président de la Ligue de Paris-Île-de-France et vice-président de la FFF, et Jean-Pierre Hureau, le président du Havre AC et vice-président de la LNF.

Ainsi constitué, notre attelage pouvait, j'en étais persuadé, voyager bien et voyager loin !

4

La vie en Bleus

À partir de 1996, tous les entraîneurs nationaux et moi-même multiplions les voyages pour observer, noter et recouper inlassablement nos observations. Les discussions nous emmènent parfois jusque tard dans la nuit. Dans la mesure du possible, je fais en sorte de réunir un maximum d'avis sur le même joueur, d'où une rotation des observateurs.

Ceux-ci sont instamment priés de ne pas se manifester avant le match : le joueur ne doit pas savoir qu'il y a dans les tribunes un entraîneur national venu le superviser. Je ne veux pas qu'il soit tenté d'adapter son comportement en fonction de la présence ou non d'un « espion ». Je veux du réel, pas du préfabriqué.

Nous suivons aussi avec attention les déclarations de tous les sélectionnables dans les médias. Il est souvent révélateur de voir comment le joueur réagit dans l'euphorie d'un succès ou dans la déception d'une défaite, comment il analyse sa propre performance et celle du collectif. Assume-t-il ses responsabilités ou bien cherche-t-il des faux-fuyants ? Tire-t-il la couverture à lui ? Au-delà du joueur, c'est l'homme qui se révèle à travers ses propos. Et, dans une Coupe du monde, l'homme compte autant que le joueur.

Pour le grand rendez-vous, je veux des gars costauds, pas des gars qui se mettent à planer après deux succès d'affilée ou

131

qui jettent le manche après la cognée au premier coup dur. Il me faut des hommes qui acceptent la concurrence interne sans états d'âme, qui endurent les charges de travail pendant deux mois sans rechigner, qui acceptent l'échange, voire la contradiction, et qui savent surmonter l'échec.

Quand l'un de nous assiste à un match, il a toutes ces exigences en tête. Nous analysons tout en fonction d'une Coupe du monde qui s'annonce impitoyable pour les organismes comme pour les mentalités.

Dès le début de la saison 1996-1997, je mets les choses au point :

— Les gars, on ne va pas faire semblant. La Coupe du monde, c'est dans deux ans, on va se retrouver cinq ou six fois dans la saison pour des rassemblements ultracourts de quarante-huit ou soixante heures et des matches amicaux où je vais multiplier les essais. Il faudra jouer sérieusement, bien sûr, mais le mot d'ordre, cette année encore, c'est : priorité à vos clubs.

« Mais on ne va pas vous lâcher. Double exigence pour vous : d'abord être titulaires dans vos clubs, ensuite être à la hauteur des responsabilités qui vous seront confiées. On surveillera tout ça.

« En fin de saison, il y aura le Tournoi de France. Là, à un an du grand rendez-vous, nous essaierons pour la première fois de nous mettre en configuration Coupe du monde avec, je l'espère, une équipe déjà bien élaborée.

Voilà posés les jalons d'une saison assez bizarre. Bizarre parce que les gens de l'extérieur ont les yeux fixés sur les résultats de l'équipe, au coup par coup, alors que, de notre côté, nous considérons comme au moins aussi importante l'exploration progressive d'un groupe en vue de l'échéance de juin 1998.

Et les essais commencent.

Premier match en août, au Parc des Princes, contre le Mexique (2-0), avec une première sélection pour Pires et Maurice. Deuxième match en octobre contre la Turquie (4-0), première cape pour Goma, Candela, Gava et Djetou. Troisième match au Danemark en novembre et... première défaite !

Eh oui, tout a une fin. Nous avons inauguré en février 1994 à Naples la plus longue période d'invincibilité de toute l'histoire de l'équipe de France, qui s'achève donc à Copenhague après trente matches sanctionnés par vingt victoires et dix matches nuls. Mais le ciel ne nous tombe pas sur la tête pour autant. J'irai presque jusqu'à dire que je ne suis pas chagriné d'en terminer avec cette « série-record » qui menaçait de devenir obsessionnelle. Qui plus est, nous allons pouvoir juger des capacités de réaction de ce groupe qui trébuche pour la première fois...

Réaction positive dès le mois de janvier à Braga avec une victoire (2-0) sur le Portugal. Débuts d'Ibrahim Ba, qui marque, et de Blondeau. Confirmation le mois suivant devant les Pays-Bas (3-2), au Parc des Princes, où le petit nouveau s'appelle Patrick Vieira.

Nous voilà arrivés au printemps 1997, avec quelques « ouvertures » non négligeables mais, disons-le franchement, pas de quoi pavoiser dans le secteur qui reste notre souci majeur, celui de la pointe de l'attaque tricolore. Entre les blessures, les méformes et les performances médiocres, nous avons plutôt tourné en rond.

Pourtant, l'heure est venue de me dévoiler, puisque j'ai fixé à la fin mars ce rassemblement d'une petite quarantaine de joueurs qui doit marquer, à bien des égards, le véritable début de l'opération Coupe du monde.

J'attendrais bien encore un petit peu pour délivrer un certain nombre de messages à usage interne, mais nous ne pouvons repousser davantage le premier acte du bilan médical poussé que nous avons planifié avec le docteur Ferret.

L'espace de quelques jours, Clairefontaine prend des allures de grand laboratoire, avec prises de sang le matin au réveil, tests physiologiques et examens dentaires. Un ballet de voitures s'instaure entre le Centre et l'hôpital de Rambouillet, où sont effectuées les radios.

Sur les quarante joueurs « ciblés », trente-sept sont présents à Clairefontaine : Corentin Martins, Mickaël Madar et Jérôme Bonnissel, retenus en Espagne, feront l'objet d'une visite particulière de Jean-Marcel Ferret.

Pour le médical, l'opération est donc lancée. Il faut aussi s'occuper des esprits. Pour bien les marquer, je fais une causerie dont on dirait, en d'autres lieux, qu'elle a un caractère « fondateur » :

— Nous voici à la veille d'une immense aventure, devant un objectif fabuleux... mais exigeant. La loi de la sélection est rude, cruelle même, elle génère inévitablement des sentiments de frustration et d'injustice chez ceux qui en sont les victimes.

« J'en suis conscient et ça ne me laisse pas indifférent. Mais vous devez savoir que tous mes choix s'opèrent en professionnel, exclusivement sur des critères de terrain. Des critères d'équilibre et de complémentarité du groupe, toujours dans l'intérêt de l'équipe de France. Le reste me laissera totalement insensible !

« Une sélection nationale, ce n'est pas une juxtaposition d'individualités, une mosaïque de talents supposés les meilleurs. C'est un collectif. Un groupe qui vit ensemble son football. Qui respecte le joueur dans son registre, mais avec une envie folle de réussir ensemble quelque chose d'exceptionnel.

« Cette saison, comme convenu, la priorité était donnée aux clubs. Désormais, une fois passé les dernières échéances avec vos clubs, c'est priorité à l'équipe de France !

« Celui qui ne pensera pas chaque jour au maillot bleu, qui n'aura pas le souci de se gérer en mettant l'équipe de France au premier rang, s'éliminera tout seul.

« Ça veut dire aussi, pour ceux qui seraient tentés de changer d'air : ne faites pas n'importe quoi ! Challenge sportif véritable, OK, allez-y. Horizon sportif incertain mais bonne affaire financière, danger ! Grand danger !

Je lâche ce que j'ai sur le cœur, je livre les premiers éléments forts de ce qui sera notre « langage interne », véritable épine dorsale de notre aventure.

Langage interne, cela veut dire : à nous, rien qu'à nous. Rien ne sort. Au sein même du groupe, nous cultivons un débat très ouvert, mais, vis-à-vis de l'extérieur, rien. Rideau de fer. Cette confidentialité, cette volonté farouche de tracer une ligne infranchissable entre le monde extérieur et ce qui se passe, se dit, se vit à l'intérieur du groupe, est une composante fondamentale de toute grande aventure sportive vécue par une communauté. C'est à la fois sa protection, son ciment et son moteur.

Contre les « agressions » extérieures, délibérées ou accidentelles, bienveillantes ou non, qu'elles émanent des médias, des supporters ou des sponsors (qui possèdent tous des raisons évidentes et pas forcément condamnables d'aller toujours plus au cœur de notre dispositif), nous commençons ainsi à édifier ce qui sera notre *bulle* du printemps-été 1998.

Nous allons très vite avoir besoin de cette solidarité, car le Tournoi de France qui s'annonce en cette fin de saison 96-97 tourne bientôt au casse-tête : en raison de modifications apportées en cours de saison au calendrier du Calcio, je constate que mes « Italiens » ne seront disponibles que quarante-huit heures avant le premier match contre le Brésil ! Aucune préparation possible, des compositions d'équipe qu'il faut bricoler avec les joueurs les moins éprouvés, au sortir d'une saison qui laisse tout le monde sur les genoux.

Seul Deschamps joue intégralement les trois matches (Brésil 1-1, Angleterre 0-1, Italie 2-2) dont je dresse personnellement un bilan beaucoup moins sombre que la majorité des observateurs. Mais j'ai l'habitude !

Contre les champions du monde brésiliens, je persiste à dire que nous avons fait un très bon match, surtout dans les conditions d'improvisation que je viens d'évoquer. D'autant que nous avons encaissé un coup franc hallucinant de Roberto Carlos, de plus de trente mètres !

Ceux qui ne saisissent pas toutes les finesses techniques du football et que l'expression « donner de l'effet à un ballon » laisse perplexes auraient intérêt à revoir l'exécution de ce coup franc, avec une caméra placée dans le dos du tireur. Avant le tir, tout est en ordre, Fabien Barthez a bien placé son mur, son homme de base est parfaitement dans l'alignement du ballon et du premier poteau.

Et puis c'est la course d'élan de Roberto Carlos, cette frappe du gauche d'une violence inouïe, qui fouette le ballon sur sa face extérieure droite. Une trajectoire insensée, courbe, qui contourne le mur français, bien au large, donnant à Fabien la conviction que le ballon va sortir, et, dans les derniers mètres, ce ballon qui s'incurve vers l'intérieur, revenant vers le but pour y entrer après avoir heurté le poteau, à notre stupéfaction à tous, Barthez en tête.

Roberto Carlos est un spécialiste de ces coups et, une fois de plus, il a bluffé son monde. Quel tir et quelle démonstration !

Mais, comme je le dis souvent, un match n'est jamais inutile. Dans ce tournoi, j'ai l'occasion de voir à l'œuvre Maurice, Ba, Keller et Dugarry à deux reprises, Pires, Loko et Ouédec une fois, sans parler des « cadres » qui, en dépit de la fatigue, tiennent bien la baraque. Pourtant, ils ne peuvent nous éviter une deuxième défaite, dans les toutes dernières minutes, contre les Anglais.

LA VIE EN BLEUS

Là où nous avions l'ambition de tester sur la durée une formule d'équipe assez proche d'une configuration Coupe du monde, nous n'avons fait que parer au plus pressé, avec les moyens du bord, sans pouvoir tirer tous les enseignements que nous espérions. Nous sommes au moins confortés dans notre conviction que, sans préparation minutieuse, il n'y a pas de performance possible. Notre plan « Coupe du monde » est pratiquement bouclé. Mais, pour l'heure, une évidence : en attaque principalement, où les indisponibilités et les méformes se sont succédé de façon invraisemblable, nous ne sommes pas encore au bout de nos peines et de nos essais.

Et il y a toujours de quoi prospecter : je pense à Stéphane Guivarc'h, qui vient de conquérir un nouveau titre de meilleur buteur du championnat, et à trois gamins de dix-huit ou dix-neuf ans qui, après avoir enlevé le titre de champions d'Europe en 1996 avec Gérard Houllier et Christian Damiano, vont encore faire parler d'eux au championnat du monde des moins de vingt ans disputé en Malaisie.

En outre, ce Tournoi de France nous permet de régler, en interne, les derniers problèmes de fonctionnement et de primes Coupe du monde, non sans nous réserver une nouvelle poussée de fièvre à propos du port des chaussures. Ce sujet d'affrontement récurrent a déjà secoué, par le passé, nombre d'équipes nationales, dont celle de 1978 en Argentine.

La chaussure, c'est l'outil de travail du footballeur, mais aussi et surtout une « signature » recherchée par tous les fabricants. À ce double titre, nombre de joueurs réclament depuis longtemps la liberté de porter en match les chaussures de leur choix, comme cela se pratique dans les sélections nationales de nombreux pays. Mais l'équipe de France est liée par contrat depuis une trentaine d'année à Adidas, et notre règlement interne stipule clairement que les joueurs doivent porter la marque aux trois bandes.

Juste avant le match de Lyon, malgré les réajustements financiers importants consentis par Adidas, les joueurs de l'équipe de France remettent courtoisement mais fermement la question sur le tapis.

L'affaire me paraît suffisamment importante pour que j'alerte le président Simonet. Dès son arrivée à Lyon, celui-ci nous rejoint à notre résidence du Golf du Gouverneur. Avant de le laisser prendre l'affaire en main, je me montre très clair avec les joueurs :

— Sur le fond, je comprends votre démarche. Le jour est proche où vous obtiendrez gain de cause, comme d'autres. Mais vous comprenez bien que ce n'est pas à un an de la Coupe du monde en France qu'Adidas va céder sur ce point. Nous sommes liés par contrat. Ceux qui ne veulent pas le respecter peuvent quitter Lyon tout de suite.

« Nous avons des choses beaucoup plus importantes à vivre bientôt ensemble. Soyez raisonnables, demandez des engagements fermes pour l'après-Coupe du monde, mais, si vous voulez aller au conflit tout de suite, ne comptez pas sur moi et mesurez bien vos responsabilités. L'aventure est à peine commencée : elle peut s'arrêter pour vous comme pour moi...

Heureusement, la sagesse l'emporte. Le contrat Adidas est scrupuleusement respecté jusqu'au 12 juillet 1998 et, depuis, les joueurs portent en équipe de France les chaussures de leur choix.

Mais, à travers cette mini-crise, je mesure une nouvelle fois le sens des responsabilités de tous ces garçons. Je sens qu'il existe un collectif fort, un groupe qui n'a pas envie de se laisser distraire par une querelle accessoire. Avec le comportement irréprochable des joueurs au cours de ce tournoi difficile, ce sont autant de signaux clairs que le courant passe bien, que tous les regards restent fixés sur l'horizon de juin 98.

LA VIE EN BLEUS

La saison qui doit nous mener vers cette échéance tant attendue va être rude. Dans l'élaboration de notre calendrier, je renonce à la mini-tournée sud-américaine que j'ai envisagée un moment pour le jour de l'an. J'allège délibérément le premier semestre pour concentrer l'essentiel de notre action sur le second et assurer ainsi une montée en puissance jusqu'au 12 juin.

Le temps nous est compté et j'ai encore besoin d'un certain nombre de réponses, d'abord en milieu de terrain où il nous faut trouver les meilleures complémentarités autour de Didier Deschamps et surtout en attaque où rien de ce que j'ai essayé depuis l'Euro ne s'est révélé vraiment satisfaisant.

Voilà pourquoi, contre l'Afrique du Sud à Lens le 11 octobre, je lance d'entrée et pour la première fois Guivarc'h et Henry à la pointe de l'attaque, tandis qu'Alain Boghossian, que nous avons à l'œil depuis plusieurs mois, fête aussi sa première sélection en remplacement de Petit, blessé à la demi-heure de jeu. Pour Manu, c'est vraiment la poisse. Je ne l'ai intégré que deux fois dans l'équipe en trois ans, mais je suis avec beaucoup d'intérêt et d'espoir son retour au premier plan dans les rangs d'Arsenal. Je suis persuadé qu'avec son pied gauche et son volume de jeu il peut être un parfait complément de Didier dans la récupération.

Malgré cette blessure qui m'empêche d'aller au bout de mes idées, j'apprécie le bon comportement d'ensemble de l'équipe de France : menée à la marque par des Sud-Africains particulièrement rugueux, elle sait se hisser au niveau d'efficacité exigé par la situation pour s'imposer 2 à 1 (buts de Ba et de Guivarc'h).

C'est pourquoi je trouve particulièrement durs et injustes les sifflets qui accompagnent les Bleus à leur sortie du terrain. Ils ne se priveront pas de s'en plaindre, eux aussi, de façon parfois très directe...

Le même phénomène se reproduit le mois suivant à Saint-Étienne contre l'Écosse où, en dépit d'une nouvelle victoire (2-1) méritée et méritoire, les spectateurs manifestent une irritation certaine.

L'incompréhension s'installe entre le public et son équipe nationale. Je le déplore d'autant plus que j'ai pris soin d'expliquer en long, en large et en travers que nous poursuivions nos essais (cette fois, c'est Laslandes qui débute) et qu'il ne faut surtout pas prendre pour la version définitive un simple brouillon, même soigné.

Mais il s'agit là sans doute d'un phénomène difficile à éviter. Par définition, le public est impatient et exigeant : il veut des buts, tout de suite. Bien avant l'heure H, il veut se rassurer, se convaincre que tout est déjà prêt pour les grandes manœuvres annoncées.

D'où la difficulté de gérer ces périodes de préparation, qui autorisent rarement des matches à grandes envolées, parce que les joueurs n'y sont pas mentalement disposés et que les circonstances ne les favorisent en aucune façon.

Lorsqu'en plus la presse, qui donne le ton, fait semblant de ne pas comprendre ce que nous lui disons et s'effarouche avec une fausse naïveté du « flou » dans lequel évolue l'équipe nationale – pardi, le flou, c'est nous qui le provoquons et l'entretenons ! –, le décalage ne peut être que fort entre le terrain et les tribunes.

Je persiste néanmoins à considérer la rencontre France-Espagne du 28 janvier, pour l'inauguration officielle du Stade de France, comme une véritable étape-bilan à J –5 mois. Le rendez-vous est fixé depuis longtemps, pas question de l'esquiver.

En interne, nous savons (et je ne cherche pas à le cacher) que nous aurons encore du pain sur la planche après ce 28 janvier. Mais j'ai trop dit, aux joueurs comme au public, que ce match inaugural serait aussi un vrai test-match, pour que nous n'ayons pas à cœur de relever le défi.

Entre ces deux victoires de l'automne 1997, aux sifflets amers, et cette première grande échéance du millésime 98 survient un événement qui s'avérera majeur pour la suite des opérations : le stage familial à Tignes.

Ce stage, je l'appréhendais beaucoup. Dès que nous l'avons évoqué entre nous, j'ai bien perçu, aux propos de Jean-Marcel Ferret et d'Henri Émile, tous les avantages que nous pourrions en tirer sur le plan physiologique et psychologique. Mais je n'étais pas persuadé, au moins dans un premier temps, que cela nous autorisait à minimiser les risques inhérents à ce genre d'aventure.

Nous allions demander à une trentaine de joueurs, déjà continuellement éloignés de leur foyer en raison de déplacements incessants, de sacrifier la seule semaine de vacances dont ils pourraient disposer entre juillet 1997 et juillet 1998. Et nous n'aurions même pas la satisfaction d'être tous réunis : il faudrait en effet nous passer des « Anglais » qui, fidèles à eux-mêmes, jouent tous les jours que Dieu fait, le 25 décembre aussi bien que le lendemain du jour de l'an !

Donc, dans mon esprit, ça risquait de coincer. Et, si les garçons venaient à Tignes en traînant les pieds, c'était déjà perdu d'avance. Au lieu des bénéfices escomptés, nous aurions plutôt à faire le compte des dégâts provoqués sur l'unité et la dynamique du groupe...

Mes craintes n'étaient pas sans fondement, car je me souviens très bien des premières réactions d'un garçon comme Youri Djorkaeff, pourtant prêt à tout pour l'amour du maillot bleu :

— Moi, je veux bien, mais ce sera quand même la première fois, aussi loin que je me souvienne, que je ne passerai pas Noël avec mes parents, mes grands-parents, mes frères et toute la famille...

Une fois de plus, Henri a su balayer mes appréhensions :

— Ce genre de rassemblement, on en a déjà fait pendant les fêtes de Noël, avant de partir à la Coupe du monde 86 au Mexique. Tu verras, ça se passera bien. Il faut réussir à la perfection le séjour des femmes et des enfants. À partir de là, c'est gagné. Si les gars voient leurs épouses et leurs gamins entourés, chouchoutés, heureux, c'est gagné !

Et c'est exactement ce qui s'est passé. Nous avons vécu une semaine fa-bu-leuse ! Et je pèse mes mots.

Physiologiquement, le profit fut incontestable, même si le séjour eût gagné à être plus long. Psychologiquement, nous nous sommes tous découverts un peu mieux, ce qui a soudé davantage un groupe qui avait déjà une forte personnalité collective et affective. Même sans jouer, nous avons aussi avancé utilement dans la définition de l'équipe elle-même, grâce à de nombreuses discussions formelles et informelles.

Il faut dire qu'on ne pouvait rêver meilleur cadre que cet hôtel Montana, moderne, fonctionnel, mais aussi chaleureux et intime, avec ses belles boiseries claires, ses fauteuils profonds autour d'une splendide cheminée. Le soir venu, nous nous rassemblions par groupes devant un grand feu. Dans les couloirs, sur les murs des chambres, de vieilles photos en noir et blanc faisaient revivre la montagne savoyarde de la première moitié du siècle. Aujourd'hui, près du bar, ce sont les photos couleurs de nos séjours de décembre 1997 et mai 1998 qui retiennent d'abord l'attention des vacanciers...

Ce rassemblement de Noël se voulait avant tout un moment de détente en famille. Chacun disposait de son temps comme il l'entendait, à l'exception d'une petite plage de deux heures avant le déjeuner où le groupe était rassemblé pour un circuit en ski de fond, sur un parcours tracé spécialement pour nous.

142

Nos petites virées n'engendraient pas la morosité : la plupart de ces garçons n'étaient jamais montés sur des skis et ils ont passé autant de temps le nez ou les fesses dans la neige que debout sur les planches ! À vrai dire, l'encadrement n'était pas beaucoup plus doué et quelques chutes spectaculaires sont restées dans les annales...

Quelques joueurs, nantis de l'autorisation de leur club, goûtèrent aux joies du ski de piste, mais la plupart consacraient de longues heures à se promener ou à faire des descentes en luge avec femme et enfants...

Le soir du réveillon de Noël fut un moment fort de ce séjour. La fête se prolongea tard dans la nuit. Pour l'occasion, le grand salon de l'hôtel avait été transformé en boîte de nuit, avec Youri dans un rôle inattendu de DJ...

Pendant ces longues soirées, entre danses et séjours au bar, on discute, on se confie. Le champagne aidant, on se laisse aller, on lâche une petite réflexion qui n'a l'air de rien mais qui, recoupée avec d'autres, met au jour un doute, un problème. Et de quoi fut-il question en ce soir de Noël, au bar du Montana ? De l'équipe de France, bien sûr. De son évolution, des essais qui s'y poursuivaient, de son environnement, de la tiédeur du public qui s'était manifestée à Lens et à Saint-Étienne.

Il n'y avait pas le feu dans la maison, mais quelques interrogations étaient suffisamment perceptibles pour que je décide d'une réunion des « cadres » du groupe, Deschamps, Blanc, Djorkaeff, Desailly, Thuram, Zidane, le lendemain à 18 heures, dans le bureau du directeur de l'hôtel.

Là, je poussai plus loin que jamais l'explication de mon action passée ou à venir. Je leur dis pourquoi et comment nous approchions lentement mais sûrement de la phase de consolidation.

J'insistai sur la nécessité de plus en plus impérieuse de notre langage interne, de cette complicité sans faille qui devait exister entre nous et qui nous interdisait toute attaque à l'encontre du groupe, tout propos négatif de nature à le déstabiliser. Dans ce climat de scepticisme que certains prenaient un malin plaisir à entretenir autour de la sélection, il appartenait même aux joueurs de positiver leur discours, de dire haut et fort leur confiance.

Au fond de moi, je considérais cette réunion comme extrêmement utile et rassurante. Elle resserrait nos liens, mais elle apportait aussi la preuve que les joueurs se sentaient pleinement concernés et qu'ils étaient toujours en éveil. Les certitudes sont un ennemi pour le joueur de haut niveau. Une trop belle assurance le diminue, le rend vulnérable.

Les six joueurs conviés à ce colloque savaient qu'ils faisaient partie de mon noyau dur, que leur place n'était pas menacée, sauf circonstances imprévues ou particulières. Mais ils devaient sentir qu'autour d'eux rien n'était figé. Cela les obligeait à réfléchir. Je suis persuadé que, si nous avions connu, six mois à l'avance, les réponses à toutes nos questions, nous nous serions mis à ronronner en attendant tranquillement le coup d'envoi de la Coupe du monde. Et là, danger !

J'irai même plus loin. Si tout avait été réglé à ce moment-là, je me serais arrangé pour créer l'imprévu pratiquement jusqu'au bout afin d'éviter tout relâchement !

Le stage de Tignes a donc été entièrement positif. Au fond, seuls les résultats de ce stupide contrôle antidopage diligenté au lendemain de Noël ont été *négatifs* ! Mais ils ont bien failli gâcher l'immense plaisir que j'ai pris à ces quelques jours en famille.

Sous le coup de la colère, j'ai même failli tout envoyer promener. Quand je mettais en parallèle l'ensemble du travail accompli (y compris au cours de ce stage) et un contrôle que rien ne justifiait ce jour-là, je me demandais dans quel pays nous étions et à quoi rimait cette initiative ridicule.

LA VIE EN BLEUS

Heureusement, il en fallait bien plus pour altérer la bonne humeur des joueurs désignés par le tirage au sort. Au passage, ils ne se privèrent pas de dire leur manière de penser à ce médecin préleveur débarqué à Tignes la bouche en cœur, autant pour chasser l'autographe que les fraudeurs !

L'incident appartient déjà au passé lorsque sonne l'heure de l'inauguration du Stade de France.

28 janvier 1998... Cela fait un siècle que le sport français en général et le football en particulier attendent un « grand stade ». Dans les journaux du début du siècle, on parlait déjà de ce « grand stade » qui, de promesses non tenues en empê-chements de force majeure, ne vit jamais le jour. Jusqu'à ce que nos politiques, le dos au mur, Coupe du monde oblige, donnent enfin le feu vert, non sans s'être offert l'ultime caprice d'une délocalisation tardive, de Melun-Sénart à Saint-Denis.

L'essentiel, c'est que le stade voie enfin le jour. Et Dieu qu'il est beau ! Je l'ai vu sortir de terre et s'élever vers le ciel, au rythme de mes trajets en voiture Paris-Roissy, lorsque je par-tais pour une nouvelle observation, un nouveau rendez-vous avec mes Français de l'étranger.

Il est beau, sobre et majestueux. On dirait une cathédrale ronde, avec ses dix-huit mâts effilés qui soutiennent la toiture la plus lourde du monde mais aussi, en apparence, la plus légère, la plus discrète. Dès l'approche, c'est une invitation à la fête et au jeu.

La fête, celle qui est inscrite au programme pour l'inaugura-tion officielle par le président de la République, nous n'en ver-rons rien. Pas plus d'ailleurs que celle qui précéda la finale du 12 juillet. Triste privilège réservé aux acteurs de ces moments dits historiques que d'être ainsi tenus à l'écart du grand show auquel assistent des dizaines de millions de téléspectateurs à travers le monde...

145

Le 28 janvier donc, nous sommes en pleine concentration dans les vestiaires les plus spacieux et les plus fonctionnels que je connaisse. Rendons hommage ici aux constructeurs qui ont eu la bonne idée, pour une fois, de consulter les utilisateurs afin d'éviter ce qu'on voit trop souvent, en sport et ailleurs : des merveilles d'esthétique et de créativité malheureusement totalement inadaptées aux besoins réels.

S'il y a un rendez-vous à ne pas manquer, c'est bien cette rencontre France-Espagne. J'ai tellement dit et répété, depuis l'Euro, que ce serait notre test-match, le public et les joueurs attendent avec une telle impatience cette confrontation pour faire le point, que nous n'avons pas le droit à l'erreur.

Nous n'en avons pas fini avec nos essais ? Qu'à cela ne tienne, il faut faire comme si la Coupe du monde était demain. Comme si nous étions déjà obligés de conquérir la maîtrise du jeu pour assumer notre rôle de pays-hôte. Je veux que cette considération entre bien dans la tête des joueurs.

J'aligne alors une équipe résolument conquérante avec seulement trois défenseurs, Thuram, Blanc et Desailly, deux récupérateurs, Deschamps et Boghossian, et cinq joueurs à vocation franchement offensive, Ba, Diomède (dont c'est la première apparition sous le maillot bleu), Zidane, Djorkaeff et Guivarc'h. La qualité et l'organisation de notre adversaire espagnol, invaincu depuis la Coupe du monde 94, obligeront vite Boghossian à venir occuper le flanc gauche de notre ligne défensive, mais qu'importe, le défi est relevé.

Il fait moins cinq degrés, le terrain est gelé et les Espagnols ont bien failli refuser de jouer ! Dans ces conditions difficiles, l'équipe de France se montre à la hauteur de ce qu'on attendait d'elle. Elle s'offre une belle victoire de prestige (1-0) grâce à un but de Zizou après vingt minutes de jeu. Zinedine Zidane, premier buteur de l'histoire du Stade de France : pouvait-on rêver plus belle entrée en matière et plus beau symbole pour notre groupe ?

Pires, Candela, Trezeguet (première sélection pour David) et Lebœuf entrent dans la dernière demi-heure, sans que soit jamais rompu l'équilibre d'une équipe qui démontre une fois de plus son exceptionnelle solidarité, son mental de compétiteur et surtout son aptitude à être performante au moment voulu et annoncé.

Ce n'est pas rien !

En outre, ce match probant ramène un peu de mesure dans les jugements portés sur l'équipe de France, même si je sais cette accalmie fragile. D'autant que j'ai encore un certain nombre de choses à faire et à voir, avant une prochaine escale délicate à Marseille !

Marseille où nous avons assisté, début décembre, au tirage au sort de la phase finale, qui s'est déroulé pour la première fois en plein air, dans un stade. Nous savons désormais que nous aurons à en découdre, pour le premier tour, avec l'Afrique du Sud, l'Arabie Saoudite et le Danemark.

C'est à Marseille, surtout, que nous débuterons notre Coupe du monde le 12 juin contre les Sud-Africains. Et, là, il y a problème...

La capitale phocéenne, je ne l'apprendrai à personne, est certainement la ville de France où l'on vit le football le plus passionnément, à travers le fameux OM. Il y a d'autres lieux, Lens et Saint-Étienne par exemple, où l'on aime autant le ballon, où on le célèbre avec une belle ferveur, mais le stade Vélodrome en ébullition (quarante mille abonnés cette saison !), c'est un spectacle unique. Seulement, voilà, les supporters marseillais en ont gros sur le cœur...

Parce que leur dernier président emblématique s'est permis, au début des années 90, quelques libertés avec l'éthique et les finances, les instances nationales du football n'ont eu d'autre issue que de prendre les sanctions sportives et administratives qui s'imposaient. C'est ainsi que l'OM s'est vu privé du titre de champion de France 93, frauduleusement acquis. Puis l'inévitable dépôt de bilan a condamné le club à la rétrogradation en division 2. Depuis, persuadés d'être victimes de l'acharnement parisien et de la plus grande injustice du siècle, les clubs de supporters marseillais vouent aux gémonies tout ce qui ressemble de près ou de loin à un dirigeant de la Fédération ou de la Ligue nationale.

Pareil climat ne peut me laisser indifférent, alors que nous nous apprêtons à livrer au Stade Vélodrome notre premier match de la Coupe du monde. Il faut agir vite afin d'éviter de jouer l'Afrique du Sud comme à Johannesburg ou au Cap, avec un public tout acquis à la cause de l'adversaire !

Je décide donc de porter le fer dans la plaie.

Je demande d'abord au Conseil fédéral de fixer à Marseille, en février, le match amical contre la Norvège. Puis, bien avant ce match, j'exprime le souhait de rencontrer les représentants des principaux clubs de supporters.

Par un glacial après-midi de décembre, je me retrouve ainsi, flanqué d'Henri Émile, de Philippe Bergeroo et de Philippe Tournon, dans l'arrière-salle d'un bistrot proche du siège de l'OM, en présence des délégués des Winners, Yankees et Cie.

J'ai à peine le temps de poser le problème (« le passé, c'est le passé, les dirigeants, c'est les dirigeants, l'équipe de France n'a rien à voir avec tout ça... ») que la réplique fuse, cinglante :

— On n'en a rien à foutre ! L'équipe de France, on ne l'a pas vue depuis quatorze ans, vous nous amenez une équipe de Norvège en carton-pâte, et vous voudriez qu'on réponde présents ? Commencez par nous rendre le titre de champion de France 93, après on discutera !

Je suis atterré. Mais, si les propos sont durs et parfois choquants, je sais que les supporters marseillais parlent avec leur cœur. Et, lorsqu'ils ont épanché leur bile, Marcel Dib et quelques responsables marseillais présents à l'entretien nous aident à mieux nous comprendre et même à nous apprécier. Nous finissons par nous entendre sur l'essentiel : l'équipe de France doit être au-dessus de toutes ces rancœurs, au-dessus de tout. La franche poignée de main que nous échangeons au terme de ce débat souvent tendu me rassure. Je sens chez ces amoureux du foot une grande chaleur humaine.

Je suis donc relativement serein en débarquant à Marseille le 25 février, où nous attend un match beaucoup moins facile qu'il ne peut y paraître, contre des Norvégiens athlétiques et adeptes d'un jeu direct qui ne favorise guère nos plans. Ceux-ci sont clairs : nous voulons poursuivre sur la lancée et dans l'esprit de France-Espagne, avec une composition d'équipe pratiquement identique, où Pires a simplement pris la place d'Ibrahim Ba.

Tout se passe finalement à peu près bien, dans les tribunes comme sur le terrain. Le public marseillais a répondu massivement à l'appel de l'équipe de France : il est vrai que la Fédération a bien fait les choses en distribuant des milliers d'invitations auprès des clubs de supporters. Les spectateurs ont droit à un match débridé, où l'équipe de France, d'abord menée 1-0, égalise par Blanc avant de prendre l'avantage par Zidane. Égalisation des Norvégiens : 2-2. Avantage 3-2 pour la Norvège et enfin égalisation française par Marcel Desailly à la dernière minute !

Un scénario idéal pour maintenir l'intérêt du public, qui ne tient pas rigueur aux Bleus de ce partage des points. Pas plus qu'il ne leur manifeste le moindre ressentiment à propos des événements passés. Et c'est beaucoup mieux ainsi. Même si le technicien que je suis ne peut être totalement satisfait de ce 3-3...

Il nous reste alors deux matches à jouer avant le début des grandes manœuvres de mai : un Russie-France à Moscou, le 25 mars, et un Suède-France le 22 avril à Stockholm. Deux déplacements donc, car nous avons choisi délibérément de soustraire l'équipe de France à la pression et aux sollicitations qui vont crescendo dans le pays organisateur de la Coupe du monde. Jusqu'à notre entrée sur la scène du Mondial, nous ne jouerons plus qu'à l'étranger.

Il était écrit que, jusqu'au bout de notre préparation, nous aurions à composer avec les blessures des uns et les imprévus des autres. Le match de Moscou en est une nouvelle illustration saisissante. C'est d'abord Trezeguet, que je tenais à revoir, qui déclare forfait avant le rassemblement. Zidane, touché à une cheville avec la Juve, se présente... pour repartir aussitôt. Barthez se blesse à l'entraînement du lundi, ce qui m'oblige à faire jouer Letizi et à rappeler Lama dans la nuit précédant le match. Pour couronner le tout, Boghossian rate son vol Rome-Paris et nous rejoint directement à Moscou, sans visa. Et Desailly rate, lui, le Milan-Moscou et doit transiter par Paris.

Quand ça ne va pas, ça ne va pas, témoin ce but stupide encaissé dès la deuxième minute sur une boulette de Lionel Letizi. Nous ne parviendrons jamais à le remonter. Pire, nous devons faire face à la blessure de Petit, remplacé en seconde période par Candela.

Sur un terrain pelé, peu propice aux techniciens, l'équipe de France concède à Moscou sa troisième défaite en quatre ans. À ce moment-là, nul ne peut savoir que ce sera la dernière en ce qui me concerne, même si nous sommes un certain nombre à l'espérer en secret...

En dépit de son résultat et de ses imperfections, ce match de Moscou, comme tous ceux qui l'ont précédé, nous fournit son lot d'enseignements, sur le plan individuel et collectif. Il apporte sa pierre à l'édifice qui se construit lentement mais sûrement. Il n'y a pas, faut-il le répéter, de match inutile.

Je sais déjà, après Moscou, que, si rien ne vient contrarier mes projets, je lancerai Nicolas Anelka dans le grand bain à Stockholm, que j'y reverrai Martin Djetou et, je l'espère, Christophe Dugarry... Le jour dit, je parviens pour une fois à mettre en application ce que j'ai projeté, sans que cela débouche sur quelque évidence majeure. Mais le football est ainsi fait...

Il faut dire que la saison touche à son terme, que les clubs cravachent pour honorer les derniers rendez-vous et tenter d'atteindre les objectifs fixés. Les esprits ne sont pas encore vraiment à la Coupe du monde. Notre 0-0 de Stockholm vient prendre place, modestement, en bas de la liste de ces matches-brassages dont il faut à présent dresser le bilan.

L'heure du choix a sonné.

Au lendemain du match amical en Suède, lors d'une séance de travail à Clairefontaine avec mon staff rapproché, la décision est prise de communiquer, le 5 mai, une liste globale de vingt-huit joueurs, sans distinction des « titulaires en principe », des « premiers ou seconds remplaçants », ou je ne sais quelle autre classification tout aussi loufoque...

Pourquoi vingt-huit ? Parce que la liste officielle des vingt-deux ne doit être communiquée à la FIFA que le 1er juin. Parce que des blessures pendant la première phase de préparation restent malheureusement possibles. Parce que je veux maintenir un groupe homogène et en éveil jusqu'au choix ultime. Bref, parce que c'est le seul choix défendable sur le plan professionnel, même s'il implique une gestion humaine difficile des six éliminés, le jour venu.

En réalité, nous ne serons jamais vingt-huit : Deschamps, Zidane et Karembeu, qui ont disputé la finale de la Ligue des

151

champions le 20 mai (les deux premiers avec la Juventus, le troisième avec le Real Madrid), ne nous rejoindront en effet que le dimanche 24 mai, soit le lendemain du départ des six joueurs non retenus. En toute logique, j'ai voulu les laisser souffler un peu après ce dernier et grand rendez-vous club de la saison.

Le plan de préparation qui doit nous mener à la Coupe du monde dans les meilleures dispositions possibles a été élaboré de façon simple et logique : il prend appui sur un certain nombre de dates incontournables et nous meublons les intervalles à notre guise, en alternant travail physique, mise en place tactique, matches, récupération, etc. Il faut aussi composer avec les mises à disposition des joueurs, qui s'échelonnent du 10 au 24 mai.

Première date « fixe » : le 9 mai. C'est la dernière journée de notre championnat national, qui voit le Racing Club de Lens sacré pour la première fois de son histoire, après un passionnant coude à coude avec le non moins méritant FC Metz. Un impératif pour moi : ne pas laisser partir les joueurs dans la nature trop longtemps, sous peine de provoquer une « coupure » préjudiciable physiologiquement.

Les Italiens finissent huit jours plus tard et, sauf bonne volonté que rien n'oblige, nous savons qu'il faudra commencer sans eux. Youri Djorkaeff bénéficie d'un bon de sortie – merci l'Inter ! – mais les autres ne nous rejoindront qu'une fois le Calcio au repos. À la réflexion, cela me semble une attitude tout à fait respectable de la part des clubs italiens, un match ne devant jamais être galvaudé, quand bien même il serait dépourvu de tout enjeu, comme c'est souvent le cas lors de la dernière journée.

Les Anglais disputent leur finale de Cup le 16 mai, les Allemands et les Espagnols n'ont pas fini non plus... Nous espérions nous retrouver seize ou dix-huit à Tignes le 11 mai ; nous serons finalement quatorze. Ce n'est que le premier acte d'une préparation terminale que nous avons conçue de la manière suivante :

– du 11 au 16 mai à Tignes : oxygénation – récupération ;

– du 18 au 25 mai : remise à niveau physique de l'ensemble de l'effectif, à la faveur de huit jours de travail intense à Clairefontaine ;

– du 25 au 30 mai : tournoi Hassan II au Maroc. Poursuite d'une préparation physique soutenue, mais aussi compétition ;

– du 2 au 4 juin : travail physique très pointu à Clairefontaine, en fonction des besoins individuels ;

– du 4 au 8 juin : dernier match en Finlande, dernière mise en place, derniers réglages ;

Nous dégageons plusieurs lignes de force dans ce planning d'un mois mis au point depuis un an et qui ne subira ensuite que des modifications de détail.

En premier lieu, le souci d'assurer à l'équipe de France une préparation sereine à l'abri des pressions et des sollicitations, en un mot de la protéger. Je tiens absolument à ce que cette équipe vive bien, respire librement, au grand air, sans toutes ces « pollutions » qui s'accumulent inévitablement autour d'une sélection nationale confrontée à une échéance aussi lourde.

Il s'agit à mes yeux d'un impératif absolu, mais parfois difficile à expliquer : parmi les « pollueurs » potentiels se trouve une majorité de gens très sympathiques, qui ne veulent aucun mal à l'équipe de France, mais qui ne comprennent pas toujours que leur démarche personnelle pour approcher tel ou tel joueur puisse, multipliée par vingt ou trente, constituer une « agression » dont pâtirait le groupe.

En conséquence, nous quittons notre base de Clairefontaine le plus souvent possible durant cette période de préparation, et nous jouons systématiquement à l'étranger. Ensuite, nous

153

créons, pour nos séjours au Centre technique (phases de préparation et de compétition confondues), ce que j'appelle une « bulle, où nous restons entre nous, à l'abri de toutes les sources éventuelles de dispersion pour les joueurs... comme pour le staff.

À Clairefontaine, avant d'arriver à la résidence de l'équipe de France, sur la droite, légèrement en contrebas, un bâtiment de style moderne abrite l'administration du Centre et les bureaux de la Direction technique. À ce niveau, au bord de la route, il y a un drapeau bleu, blanc, rouge. J'ai annoncé à tout le monde et en priorité à Hubert Comis, le directeur du Centre technique :

– Ce drapeau, c'est la frontière. Faites comme s'il existait une ligne Maginot au-delà de laquelle plus rien ne compte que l'équipe de France, sa préparation et d'abord sa tranquillité. Personne ne passe sauf accord formel !

C'était peut-être un langage un peu solennel et guerrier, mais il avait le mérite d'être clair. De fait, nous avons vécu à Clairefontaine de façon idéale, grâce aux dispositions arrêtées et appliquées à la lettre par Hubert et par tout le personnel du Centre, qui se révéla toujours d'une disponibilité souriante. Qu'ils en soient félicités et remerciés.

Quand je parle de « bien vivre », ce n'est pas seulement une formule. L'allusion à notre « bulle » ne doit pas laisser croire que nous nous sommes imposé un mode de vie spartiate ou claustrophobique. Au contraire, tout a été mis en place pour que chacun se sente à l'aise, dans des espaces fonctionnels et chaleureux.

Faisons une rapide présentation des lieux. Au rez-de-chaussée, les salons, la salle à manger et les chambres de ceux qui composent le staff rapproché. N'oublions pas que ce

LA VIE EN BLEUS

superbe bâtiment est une ancienne résidence du banquier Lazard : les pièces de réception ont les volumes confortables du siècle dernier, avec notamment une hauteur sous plafond de six ou sept mètres.

Le grand salon central, dont nous avons fait une belle pièce à vivre, avec ses tables basses, ses canapés et ses fauteuils, et où nous avons aménagé un bar, est flanqué d'une petite mezzanine où se tenait autrefois l'orchestre, lors de bals restés célèbres.

À gauche, en entrant dans ce grand salon aux murs bleu-gris, une pièce plus petite, appelée salon rose à cause de ses tonalités rose-beige, est un lieu stratégique puisque nous y tenons nos réunions de groupe : les présentations vidéo de nos adversaires, mes causeries avant les matches... et les discussions avec les présidents !

À l'opposé, on trouve une salle de détente avec billard et télévision à écran géant. À l'occasion, les joueurs viennent y jouer aux cartes.

Dans le grand hall qui dessert ces salons, nous avons installé, pour ces deux mois de vie commune, un baby-foot et une table de ping-pong. En termes de loisirs, nous sommes plutôt bien équipés ! Surtout si on ajoute à cette liste les boules de pétanque et les VTT mis à notre disposition.

La salle à manger, pourtant spacieuse, semble tout juste adaptée à nos besoins, avec une grande table ovale pour les vingt-deux joueurs, une table de six pour le staff rapproché et une table de huit pour les autres membres de l'encadrement.

Nous avons retenu l'option du buffet plutôt que le service à la place. Lorsque les joueurs arrivent à l'heure fixée pour le déjeuner ou le dîner, les hors-d'œuvre et les plats sont à droite, les desserts à gauche. Chacun se sert quand et comme il l'entend. Lilian Thuram est une des vedettes de nos repas : il commence toujours par se composer un énorme saladier de

155

crudités diverses qui pourrait servir de repas entier à une famille de quatre ou six personnes! Impressionnant...

À droite de la réception, où veillent à tour de rôle Laurence et Béatrice, qui filtrent les appels téléphoniques, le courrier et les rares visiteurs admis jusque-là, part le couloir d'accès aux chambres du staff.

Aux avant-postes, celle d'Henri Émile. En face, un petit bureau dévolu à des usages divers : essayages de tenues, vidéothèque fournie par TF1 et Canal +, bibliothèque constituée par Bernard Pivot, stockage de matériel, etc. Sur le côté gauche du couloir, les chambres de Philippe Tournon (n° 10), Roger Lemerre (n° 11), Philippe Bergeroo (n° 12) ; sur le côté droit, celle de Jean-Marcel Ferret (n° 14), pourvue d'un équipement médical relativement important, et enfin la mienne (n° 15).

Sur ma grande table de travail s'entassent les dossiers et les cassettes que je visionne souvent tard dans la nuit. Je dispose aussi d'un coin-salon pour mes réunions techniques avec les entraîneurs et le Doc, et pour mes entretiens privés avec un ou plusieurs joueurs. Pendant neuf semaines, ce sera mon seul horizon. Volontairement, je me suis privé de journaux, de télévision et de radio, concentré jusqu'à l'obsession sur l'équipe de France et la Coupe du monde. Levé toujours avant 7 heures pour un footing et rarement couché avant 1 ou 2 heures du matin, après le bilan de la journée autour d'une bonne bière... ou d'une coupe de champagne quand il y a quelque chose à fêter, à commencer par les victoires.

Sur les deux étages de la résidence de l'équipe de France, les chambres des joueurs. Ils sont seuls ou deux par chambre, selon souhaits et affinités. Comme il faut en caser vingt-deux, nous avons été obligés de « délocaliser » certains membres de l'encadrement vers la résidence « Cadres », située à une centaine de mètres de notre bâtiment. Ce n'est pas idéal pour

LA VIE EN BLEUS

ceux qui déménagent, en premier lieu les kinés, mais, Henri a eu beau tourner le problème dans tous les sens, il n'y avait pas d'autre solution. Le bon esprit général a permis que tout se passe sans heurts ni états d'âme.

Enfin, au sous-sol de notre résidence, ce sont les installations à vocation sportive. Le vestiaire où chaque joueur a sa place attribuée et numérotée et où il trouve son équipement avant chaque entraînement. Un petit vestiaire pour les entraîneurs, deux saunas, le cagibi de Manu avec ses réserves de shorts, maillots, chasubles, chaussettes, etc. Et la salle de soins où nos quatre kinés ont soigné et massé avec ardeur, jusqu'à des heures parfois très tardives, les futurs champions du monde. Cette salle est équipée d'une TV vidéo afin d'agrémenter les longues séances sur les tables de massage.

Les quatre niveaux de la résidence sont desservis par un petit escalier intérieur, à l'abri de toute intrusion. Les joueurs peuvent ainsi naviguer en toute quiétude d'un espace à l'autre, quelle que soit leur tenue. Cela fait partie de ce que j'appelle « bien vivre ». Le sportif a besoin de cette forme de liberté, il doit pouvoir aller, quand ça lui chante, de sa chambre à la salle de soins sans se soucier de ce qu'il a ou n'a pas sur le dos. C'est également une manière de favoriser sa concentration, de le laisser « branché » en permanence sur sa préparation.

Élargissons le cadre. Bien vivre, cela signifie aussi ménager, dans nos deux mois de vie en collectivité, des plages d'ouverture et de décompression indispensables. Au premier rang de celles-ci figure le retour régulier dans le cadre familial ou, à défaut, la venue parmi nous des épouses ou compagnes de la quarantaine d'hommes qui forment cette collectivité.

C'est là un nouvel enseignement de l'Euro. En Angleterre, nous n'avons pas été assez attentifs à ces problèmes. Nous

157

avons même commis une petite erreur en laissant se mettre en place un voyage parallèle dont n'ont profité qu'une dizaine de femmes de joueurs. Et elles sont finalement reparties déçues du peu de temps qu'elles avaient pu passer avec leurs maris...

Bref, c'était à la fois flou et inégal. Pour la Coupe du monde, je voulais du « sur mesure » et du strictement « égalitaire », dans le même esprit que tout ce qui nous concernait.

En phase de préparation, nous avons donc pris soin d'inscrire au programme, après Tignes et après le Tournoi Hassan II au Maroc, un long week-end à la maison. Une fois la compétition commencée, après les matches de Marseille et de Lyon, nous avons accueilli nos épouses. Un programme touristique et gastronomique leur a été concocté pendant nos heures de travail. Et nous nous sommes retrouvés pour une ou deux soirées ensemble, avant que chacun ne reprenne le cours normal de ses activités.

La quasi-totalité des femmes des joueurs et de l'encadrement a ainsi assisté à nos sept matches, même quand elles n'eurent droit qu'à un baiser furtif près du vestiaire, avant notre retour vers Clairefontaine. Après le quart de finale contre l'Italie, j'accédai même, sans hésitation, à la demande de Didier Deschamps que les épouses et compagnes puissent venir partager notre dîner au Centre technique. Et, à minuit pile, elles sont toutes montées sagement dans le bus qui devait les ramener à leur hôtel parisien.

Tout cela a été mis en place avec l'accord bienveillant et sans réserve du président Simonet, géré dans les grandes lignes par Henri Émile, puis dans le détail par Babette, mon assistante. Celle-ci a ainsi « coaché » une sorte d'équipe de France féminine dont la présence permanente à nos côtés a constitué un facteur très positif : même quand elles n'étaient pas auprès de nous, nous les savions avec nous.

Cette volonté de faire participer les épouses et compagnes répondait aussi à notre souci d'alterner temps forts et temps

158

faibles, selon une expression que j'ai beaucoup employée, dans l'articulation d'un emploi du temps où rien n'a été laissé au hasard. Il était essentiel que le joueur se sente toujours dans un cadre déterminé, afin qu'il ne puisse jamais « flotter », se demander où nous en étions, où nous allions.

Notre communication interne a été tellement soignée, après l'Euro 96 et particulièrement à partir du rassemblement de Noël 1997 à Tignes, que nous avons laissé un minimum de place au doute, pour évoluer dans un climat de confiance que les attaques extérieures n'ont pas réussi à altérer.

Temps forts, temps faibles, donc, dans le découpage des différentes phases de notre programme, mais aussi à l'intérieur même d'une phase, où nous prenons soin de provoquer des « ruptures » pour décompresser.

Tignes, à la mi-mai, récupération, régénération, temps faible. Clairefontaine ensuite, travail physique intense, temps fort. Après un week-end de détente, nouveau temps fort, indispensable, au Maroc où nous sommes déjà, avec le Tournoi Hassan II, dans une sorte de compétition. Et puis la Finlande pour achever la préparation et, malgré le match, temps faible avec un climat idéal qui nous permet de bien récupérer.

Même chose une fois la compétition commencée. Temps fort, très fort même, avec l'approche et le déroulement des matches, comme à Marseille ou à Lyon. Et aussitôt après, temps faibles, détente avec la présence de nos compagnes.

L'alternance de ces accélérations et décélérations nous permettra de maintenir un équilibre harmonieux au sein de notre petite communauté pendant deux mois...

Maintenant que le décor est planté, revenons au premier acte de notre préparation terminale : le rassemblement de la mi-mai à Tignes.

La station savoyarde a joué les prolongations pour nous. Elle ne peut pas faire autrement après avoir axé sa communication de la saison autour du slogan « Tignes, c'est foot ». Elle le fait avec un professionnalisme parfait et une gentillesse touchante.

« On est chez nous », comme le chantent les supporters en déplacement. Chez nous à l'hôtel Montana, déjà en demi-sommeil, et dont nous occupons seuls une aile. Chez nous aussi sur les pistes et les plateaux où nous alternons, sous un soleil radieux, balades en raquettes, ski de fond et même un biathlon assez épique. Mais personne ne craque dans les parcours à skis, même si certains tanguent dangereusement au sommet d'un petit raidillon, et les balles ne s'égarent pas trop en dehors des cibles disposées par nos fidèles accompagnateurs de l'ESF (École de ski française) de Tignes, emmenés par Jean-Louis Ottobon.

Le plus beau souvenir de notre semaine savoyarde reste pourtant cette randonnée pédestre d'une quinzaine de kilomètres effectuée le 14 mai. Avant de nous élancer, nous avons célébré bruyamment le retour sur terre d'Henri Émile, convié à un baptême de l'air surprise en ULM pour son cinquante-cinquième anniversaire. Le spectacle de Riton débarquant du minuscule appareil, sanglé dans une superbe combinaison rose fluo et coiffé d'un casque en cuir comme en portaient les pionniers de l'aviation au début du siècle, valait le coup d'œil ! En tout cas, il nous a mis d'excellente humeur pour attaquer d'un pied ferme les sentiers de montagne. Trois bonnes heures plus tard, émerveillés par la beauté du paysage, nous sommes parvenus à la Maison à colonnes de René Arpin, à une vingtaine de kilomètres de Tignes, dans un secteur où, nous dit-on, a été tourné le film *Les bronzés font du ski*.

Notre balade à nous ne mérite peut-être pas d'être immortalisée sur pellicule, mais nous ne sommes pas près de l'oublier, pas plus que le déjeuner de spécialités locales qui nous attendait à l'arrivée, dans un décor féerique. Pour nous faire plaisir, nos amis de Tignes ont demandé à l'un des leurs, moniteur de profession et chanteur à ses heures, d'agrémenter notre repas de quelques chansons.

Entre un succès de Ferrat et un blues américain, notre moniteur-chanteur nous proposa une chanson, écrite et composée par lui, en l'honneur de l'équipe de France. Les pulls rouges (ceux des moniteurs de ski) adressaient ainsi aux Bleus leurs encouragements au moment où ils s'apprêtaient à faire le grand saut :

> *Le formidable courage des hommes*
> *A bâti des rêves lointains,*
> *Pour qu'un milliard de gosses jouent debout,*
> *Jouent les hommes et jouent demain*
>
> *À vous l'équipe des Bleus*
> *De la part de tous les pulls rouges,*
> *Le blanc de nos neiges dans les yeux,*
> *Trois couleurs pour l'espoir de gagner.*
>
> *Que cherchent-ils du fond du cœur ?*
> *Une belle et grande victoire,*
> *Un pays derrière ses champions,*
> *L'heure d'un grand rendez-vous avec l'histoire.*
>
> *Salut les Bleus, salut la France !*
> *À toutes tes différences*
> *Qui sont nos chances,*
> *Salut la France !*

C'était mélodieux et plein d'émotion : nous avons tous été sous le charme. Du coup, Henri a demandé à Patrick Donche-

Gay, notre troubadour du jour, de revenir le lendemain chanter ses couplets lors de notre déjeuner à l'hôtel Montana. Nous le ferons aussi venir à Lyon, pour notre dîner « en famille » après France-Danemark, le 24 juin !

Il y a bien l'hymne officiel de la Coupe du monde, la chanson officielle des Bleus et je ne sais quoi encore, mais, pour nous, la véritable chanson de l'équipe de France restera celle de notre moniteur de Tignes !

Il sera toujours des nôtres six mois plus tard lorsque je reviendrai à Tignes avec Henri Émile, Roger Lemerre, Philippe Tournon et Jean-Marcel Ferret pour honorer une promesse. J'avais promis bien imprudemment de descendre le glacier de La Grande-Motte en luge si nous étions champions du monde ! Ce jour-là, il devait faire moins vingt-cinq au sommet et tout le monde nous conseillait de renoncer. Pas question ! Pour l'honneur, nous avons effectué la descente, Coupe du monde en main, sur une luge spécialement fabriquée pour la circonstance, rassurés, dirigés par nos courageux et joyeux montagnards. En cours de route, il a fallu me tapoter vigoureusement les joues qui commençaient à geler... Mais j'ai tenu parole !

En mai 1998, nous n'étions peut-être que quatorze à Tignes, mais notre séjour, complété par quelques séances en salle et une hydrothérapie joyeuse à la piscine de l'hôtel, s'est déroulé dans une sérénité absolue. Aux antipodes de ce climat « délétère » qu'avaient prédit certains mauvais augures au moment de « l'annonce des vingt-huit »... C'était en fait une excellente rampe de lancement pour le deuxième acte de notre préparation qui allait se révéler autrement plus musclé : six jours de travail physique intensif à Clairefontaine, suivis sans transition ni retour à la maison par le Tournoi Hassan II au Maroc.

LA VIE EN BLEUS

Le 18 mai au soir, pour le rassemblement au Centre technique, la troupe était presque au complet, puisque ne manquaient à l'appel des vingt-huit que Deschamps, Zidane et Karembeu, retenus par la finale de la Ligue des champions.

Les joueurs se sont vite rendu compte que nous en avions bien fini avec le « temps faible » de Tignes pour entrer dans un « temps fort ». Lever à 7 h 30, entraînement le matin, entraînement l'après-midi : nous étions dans le vif du sujet ! Grâce à une organisation minutieuse, les activités s'enchaînent sans précipitation ni temps morts. Pour les joueurs concernés, le rendez-vous presse vient meubler les fins de matinée jusqu'au déjeuner, pris en général à 13 h 15, tandis que le dîner est fixé à 20 h 30.

C'est après le dîner du vendredi 22 que je dus m'acquitter d'une tâche difficile : annoncer à six garçons qu'ils allaient devoir nous quitter. La Coupe du monde dont ils avaient rêvé, qu'ils avaient même commencé à préparer avec nous, se disputerait sans eux. Dure et cruelle loi de la sélection, moments pénibles sur le plan humain...

En fait, Lionel Letizi, Pierre Laigle, Ibrahim Ba, Martin Djetou, Sabri Lamouchi et Nicolas Anelka ont compris que leur sort était scellé quand, sur le coup de 21 h 30, Henri Émile et Philippe Bergeroo sont venus frapper à leur porte pour leur dire que je les attendais dans ma chambre.

Comme je n'avais pas caché que le choix définitif s'opérerait avant le voyage au Maroc et que nous sommes à quarante-huit heures de ce départ, pas besoin d'être devin pour savoir que « ça » allait se passer le vendredi soir ou le samedi matin.

Nous avons opté pour le vendredi après dîner afin de permettre aux joueurs qui nous quittaient de prendre leurs dispositions dans la soirée et de partir effectivement le samedi matin. Mais, dans ce genre de situation difficile, il n'existe pas de bonne solution. Nous pensons avoir choisi la moins mauvaise...

163

Me voilà donc dans le coin-salon de ma chambre, entouré de mes trois entraîneurs. En face de moi, six garçons au visage grave, tendu, des garçons qui se savent « condamnés ».

Tendu, je le suis aussi, et mes adjoints autant que moi. Je m'efforce d'être bref et concis :

— Vous l'avez deviné, pour vous l'heure de la séparation est arrivée. Mes choix ont été difficiles, je les assume, car c'est dans ma fonction de les assumer mais surtout parce que je les ai faits exclusivement sur des critères de terrain. J'ai banni l'affectif de toutes mes appréciations pour décider en professionnel.

« À mon tour, j'attends de vous un comportement professionnel. J'ai préparé pour chacun de vous un programme d'entraînement à poursuivre encore quelques jours, dans le cas où nous aurions à déplorer une blessure d'ici à la communication de la liste officielle et définitive des vingt-deux. Est-ce que je peux compter sur vous ?

Je n'attends pas de « oui » enthousiastes, les circonstances ne s'y prêtent pas, mais je pense déceler dans leur attitude extrêmement digne l'adhésion de ceux qui sont obligés de faire contre mauvaise fortune bon cœur.

Je crois devoir ajouter quelques phrases de consolation :

— Intrinsèquement, vous méritez peut-être autant que d'autres la sélection, mais j'ai dû intégrer des notions de polyvalence, de complémentarité, d'équilibre...

Sabri Lamouchi m'interrompt :

— Coach, ça va... Ça nous fait mal, mais nous sommes des pros, le métier est comme ça. Alors, épargnez-nous les longs discours.

Tout est dit.

Pierre Laigle, me rapportera-t-on, éclate en sanglots en revenant dans sa chambre. Au moment de la séparation, Thierry Henry et David Trezeguet sont plus tristes que leurs copains Martin Djetou et Nicolas Anelka...

L'ensemble de notre petite communauté subit ce soir-là un choc qui, bien qu'inéluctable et d'ordre strictement professionnel, n'en atteint pas moins son esprit de corps. Car ceux qui s'en vont ce soir (ils prennent la décision respectable et respectée de quitter Clairefontaine sur-le-champ) font partie, au même titre que d'autres laissés plus tôt sur le bord de la route, de notre groupe au sens large. À un moment ou à un autre, ils ont pris leur part dans ce qui restera « notre » aventure mais qui fut un peu aussi la leur.

Qu'ils le sachent, même si cela ne peut atténuer leur amertume.

Au cours de cette période à Clairefontaine, j'ai envisagé de réaliser un projet qui me tenait à cœur. Je voulais réunir autour de l'équipe de France 98 les deux générations qui ont fortement marqué l'histoire de la sélection nationale au cours du demi-siècle écoulé.

Il s'agit bien évidemment de l'équipe de 58, celle des Jonquet, Penverne, Kopa, Fontaine, Piantoni, Vincent, la première à accéder en Suède au podium d'une Coupe du monde. Et de la « génération Platini », avec les Battiston, Bossis, Tigana, Giresse, Rocheteau, Lacombe, qui a aussi décroché la troisième place au Mexique en 1986, deux ans après avoir conquis, à Paris, le titre de champion d'Europe.

C'était pour moi une occasion unique de rendre un hommage mérité à tous ces grands joueurs qui ont tant fait pour l'équipe de France. Car je déplorais, et je déplore toujours, le peu de considération que l'on prête dans notre pays aux anciens, trop vite oubliés une fois qu'ils ne sont plus sous les feux de la rampe. Ils constituent pourtant la mémoire de notre sport, ils ont ouvert la route pour les générations à venir. Leur témoigner du respect est un devoir qui contribue, en outre, à nous forger une identité et une histoire.

Malheureusement, si l'opération a vite soulevé l'enthousiasme du côté de Michel Platini et de ses collègues des années 80, il n'en a pas été de même pour les anciens de 58, dont j'avais pourtant entendu dire qu'ils étaient mortifiés de l'ignorance dans laquelle les tenait le football français d'aujourd'hui. Il semblerait que quelques-uns aient rechigné devant le déplacement à entreprendre. Le projet fut donc abandonné. Dommage. Ce n'est peut-être que partie remise. L'idée est lancée, il se trouvera bien quelqu'un pour convaincre les hésitants ou les réticents...

Le dimanche 24 mai, nous voilà enfin vingt-deux joueurs à Clairefontaine. Deschamps, Zidane et Karembeu nous ont rejoints : le Real Madrid a une nouvelle fois inscrit son nom au palmarès de la plus prestigieuse des Coupes d'Europe.

Dès le lendemain, nous partons au Maroc pour suivre le travail de préparation physique déjà bien entamé, mais aussi pour prendre le rythme de la compétition : nous allons disputer deux matches contre la Belgique et le Maroc, dans le cadre d'un tournoi à quatre, l'Angleterre complétant le tableau.

Ce projet a pris forme au printemps 1997, alors que je m'étais rendu au Maroc pour y discuter d'un plan d'échanges techniques entre les deux fédérations. Nous étions en pays ami puisque, outre les relations toujours cordiales entre nos deux pays, figuraient parmi nos interlocuteurs Michel Hidalgo, conseiller auprès de la Fédération marocaine et Henri Michel, sélectionneur-entraîneur de l'équipe nationale.

À l'époque, les Marocains n'avaient pas encore gagné leur billet pour la Coupe du monde, mais ils étaient en bonne voie. Ils se sont montrés très compréhensifs, n'hésitant pas à modifier les dates initialement prévues pour ce Tournoi Hassan II afin qu'elles cadrent parfaitement avec notre plan de préparation.

LA VIE EN BLEUS

Sur place, nous avons pu travailler nos deux rencontres sur les superbes installations mises à notre disposition par les dirigeants du Cercle amical français de Casablanca. Un petit paradis pour le sport et les loisirs, en plein cœur de la ville, où nous avons reçu un accueil plus que chaleureux de la part de Vladimir Chostakoff, Claude Clémencin et leurs amis, fiers d'accueillir l'équipe de France à la veille de *sa* Coupe du monde.

Nous approchions du terme de notre période de préparation athlétique intense et j'avais depuis longtemps pris la décision de faire tourner l'effectif sur ces deux matches. Vingt et un des vingt-deux joueurs furent sollicités sur France-Belgique (1-0) et France-Maroc (2-2), quarante-huit heures après. Seul Charbonnier n'entra pas sur le terrain. En effet, c'est au lendemain de notre arrivée à Casablanca que j'annonçai la hiérarchie des gardiens pour la Coupe du monde : 1. Barthez, 2. Lama, 3. Charbonnier.

J'ai toujours considéré que le poste de gardien était un poste à part. Si la concurrence au sein du groupe est saine et souhaitable, elle ne l'est pas pour les gardiens qui ont besoin de « savoir » afin de se préparer dans les meilleures conditions. La pression des matches, dans une fonction où la moindre erreur se paie cash, leur suffit amplement.

Sur l'ordre divulgué au Maroc, je pense qu'il n'y avait pas vraiment matière à débat. Bernard Lama, sans conteste l'un des meilleurs gardiens du monde, sinon le meilleur, au moment de l'Euro anglais, a connu une traversée du désert après son départ du PSG et n'a retrouvé que tardivement la compétition avec West Ham. Fabien Barthez, de son côté, a mis à son actif une saison de tout premier ordre à Monaco.

C'était extrêmement rassurant pour moi comme pour l'équipe de pouvoir compter sur deux gardiens de ce niveau, sans oublier notre solide Auxerrois, champion de la régularité

167

et du sans faute. J'ajoute que la gestion de Philippe Bergeroo a été exemplaire. Ce poste de gardien n'a jamais été un souci pour moi : je m'en remettais aveuglément à l'avis de Philippe.

Ce petit séjour au Maroc m'a aussi permis de constater que je n'étais pas le seul sélectionneur en délicatesse avec la presse et le public de son pays. Notre ami Henri Michel, je le vérifiai au stade Mohammed-V, n'avait pas franchement la cote...

Mais il y eut une forme de justice pour Henri Michel car, si son équipe fut éliminée cruellement dès le premier tour de la Coupe du monde, la presse internationale salua unanimement son niveau de jeu. Et, à son retour au Maroc, Henri Michel se vit non seulement confirmé dans ses fonctions, mais honoré et distingué par le roi. Douce revanche... Et illustration, une fois de plus, qu'un sélectionneur doit avoir un plan d'action, des convictions, s'y tenir et travailler avec détermination sur la durée. Sans trop se soucier de ces bons conseilleurs qui ne sont jamais les payeurs. Mais, là aussi, trop de gens veulent aller plus vite que la musique, sans laisser au temps et à l'expérience la possibilité de faire leur œuvre.

Après un nouveau week-end à la maison et un bref passage à Clairefontaine (quel plaisir de retrouver nos belles installations et nos petites habitudes !), le dernier acte de notre phase de précompétition nous conduit à Helsinki.

Toujours notre souci de rester en dehors de l'agitation ambiante, de nous affranchir de la pression extérieure. Nous voulons aussi nous mettre dans la situation d'une gestion « totale » du groupe : deux matches sont prévus, dont un pour les joueurs qui n'auront pas ou peu joué le Finlande-France. Il s'agit enfin, à une semaine du jour « J », de procéder aux derniers ajustements concernant la préparation physique.

De façon très logique, au terme de cette longue période de travail athlétique, les joueurs ne manifestent pas devant les

Finlandais une fraîcheur et une vivacité exceptionnelles. Ils font preuve, cependant, de beaucoup de répondant face à un adversaire rugueux qui impose à la rencontre une tonalité trop dure à mon goût. Au point que je ressens vivement, durant la partie, la hantise de perdre des joueurs sur blessure. Si c'était à refaire, je ne choisirais probablement pas un opposant de ce style...

Mais nous tenons le choc. Avec des joueurs fatigués (j'ai dit pourquoi), nous faisons face et nous arrachons même la victoire à six minutes de la fin grâce à David Trezeguet, entré en jeu pour le dernier quart d'heure en remplacement de Guivarc'h.

On le voit, le match est disputé dans un contexte très particulier. Mais, sans en tenir aucun compte, les « observateurs » se mettent soudain à sonner le tocsin en racontant que nous ne sommes absolument pas prêts, que nous allons attaquer « l'Everest en espadrilles » et autres sornettes. Une nouvelle fois, ces gens n'ont rien compris, rien écouté de ce que nous leur disons avec beaucoup de patience depuis plus d'un an ! Ils n'ont aucune idée ni aucun respect du travail accompli, avec le professionnalisme le plus rigoureux, tout au long de cette phase de préparation.

Il ne faut pas s'étonner si, le lendemain, ils ne saisissent pas davantage le sens du match que les « remplaçants » disputent dans un adorable écrin de verdure d'une banlieue cossue d'Helsinki, contre le HJK, champion de Finlande. Plus que le score anecdotique de 3-1 (deux buts de Trezeguet, un de Boghossian), c'est l'allant, l'enthousiasme, le sérieux manifesté par tous les garçons présents sur le terrain qu'il faut retenir. Car c'est la preuve que ce groupe de vingt-deux est parfaitement homogène : personne ne se sent à l'écart, tout le monde est remonté à bloc dans l'attente du grand rendez-vous.

Nous achevons ainsi, le cœur et l'esprit sereins, notre séjour au pays merveilleux des forêts et des lacs, par une température idéale pour bien récupérer.

Cette fois, les dés sont jetés.

Quand nous retrouvons nos quartiers de Clairefontaine, le lundi 8 juin au soir, j'éprouve un sentiment étrange. La grande aventure reste à vivre, avec son cortège d'espérances et d'imprévus, mais j'ai l'impression que l'issue en est déjà programmée en secret, dans le droit-fil de tout ce que nous venons de réaliser. Si nous avons bien bossé, si chacun a bien fait son boulot, et en premier lieu l'ensemble du staff, alors les cartes de la réussite sont déjà dans les mains des joueurs. À eux de les abattre opportunément au cours de la compétition.

L'heure est venue pour moi de rendre ma copie. Le seul correcteur, ce sera la Coupe du monde, match après match. Mais j'ai tellement peaufiné cette copie pendant deux ans, surtout ces derniers mois, que je ne peux pas redouter un zéro pointé. Je ne sais si nous décrocherons la meilleure note, pourtant une chose est sûre : nous ne devrions pas être très loin du tableau d'honneur...

5

On n'a rien lâché !

Vient l'heure de rallier Marseille. À ce moment-là, je crois très fort, et nous croyons tous, à une grande performance de l'équipe de France en Coupe du monde.

Lorsque je relis ma copie, je vois mal ce que nous aurions pu négliger. Pas un secteur où nous n'ayons mis un maximum d'atouts de notre côté.

La préparation ? Elle a été pensée et repensée, ajustée cent fois, mille fois, tant sur le plan global qu'individuel. Les entraînements, minutieusement élaborés, reposaient sur des données à la fois techniques et tactiques, mais aussi médicales, physiologiques. Tous ces paramètres ont été évalués plus d'un an à l'avance et réactualisés en permanence. Chaque séance de travail répondait à des buts clairement définis. Chacun de nos « jeux » sur le terrain, chacune de nos « oppositions » avait un thème précis. Les joueurs évoluaient toujours dans leur ligne, à leur poste, en vue de leur meilleure expression personnelle, sauf lorsqu'un objectif particulier nous obligeait à bousculer ce dispositif de base. Au fil des jours, les schémas tactiques et l'animation de l'équipe se sont ainsi construits et rodés.

L'équipe ? Elle apparaît aujourd'hui parfaitement équilibrée, ce qui a toujours été mon souci majeur. Une équipe sans assise solide, sans relations harmonieuses entre ses lignes, aussi bien transversales que longitudinales, ne tiendrait pas la distance et s'exposerait à de grosses difficultés.

Depuis longtemps déjà, je connais mon « noyau dur », mes hommes de base. Toute ma réflexion, tout mon travail a consisté à associer des joueurs complémentaires autour de ces secteurs clés. Sans jamais perdre de vue que l'équipe de France, chez elle, est dans l'obligation de faire le jeu et de se montrer conquérante.

Tous les postes ont été doublés afin de pallier les éventuelles blessures, les expulsions et autres suspensions. Chaque joueur est conscient que, s'il a un poste « principal », il peut à tout moment être déplacé, par nécessité ou pour le bien de l'équipe.

Reste le mental. Il est à toute épreuve ! J'ai sous la main une bande de compétiteurs exceptionnelle. Au cours des quatre années passées ensemble, j'ai eu de nombreuses occasions de vérifier l'aptitude de ces garçons à relever les défis, à ne jamais refuser le combat. Ils ont toujours répondu présents, ils ont fait bloc au moindre coup de vent.

Les joueurs sont confiants et sereins parce que le staff est confiant et serein. Le discours que nous leur tenons, clair et homogène, sans fioritures, a le mérite de les empêcher de gamberger. Notre « langage intérieur » a permis, et doit permettre encore, que les consignes soient comprises et bien acceptées, parce que annoncées et expliquées à l'avance.

En outre, tous les joueurs ont, à l'évidence, parfaitement intégré le message délivré dès avril 1997 à Clairefontaine : chacun a la nécessité absolue de gérer son temps, son potentiel, son comportement et jusqu'à ses déclarations en fonction de l'équipe de France et pour l'équipe de France, sous peine de se mettre hors jeu.

Dans ces conditions optimales, comment ne serions-nous pas gonflés à bloc en débarquant à l'aéroport de Marseille-Marignane le jeudi 11 juin à 11 heures ?

172

ON N'A RIEN LÂCHÉ !

Nous voilà à pied d'œuvre. Enfin de l'action !

Nous élisons domicile au Moulin de Vernègues, à Mallemort. C'est là que l'équipe de France a préparé sa demi-finale victorieuse de l'Euro 84 contre le Portugal. Pour autant, si nous avons fait ce choix, ce n'est pas par une obscure superstition, mais tout simplement parce que cet établissement, calme, en retrait de la nationale 7, est parfaitement adapté à nos besoins. Nous disposons à proximité immédiate d'un bon terrain d'entraînement. Et puis la direction nous a assurés que nous y serions seuls, « à l'exception de quelques fidèles clients du restaurant » qui seraient discrètement confinés dans un coin. Nous avons avant tout besoin de tranquillité.

Or le soir, en revenant de l'entraînement à huis clos au Stade Vélodrome, c'est la stupeur ! Le restaurant regorge de monde, on a même installé des tables supplémentaires partout où il était possible d'en caser, dans les salons annexes, et jusque dans les couloirs !

La direction a bien pensé à nous réserver une salle, mais tout au bout : on ne peut y accéder qu'en traversant les autres pièces du restaurant où les clients, visiblement avertis de leur bonne fortune, ont fait provision de carnets, de stylos et d'appareils photo pour ne rien manquer.

Partout on se presse, on nous interpelle, on nous sollicite. Pour une veille de match, c'est l'idéal... Mais que faire ? Tourner les talons ? Impossible. Après cet entraînement tardif, il est déjà 22 heures, nous ne pouvons pas repousser davantage le dîner et le coucher.

Malgré toutes les précautions habituelles prises en amont, nous voilà bel et bien piégés. Il ne nous reste qu'à affronter l'épreuve. Dignement, sans trop nous attarder, nous nous frayons un chemin à travers le restaurant archibondé, une signature par-ci, une photo par-là, pour aller dîner dans notre coin.

Je suis très contrarié, et c'est un euphémisme ! Il y a bien, au sous-sol, à l'écart, de superbes salles voûtées, mais elles ne sont pas prêtes à nous accueillir. Nous ne pourrons profiter de leur calme qu'à partir du lendemain, ce que nous ne manquerons pas de faire.

En attendant, ce soir-là, je ne peux rien avaler. Je passe à table par devoir, mais tout ce brouhaha, cette effervescence autour de l'équipe – alors que nous débutons la Coupe du monde le lendemain ! – m'ont totalement coupé l'appétit. Je n'en crois pas mes yeux. J'ai l'impression de participer à un mauvais film où le tournage n'a plus rien à voir avec le scénario initialement prévu.

Enfin, nous retrouvons la quiétude de nos chambres que nous sommes, cette fois, les seuls à occuper !

Après coup, nous évoquerons cet épisode sur le ton de la plaisanterie, mais, sur le moment, j'avoue que je l'ai trouvé plutôt saumâtre. Mais c'est le football, même au plus haut niveau : on s'efforce d'être attentif à tout, on veille au moindre détail et voilà qu'un grain de sable vient se glisser là où il ne faut pas.

Heureusement, il en faut beaucoup plus pour enrayer la mécanique de notre groupe qui, là comme ailleurs, sait réagir comme la situation l'exige. Autrement dit en relativisant les choses, en les prenant du bon côté et en oubliant aussitôt l'incident. Quand on est costaud, on est costaud en toutes circonstances, non ?

Le jour J est arrivé. La patrouille de France, basée à Salon-de-Provence, vient nous donner l'aubade, laissant dans le ciel une superbe traînée bleu, blanc, rouge. Encore une idée de Riton ! J'en suis à me demander ce qui pourrait bien lui résister, quand il s'agit de l'équipe de France !

ON N'A RIEN LÂCHÉ!

Le staff est au point. Paré. Je sais que les joueurs le sont aussi. L'équipe qui va attaquer cette Coupe du monde, je l'ai en tête depuis plusieurs jours. Une équipe compétitive et conquérante. À un élément près, c'est celle qui vient de jouer à Casablanca contre la Belgique et à Helsinki contre la Finlande.

Barthez dans les buts, Thuram, Blanc, Desailly et Lizarazu en défense, c'est de l'ultra-classique. À la récupération, le choix de Deschamps ne se discute pas et, si je lui adjoins Petit plutôt que Boghossian, c'est pour la patte gauche de Manu qui nous procure cet équilibre si longtemps recherché. Et pour l'animation offensive, Zidane à la baguette, Djorkaeff décalé à gauche, dans une position inhabituelle mais dont j'attends beaucoup, Guivarc'h à la pointe, avec le petit dernier, celui que personne n'attendait, Thierry Henry.

Titi a souffert toute l'année, il n'a pas toujours été convaincant, mais, au vu de ce qu'il a réalisé pendant la phase de préparation, je sens qu'il est capable de nous apporter sur le flanc droit cette vitesse et cette puissance que je souhaite développer devant un adversaire comme l'Afrique du Sud.

Pendant la traditionnelle promenade précédant le déjeuner, j'observe avec une certaine inquiétude le mistral violent qui secoue les platanes centenaires bordant l'ancienne nationale 7, aujourd'hui intégrée au domaine du Moulin.

– Ça va tomber dans la soirée, pronostiquent les gens du coin.

Mais, quand nous arrivons au Stade Vélodrome, le vent n'est pas tombé, loin de là. Il souffle très fort dans ce stade ouvert précisément aux quatre vents, où je garde le souvenir de quelques parodies de matches, avec un ballon incontrôlable et fantaisiste.

C'est la tuile. Pas de pire ennemi que le vent pour les footballeurs, surtout pour ceux qui, comme ce soir l'équipe de

France, ont l'ambition de créer le jeu et de prendre des risques. Il va falloir nous montrer encore plus concentrés sur notre affaire, encore plus vigilants que prévu !

La pression pesait déjà sur toutes les épaules, palpable. À présent, elle devient écrasante. À croire que nous entrons en lice pour une finale et non pour un « simple » match de poule.

Jamais je n'ai ressenti une telle tension avant une rencontre. Jamais un match, dans sa préparation, dans son approche, ne m'a à ce point envahi, laminé.

Le rendez-vous a une importance énorme ! Pour nous d'abord, qui espérons valider enfin sur le terrain la somme de travail réalisé. Et en second lieu pour le public. Comment va-t-il accueillir l'équipe de France ? Mais n'est-ce pas plutôt cette équipe qui, par sa manière d'aborder la Coupe du monde, va « faire » le public ?

En face de nous, il y a l'Afrique du Sud, une nation jeune, fière, ambitieuse. Atout supplémentaire pour elle, elle compte à sa tête un entraîneur français, Philippe Troussier, qui sait tout de nous, qui connaît par cœur chacun de nos joueurs. Et puis il faut compter avec un trouble-fête, ce vent qui n'arrête pas de souffler...

Dans le vestiaire, la tension est à son comble. Du moins je le croyais. Car elle monte encore d'un cran lorsque, à travers les cloisons mitoyennes, nous parviennent, assourdis, les échos des chants guerriers zoulous entonnés par les Sud-Africains. Un son puissant, sourd, qui ne semble s'apaiser que pour s'enflammer de nouveau. Chantent-ils pour se donner du cœur à l'ouvrage ? Ou pour nous impressionner ?

De notre côté, pour couvrir ces clameurs, nous élevons la voix, nous nous mettons à taper dans les mains. Histoire de donner le change...

Mais quand, à l'appel de l'arbitre, les deux portes des vestiaires s'ouvrent, quand, dans le couloir qui mène au terrain, les joueurs sud-africains, main dans la main, s'alignent face à nous en chantant de plus belle et en nous défiant du regard, nous en prenons « plein la gueule », passez-moi l'expression.

Je sens un moment de flottement dans nos rangs. Mes gars marquent un temps d'arrêt, mais la réaction vient très vite. Un grand cri retentit, poussé par Marcel sans doute, aussitôt suivi par d'autres cris jaillis de nos poitrines. Peu à peu, amplifiés par l'écho du couloir, ils couvrent les chants zoulous. Comme si nous disions à nos adversaires : « Hé, nous sommes ici chez nous ! Vous n'allez pas imposer vos lois et vos coutumes ! »

Le ton est donné. Nous avons failli nous laisser déstabiliser, mais le flottement n'a pas duré plus de quelques secondes. Les gars ont bien réagi.

Voilà qui augure bien de leur comportement sur le terrain. De fait, dès le début, l'équipe est parfaitement en place. Elle prend le match à son compte et manœuvre avec aisance. Ascendant psychologique, bonne gestion de l'opposition, grande présence physique, tout y est. Sur le banc, on est bien aussi. Après une si longue attente, nous touchons enfin du doigt la réalité de cette équipe de France dans son expression « Coupe du monde ». Les dernières appréhensions s'envolent. Au fond, tout se passe comme on le souhaitait. Et j'ajouterais, sans aucune prétention, comme on l'avait prévu...

Malgré des conditions de jeu rendues difficiles par le mistral, les joueurs sont sans cesse en mouvement et dans la recherche de la percussion. Notre équipe « Coupe du monde » impose déjà sa marque de fabrique : audace et conquête, dans le mouvement et la maîtrise du jeu !

Pourtant, nous ne tardons pas à essuyer notre premier coup dur. Stéphane Guivarc'h se blesse après une demi-heure de jeu à peine. Quelle poisse pour ce garçon sur lequel je comptais beaucoup, que j'ai laissé « mûrir » à Auxerre pour ne l'appeler que sur le tard et qui, j'en étais convaincu, allait nous sortir une grande Coupe du monde ! Son stage de préparation avait été exceptionnel. Il était bien dans sa tête après avoir conclu son transfert à Newcastle. Il était costaud, affûté... et badaboum, la grosse tuile.

Mais, comme souvent, on passe rapidement du malheur des uns au bonheur des autres. En effet, c'est Christophe Dugarry, tout juste entré à la place de Guivarc'h, qui va offrir à l'équipe de France son premier but en Coupe du monde. Juste récompense de ses efforts personnels pour revenir au premier plan, juste récompense aussi pour les Bleus qui affichent tant d'allant et de qualité de jeu depuis le début de la partie.

Comment ne pas voir ici un formidable clin d'œil du destin ? Christophe Dugarry, montré du doigt, moqué, démoli même par certains, mais dont je connaissais le potentiel et la volonté, en dépit d'une saison chaotique... Et c'est lui qui ouvre le score !

D'où sa joie de gosse, ses gestes de pitre et sa langue tirée quand il revient vers son camp, quand il me donne l'accolade. Images étonnantes qui feront le tour du monde. La revanche individuelle prend pour toute l'équipe des allures de pied de nez, comme si, elle-même dénigrée, elle avait choisi en son sein le joueur le plus décrié pour river leur clou aux critiques dont elle est l'objet.

Cerise sur le gâteau, c'est Thierry Henry, le gamin de la dernière heure, qui marque notre troisième but en toute fin de match, donnant ainsi au succès de l'équipe de France une ampleur méritée.

Ma satisfaction est immense à l'issue de cette entrée en matière en tout point réussie. Elle sera encore plus forte lorsque, après avoir sacrifié au rite de l'interview express au bord du terrain, je regagne un vestiaire français étonnamment calme.

Je m'attendais à trouver cette exubérance un peu folle et désordonnée qui avait suivi, non sans danger, nos premiers succès lors de l'Euro 96, et j'ai en face de moi des garçons heureux et fiers, certes, mais pleins d'humilité. Devant une telle retenue, je me dis aussitôt : ils sont encore plus costauds que je ne le pensais ! Comme le technicien, ils sont déjà projetés vers les matches à venir. Ils ne veulent pas s'abandonner aux délices de ce premier succès, si appréciable soit-il. Ils savent que la suite s'annonce encore plus forte et plus exigeante. Quelle maturité !

Retour joyeux au Moulin de Vernègues. Nous entrons dans le grand salon, nos sacs à la main, et là, près de la cheminée, nous trouvons nos femmes réunies en chorale. Elles ont revêtu un tee-shirt blanc « France 98 » et, à notre arrivée, elles entonnent une chanson qu'elles ont préparée à notre intention, sur l'air du fameux « Aux Champs-Élysées » de Joe Dassin. Avec cette petite phrase en guise de refrain : « On s'ra toujours avec vous pour aller jusqu'au bout. » Loin des lauriers prématurés, c'est une forme d'hommage intime, modeste, qui nous va droit au cœur. Quel bonheur !

Nous leur répondons en reprenant « *I will survive* », la chanson que Vincent Candela a lancée tout à l'heure pour la première fois dans le vestiaire et qui est en passe de devenir notre hymne.

Le dîner, dans les caves voûtées du sous-sol où nous sommes enfin seuls au monde, est un formidable moment de convivialité partagée. Ce n'est plus du bonheur, mais de la béatitude ! Je suis ravi que nous nous retrouvions en famille, parce que cela met tout le monde sur le même pied. Il n'y a pas d'un côté, ceux qui ont joué, qui ont signé le succès et, de l'autre, ceux qui, même s'ils n'en manifestent rien, ont un peu de vague à l'âme à l'idée de n'avoir pas encore chaussé les crampons. Nous formons une collectivité familiale, fraternelle, unie sans aucune arrière-pensée, si ce n'est celle de faire durer l'aventure le plus longtemps possible. Soudée aussi par le secret espoir de partager encore beaucoup de soirées comme celle-ci.

On ne se refait pas. Si je savoure comme les autres ces moments joyeux, dans ma tête je suis déjà au lendemain. Très importants, dans une phase finale, les lendemains de match. Surtout pour ceux qui n'ont pas ou peu joué. Autant l'avouer, à l'Euro, nous avions un peu négligé cet aspect. Là, pas question de lâcher. Après une matinée consacrée au décrassage et aux soins pour ceux qui ont évolué au Stade Vélodrome, nous avons concocté pour le reste du groupe un petit match contre l'excellente équipe amateur d'Arles.

Bonne opposition arlésienne, dans l'esprit, et match sérieux des « Bleus bis », vainqueurs 5-0 devant un public chaleureux. Seule ombre au tableau : Trezeguet est victime d'une entorse à la cheville. Après Guivarc'h la veille, voilà qui nous prive d'un nouvel attaquant de pointe ! À croire qu'une malédiction s'acharne sur ce poste d'avant-centre qui, de façon récurrente, hante les jours et les nuits des sélectionneurs français. On n'a pas tous les jours la chance de tomber sur un Jean-Pierre Papin !

Mais, après tout, rien de très étonnant à cette pénurie. Il s'agit d'un poste difficile entre tous, qui nécessite une constance et une confiance inaltérables, où il faut se frotter sans cesse aux défenseurs adverses, faire dix appels pour avoir un ballon et ne pas laisser passer l'occasion quand elle se présente. J'aime cette expression taurine selon laquelle le torero doit aller « travailler dans les cornes ». Elle vaut aussi en football pour l'avant-centre, contraint de prendre tous les risques, d'affronter tous les dangers... et qui ne réussit pas la mise à mort chaque fois !

À ce poste, il faut plus souvent enfiler le bleu de chauffe que le smoking et, pour de nombreuses raisons, il n'est pas trop dans la mentalité française de le revendiquer, d'y persévérer et, à l'arrivée, de s'y imposer.

ON N'A RIEN LÂCHÉ !

Malgré ces petits soucis, nous serions tout à la joie de retrouver le Moulin de Vernègues et nos épouses pour une deuxième soirée de détente si une bien triste nouvelle ne venait assombrir le ciel bleu de nos débuts en Coupe du monde : Fernand Sastre n'est plus.

Pour ceux qui ne suivent pas de très près l'histoire de notre sport, Fernand Sastre a été l'un des plus grands dirigeants du football français. De 1972 à 1984, il a occupé les fonctions de président de la Fédération française de football, et, après avoir conduit au succès le dossier de candidature de la France à l'organisation de la Coupe du monde 98, il assumait avec Platini la présidence du Comité d'organisation.

Un mal implacable devait l'emporter en quelques mois. Cruelle ironie du sort, il n'a pas pu assister à un seul match de « sa » Coupe du monde. Terrible ironie du sort que la disparition de ce grand monsieur au moment même où l'équipe de France faisait son entrée en scène...

Rien n'échappant à l'œil des caméras de télévision, le monde entier a été le témoin de l'émotion de Michel Platini. Le jour même de l'ouverture au Stade de France, le fauteuil de Fernand Sastre était resté ostensiblement inoccupé. Et, lors de la finale, Platini ne manquera pas de placer Mme Sastre entre le président de la République et lui. Moi-même, en arrivant au Stade de France ce jour-là, je monterai à la tribune officielle pour remettre à l'épouse de notre président disparu un fanion bleu, blanc, rouge, signé par les joueurs et par l'ensemble du staff, sur lequel on pourrait lire ces simples mots : « Nous l'avons fait aussi pour lui. »

Le dimanche 14 juin, nous retrouvons notre « chez-nous » de Clairefontaine pour le déjeuner. Notre entrée en matière a été parfaite, tout s'est passé exactement comme nous l'espérions. Pour autant, nous savons tous que la route est encore longue : pas question de se laisser aller au moindre relâchement.

Je maintiens donc la pression sur le groupe avec des levers matinaux et deux entraînements par jour jusqu'à la veille du deuxième match. La plage 12 heures-17 heures est rituellement dévolue aux obligations médiatiques, au déjeuner, puis à une bonne sieste.

Dès le lendemain de la victoire face à l'Afrique du Sud, j'ai pris la décision d'apporter quelques modifications à l'équipe appelée à rencontrer l'Arabie Saoudite au Stade de France. Par nécessité d'abord, puisqu'il faut revoir le secteur offensif suite à la blessure de Guivarc'h et aux incertitudes pesant sur Trezeguet. Mais je ne veux pas en rester là. Je tiens aussi à laisser souffler Manu Petit et Youri Djorkaeff. Du coup, je dois modifier légèrement notre schéma tactique.

Naturellement, je ne touche pas à la défense, qui est la garantie de notre assise, notre base arrière d'où tout s'enclenche vers l'avant dans la sérénité et la rigueur. Mais, au milieu, je fais entrer Alain Boghossian aux côtés de Didier et, devant Zizou, nous allons évoluer avec Thierry Henry à droite, Bernard Diomède à gauche et Christophe Dugarry en pointe axiale.

C'est une option originale, qui ne découle pas forcément de la prise en compte des spécificités de l'équipe saoudienne. Par principe, il ne faut jamais trop focaliser sur l'adversaire : en mettant en place une stratégie qui lui est soi-disant adaptée, on court le risque de perdre son identité. L'essentiel, ce doit toujours être l'équipe de France, avec ses points forts, son animation. Bien sûr, il vaut mieux savoir à l'avance quel type d'opposition on va rencontrer, mais « pour information », afin d'éviter les mauvaises surprises. Surtout ne jamais se renier, ne pas s'exposer à une fragilisation sous prétexte d'échafauder je ne sais quel plan anti-X ou anti-Y.

ON N'A RIEN LÂCHÉ!

Je connais bien les Saoudiens pour les avoir vus évoluer à trois reprises à Riyad en décembre 1997 lors de la Coupe des confédérations. Je sais qu'ils ne vont pas prendre de risques contre nous et qu'il faudra aller les chercher. D'où mon idée, sans bouleverser nos habitudes, de mettre l'accent sur le travail latéral, en constituant des « doublettes » qui vont fonctionner dans les couloirs. Ce sera Thuram-Henry sur le flanc droit et Lizarazu-Diomède sur le gauche.

Nous avons déjà travaillé ces situations à l'entraînement et je sais que l'équipe tourne bien dans ce dispositif.

Il n'empêche que les Saoudiens vont se révéler encore plus coriaces que nous ne l'avons imaginé, adoptant un système ultra-défensif et refusant même parfois complètement le jeu.

Malgré toutes nos tentatives, nous ne parvenons pas à déséquilibrer cette équipe et à déborder ses lignes arrière. Pour couronner le tout, nous nous montrons d'une maladresse insigne dans la finition quand un de nos joueurs parvient à se mettre en position de conclure.

Puis survient un nouveau coup dur. À l'approche de la trentième minute, Christophe Dugarry, lancé avec l'énergie qu'on lui connaît à la poursuite d'une balle longue, se donne une profonde élongation à la cuisse droite.

Nous avons tous vu et revu à la télévision les images saisissantes de cette jambe qui se tend très haut, vers un ballon inaccessible, et Christophe qui s'écroule, foudroyé en pleine course, qui se prend la tête dans les mains et sanglote : il sait que sa blessure est grave, que cette Coupe du monde à laquelle il a craint longtemps de ne pas participer est peut-être déjà terminée pour lui.

Décidément, nous sommes maudits sur ce poste d'avant-centre ! Un poste qui a été celui de mes débuts dans le football, si j'excepte un bref passage dans les cages. Après Maurice, Ouédec et Loko hors course pour différentes raisons, c'est

Guivarc'h qui se blesse au premier match, Dugarry au deuxième, tandis que Trezeguet, touché contre Arles, est tout juste rétabli.

Mais je n'ai pas d'autre solution sous la main et c'est lui qui va entrer. La décision s'avère payante : six minutes plus tard, son complice Thierry Henry trouve enfin le chemin des filets. Et David lui-même porte le score à 2-0 alors que nous approchons de l'heure de jeu.

Sur le banc de touche, on respire mieux. Pas pour longtemps ! Nous nous sommes mis à peu près à l'abri depuis trois minutes à peine lorsque survient l'expulsion de Zidane. Le meneur français a « laissé traîner » un pied sur un joueur saoudien à terre.

En voyant le carton rouge brandi par l'arbitre mexicain, M. Carter, tout le monde, moi le premier, a conscience que nous sommes en train de vivre un de ces événements qui marquent une Coupe du monde. Carton rouge pour Zidane, c'est une équipe de France soudain privée de son leader technique naturel. Au mieux, cela signifie un match de suspension. Et, dans l'immédiat, il nous faut resserrer les boulons au plus vite, prendre de nouvelles dispositions. Surtout ne pas se laisser déstabiliser par ce coup dur !

Lorsque Zizou quitte le terrain, la tête basse, je suis entièrement absorbé par mon devoir de coach. Sur le moment, nos regards ne se croisent pas, mais il n'y a aucun désir de ma part d'afficher mon indifférence ou ma réprobation. Zidane s'en veut déjà de son mauvais geste et de ses éventuelles conséquences ; moi, je pense à la suite, parce que c'est mon rôle. Je suis là pour emmener l'équipe de France jusqu'au bout, pas pour faire du sentiment !

Tandis que Zizou passe près de moi, je suis occupé à dialoguer par signes avec Didier Deschamps pour lui indiquer les dispositions à prendre. C'est plus important que je ne sais quel regard ou tape sur l'épaule qui n'ont d'ailleurs pas lieu d'être.

184

La route qui mène à l'étoile ...

Dès la fin de l'été 1996, je suis allé voir le président Simonet et lui ai dit :
« D'accord, président, on y va ! Nous serons Champions du monde… »
Je n'avais pas encore ma liste des vingt-deux, mais j'avais en tête des idées bien précises.

② **Une selection nationale.**

ce n'est pas une **juxtaposition d'individualités**
une **association de talents.**
une **mosaïque des meilleurs**

C'est un collectif un groupe qui vit bien
ensemble son football. qui respecte

le jeu , le joueur dans son expression
dans son registre

une envie folle de réussir quelque chose
d'exceptionnel ensemble.

Je dois envisager tout ce qui
peut survenir , blessure suspension
absences dans la compétition.

On propose , les événements disposent.
En professionnel , on ne doit rien
laisser au hasard.

Donnez le meilleur de vous-même
✱ Saison exceptionnelle . préparation
exceptionnelle. Soyez sans retenue

La victoire suprême dont
rêvent tous les footballeurs,
ça ne s'improvise pas.
Dès avril 1997, je réunis
trente-sept joueurs à
Clairefontaine.
Ci-dessus, une de mes fiches
préparatoires au message-clé
que je leur délivre alors.

Mai 1998, Casablanca.
J–15. Je dirige l'entraînement.

© Bisson / Syema.

Loin des clameurs des stades, quelques instantanés de notre vie « en bulle » pendant les deux mois du Mondial.

Footing en forêt avec Philippe Bergeroo.

Promenade à cheval dans la forêt de Rambouillet.

Retour joyeux dans le car des Bleus : David Trezeguet fait le spectacle.

Avec Roger Lemerre, on se laisse aller dans le vestiaire après la victoire…

Photos Stéphane Meunier.

FRANCE-AFRIQUE DU SUD, 3-0, 12 JUIN 1998.

Christophe Dugarry, si contesté, ouvre le score. Quel formidable clin d'œil du destin ! La revanche individuelle prend pour toute l'équipe des allures de pied de nez comme si, elle-même dénigrée, elle avait choisi le joueur le plus décrié pour river leur clou aux critiques.

Cerise sur le gâteau, c'est Thierry Henry, le gamin de la dernière heure, qui marque notre troisième but en toute fin de match, donnant au succès de l'équipe de France une ampleur méritée.

FRANCE-ARABIE SAOUDITE, 4-0, 18 JUIN 1998.

En voyant le carton rouge brandi par l'arbitre mexicain M. Carter, tout le monde, moi le premier, a conscience que nous sommes en train de vivre un de ces événements qui marquent une Coupe du monde.

Lorsque Zizou quitte le terrain, la tête basse, je suis entièrement absorbé par mon devoir de coach. Sur le moment, nos regards ne se croisent pas, mais il n'y a aucun désir de ma part d'afficher mon indifférence ou ma réprobation. Je pense à la suite, parce que c'est mon rôle. Je suis là pour emmener l'équipe de France en finale, pas pour faire du sentiment !

FRANCE-DANEMARK, 2-1, 24 JUIN 1998.

Manu Petit sait donner à ce match l'issue positive que méritent les Bleus. C'est le contraire d'une équipe de France bis que les Danois trouvent face à eux. On change les joueurs, mais l'esprit demeure, et le langage technique, la manière de se comporter, de progresser. Cette constatation me procure une joie intérieure comme j'en ai rarement connu.

FRANCE-PARAGUAY, 0-

À la 114ᵉ minute, Laurent Blanc nous apporte, sur une action limpide, le but en or de la libération.

BUT EN OR), 28 JUIN 1998.

Chilavert l'extra-terrestre est resté maître de sa surface. Avant la prolongation, je motive mes troupes.

Pour l'anecdote, il faut savoir que, juste avant ce but, Marcel Desailly, en situation délicate sur l'un des rares contres paraguayens, vient de s'époumoner après Laurent qui montait de plus en plus : « Lolo, arrête de monter, on va encore se retrouver à un contre un ! » Heureusement, Laurent ne l'a pas entendu… ou il n'a pas voulu écouter !

FRANCE-ITALIE, 0-0 (4 TIR

Un rituel immuable qui a fait le tour du monde : avant le match, Laurent Blanc embrasse le crâne de Fabien Barthez.

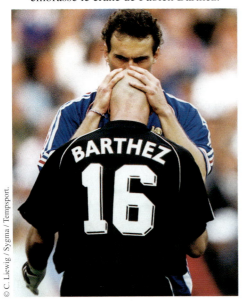

« Oh ! là, là ! on l'a échappé belle ! » s'exclament Henri Emile et Philippe Bergeroo. Je suis tellement absorbé par les modifications que je pourrais effectuer utilement, à coup sûr, au cours de cette prolongation, que je ne vois pas le tir de Baggio passer à quelques centimètres de la lucarne droite de Barthez…

AU BUT À 3), 3 JUILLET 1998.

Arrive le quitte ou double des tirs au but… Avant le dernier tir de Di Biaggio, nous menons 4-3. S'il marque, on recommence ; s'il échoue, nous sommes en demi-finale… Au moment où l'Italien prend son élan, Vincent Candela qui le connaît bien lance : « Il va mettre une mine au-dessus ! »
En effet, le tir trop enlevé se fracasse sur la barre de Barthez.
Le bruit mat semble résonner dans tout le stade qui retenait son souffle.
C'est l'explosion ! Nous nous jetons dans les bras les uns des autres.

FRANCE-CROATIE,

Incroyable ! Lilian Thuram qui n'a jamais marqué le moindre but en trente-sept sélections, Lilian que je « chambrais » gentiment l'avant-veille au soir, en lui disant qu'avec ses pieds carrés il n'avait aucune chance de marquer un jour. Voilà qu'il inscrit deux buts coup sur coup, et de quelle manière !
Deux buts qui remettent une équipe de France malmenée jusque-là dans le sens de la marche et lui ouvrent les portes de la finale…

Et pour finir, ce geste qui va passer à la postérité, Lilian à genoux, un doigt en travers de la bouche, le regard incrédule, comme s'il revenait soudain sur terre après un passage dans un autre monde où il aurait accompli un exploit si extravagant, si fabuleux qu'il ne peut en mesurer l'ampleur.

2-1, 8 JUILLET 1998.

Ça y est, c'est fini, c'est gagné. Je souffle un bon coup, car nous ne sommes pas passés loin de l'injustice. Pourtant, je ne pense même pas que nous sommes en finale, ni à l'équipe d'aujourd'hui ou de demain. Je ne pense qu'à Laurent. Je prends conscience de l'injustice de son exclusion ce soir et de la cruauté de son absence dimanche prochain. L'équipe, je ne me fais pas de souci pour elle. Avec ou sans Lolo, elle est forte. Mais Laurent, lui qui vient de passer quatre années exceptionnelles sous le maillot bleu, lui qui figure parmi les grands leaders de notre groupe, il ne va pas jouer la finale de la Coupe du monde ! C'est terrible…

FRANCE-BRÉSIL,

Les deux feuilles de match de la finale. Sur la première, éditée à 19 h 48, le nom de Ronaldo figure à la dernière ligne des remplaçants.

Sur la seconde, diffusée à 20 h 18, tout est rentré dans l'ordre, Ronaldo a réintégré les rangs des titulaires.

Image forte de la finale, symbolique de notre supériorité : Ronaldo se heurte à Fabien Barthez.

© Richard Martin / Vandystadt.

3-0, 12 JUILLET 1998.

Mon fameux carnet noir contenait tout ce qu'il fallait pour m'aider à rester « froid » dans les situations « chaudes ». En quelque sorte une garantie de lucidité au cœur de l'événement. À gauche, j'y consignais le plan de jeu des deux équipes, c'est-à-dire les vingt-deux joueurs en présence, positionnés tactiquement sur le terrain, en théorie du moins. Ici, ceux de la finale.

Les deux buts de Zidane sont pour moi l'image très forte du talent individuel d'exception, allié à un souci du collectif hors pair. Ils concluent en feu d'artifice 45 premières minutes époustouflantes.

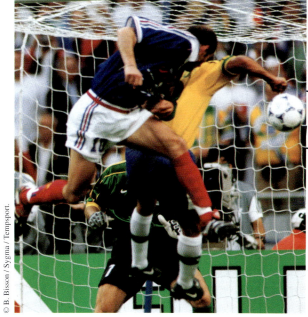

Le troisième but marqué par Manu Petit est d'abord un but collectif. La marque indélébile d'une très, très grande équipe.
« Et 1... et 2... et 3-0 ! »
L'apothéose.
Le rideau peut tomber.

ON EST LES

C'est dans un état second que je vivrai les magnifiques instants de communion avec le public qui ont succédé à la remise de la Coupe dans la tribune officielle.
Seules les images de la télévision me permettront par la suite de renouer le fil de ces moments que j'ai vécus comme « décalé », jamais complètement à chaud.

Paradoxalement, c'est à l'instant précis où je quitte physiquement le sol, hissé sur les épaules de mes joueurs par les bras puissants de Marcel Desailly, que je reviens sur terre.

CHAMPIONS !

Jacques Chirac, Michel Platini, Lionel Jospin : au coup de sifflet final, toute la France hurle sa joie.

Les jardins de l'Élysée n'ont jamais connu une telle liesse pour la célébration du 14 Juillet… Jacques Chirac m'entraîne dans un bain de foule que nous devrons bien vite écourter, escortés par un cordon de gardes républicains pris d'assaut.

Le 13 juillet, nous remontons les Champs-Élysées. Sur la plate-forme de notre bus à impériale, je scrute la foule. J'y lis un enthousiasme si pur que des sanglots me montent à la gorge. Joie éphémère ?
Peut-être, mais si intense, si palpable qu'elle soulève les poitrines.
Les corps bondissent, les mains se tendent. Oubliées pour un temps les pesanteurs du quotidien, comme si, devant notre exploit, pour tous ces gens tout devenait possible.

Le calme après la tempête…
Dans les ruines du château de Sail, je revois le film de cette si belle aventure,
en surplombant le village de mon enfance.

Sur le vif, et aujourd'hui encore, je considère que le geste de Zidane n'est pas excusable et que l'arbitre prend la décision qui s'impose. Toutefois, il convient d'ajouter deux choses.

Si Zidane a une telle réaction sur le terrain, lui qui ne ferait pas de mal à une mouche, ce n'est pas par hasard. Il a dû en subir, des tirages de maillot et des interventions pas franches du collier, pour avoir un tel coup de sang! Il faudrait que les arbitres « sentent » davantage le poids des circonstances, qu'ils redoublent de vigilance afin de ne pas sanctionner uniquement le joueur asticoté qui se laisse aller à riposter, mais aussi l'agresseur, souvent très habile à dissimuler des interventions illicites. C'est un des combats que je mène dans le domaine de l'arbitrage, et je ne me lasserai pas d'enfoncer le clou.

Le second point que je tiens à relever concerne la sanction prononcée par la commission de discipline de la FIFA à l'encontre de Zidane : deux matches de suspension pour une mauvaise réaction, pour un geste non prémédité qui n'a entraîné aucune blessure, c'est trop. La punition me paraît disproportionnée à la faute.

Loin de moi l'idée de jouer ici les délateurs, mais au cours de cette Coupe du monde, on a vu des gestes autrement plus répréhensibles que celui de Zidane, dans l'intention comme dans les conséquences, et qui n'ont même pas été sanctionnés d'un carton jaune!

Je ne crois pas à la vidéo « à chaud » pour aider l'arbitre à prendre une décision. De toute façon, existe-t-il des procédés fiables à cent pour cent pour déterminer si un joueur est hors jeu ou si un ballon a franchi la ligne ? En revanche, je suis farouchement pour le recours à la vidéo en matière disciplinaire, afin d'apprécier après coup la gravité d'une faute. Ce système permet non seulement de déterminer la sanction la plus juste, mais aussi de débusquer les tricheurs de tout poil qui opèrent souvent impunément.

Nous avons peut-être assisté en France à la dernière Coupe du monde arbitrée « à l'ancienne ». Nous verrons bientôt mettre en pratique de nouvelles solutions. La meilleure à mes yeux consiste à placer un second arbitre sur le terrain, mais on peut aussi envisager une participation renforcée des deux arbitres assistants.

Heureusement, la sortie de Zidane ne perturbe pas trop l'équipe de France, qui va s'offrir le luxe de doubler la mise contre les Saoudiens. Le troisième but est signé par Henry et le quatrième par Lizarazu. Avec ce large 4-0, les Bleus remportent leur deuxième succès.

Quel est le bilan à ce moment de la compétition ? Points positifs : deux matches, deux victoires, six points engrangés, sept buts marqués, aucun encaissé ; une qualification d'ores et déjà acquise pour les huitièmes de finale, *mais* pas forcément la première place du groupe. Points négatifs : le carton rouge et les deux matches de suspension de Zidane, les cartons jaunes de Petit, Deschamps, Blanc, Lizarazu.

Au-delà de cette comptabilité, ce qui saute aux yeux, c'est l'énorme confiance qui règne au sein de notre groupe, très solide dans sa tête. Déjà sensible à la veille de la Coupe, cette confiance se trouve évidemment confortée, amplifiée, par ces deux victoires nettes et sans appel.

Pour les joueurs, et accessoirement pour l'opinion, ces premiers matches viennent valider une fois pour toutes le travail accompli en amont. C'est bien beau de se répéter pendant deux ans : « On travaille bien, on est sur la bonne voie, le coach sait où il va, on sera prêts au jour J », mais, quand les résultats en compétition confirment ces bonnes dispositions, c'est quand même autre chose !

En ce qui me concerne, je n'en suis plus là. D'abord, parce que j'étais le plus convaincu de tous que les choses se passeraient ainsi ; ensuite, parce que je suis déjà dans ce que j'appelle mon « temps d'avance ». Le technicien doit toujours avoir une longueur d'avance, sous peine de se trouver en difficulté.

Quelle stratégie adopter pour notre troisième et dernier match de poule, à Lyon, contre le Danemark ? Deux possibilités : l'équipe tournant plutôt bien, on ne change rien, à quelques détails près. Ou au contraire, forts de cet acquis, on chamboule tout ou presque.

Avant de nous pencher sur la question, mes adjoints et moi décidons de réserver quelques petites surprises aux joueurs, en partant du principe qu'il faut régulièrement les étonner. Il n'est jamais bon de les laisser s'enfoncer trop longtemps dans la routine, de les enfermer dans une gestion du temps stéréotypée. Il faut constamment les interpeller, les surprendre, les amener à s'interroger, afin de les tenir « en éveil », prêts à réagir à une situation nouvelle, en préfiguration de ce que doit être leur attitude sur le terrain.

Aussi, après le classique décrassage du lendemain de match pour ceux qui ont joué et le petit match de l'après-midi pour les autres, cette fois contre l'équipe de France de la Police, une vieille connaissance d'Henri Émile qui en fut l'entraîneur pendant huit saisons, inscrivons-nous au programme du vendredi 19 au soir : music-hall !

Une soirée-spectacle à Clairefontaine, pour nous, rien que pour nous, dans le grand salon de la résidence spécialement aménagé : scène, sono, éclairages, le grand jeu... Pas du sympathique bricolage d'amateur pour kermesse paroissiale, mais du travail de pro sous la conduite de Jean-Pierre Paoli. Ce dernier, ancien musicien de Claude François, excelle aujourd'hui dans de petites animations de ce genre, outre ses fonctions de speaker officiel de la Fédération qui l'amènent à présenter, hier au Parc des Princes, aujourd'hui au Stade de France, les matches de l'équipe de France.

MA VIE POUR UNE ÉTOILE

JPP (Paoli, pas l'autre !) a programmé un chanteur-imitateur, Franck Brun, qui nous emmène à la rencontre de Montand, de Lama, de Sardou et de bien d'autres, ainsi qu'un excellent ventriloque, Christian Gabriel. Avec ses marionnettes de Freddy le singe et de Jules, la mascotte de l'équipe de France, il nous fait tous hurler de rire. Il faut dire que l'humeur n'est pas à la morosité ! Roger Lemerre, cible favorite des reparties délurées de Freddy, frôle l'apoplexie, plié en deux sur son siège.

Qui aurait imaginé qu'en pleine Coupe du monde les joueurs de l'équipe de France s'offriraient un mini-Olympia à domicile ? Et que le lendemain, samedi 20 juin, le *paperboard* planté à l'entrée de la salle à manger, annonçant le programme détaillé de la journée, porterait ces deux seuls mots : « Repos-détente » ?

C'est ainsi que les clients d'un hypermarché de Rambouillet ont la surprise de croiser quelques joueurs en train de faire leurs emplettes, tandis que les flâneurs des Champs-Élysées en aperçoivent d'autres, partis en quête du dernier CD à la mode...

Cependant, au Centre technique, le staff demeure mobilisé, s'offrant malgré tout le plaisir d'un gigantesque plateau de fruits de mer à midi et d'un barbecue le soir, accompagné d'un petit rosé bien frais... auquel ne toucheront pas, diététique oblige, Stéphane Guivarc'h et Christophe Dugarry, restés sagement « à la maison » pour soigner leurs bobos. Nous avons craint un moment, pour Christophe, que la Coupe du monde ne se soit arrêtée à la trentième minute du match France-Arabie Saoudite, mais les IRM révèlent des dégâts relativement limités qui, au prix de soins intensifs, laissent augurer un retour sur le terrain... vers la date de la finale, peut-être même de la demi-finale. Et, comme nous comptons bien être de la partie jusqu'au bout, Christophe s'attelle à suivre le

ON N'A RIEN LÂCHÉ !

traitement imposé avec opiniâtreté. Tous les espoirs sont permis...

Au sein du staff technique, pas besoin de longs débats pour décider que nous allons procéder, contre le Danemark, à ce que nous n'avons pas pu réaliser lors de l'Euro, à savoir un profond changement dans la composition de l'équipe, de façon à impliquer tous les garçons n'ayant pas encore disputé un match de Coupe du monde.

Notre tout récent statut de « qualifié » nous y autorise, et, sans abandonner notre objectif initial de finir premiers du groupe pour nous tenir éloignés du Brésil le plus longtemps possible, nous estimons que les avantages psychologiques liés à cette initiative l'emportent largement sur les risques encourus.

Pour la solidarité du groupe, pour tout ce que nous avons encore à vivre et à accomplir ensemble, et parce que nous voulons avancer ainsi, solidaires jusqu'au bout, cette décision s'impose. Si je ne la prends pas, dans un contexte favorable, alors que j'ai dit et répété que la Coupe du monde se gagnerait à vingt-deux ou ne se gagnerait pas, je manque à ma parole et du coup je perds de la crédibilité. J'aurais l'impression de trahir des garçons qui ont été jusque-là irréprochables. C'est pourquoi la décision revêt un aspect solennel. Elle signifie que, si nous réussissons ce coup-là, nous franchissons un palier de plus, nous donnons au groupe une dimension encore supérieure.

Et puis, attention, il ne s'agit pas d'aligner à Lyon une équipe de « seconds couteaux » ! Tous les garçons qui seront au Stade de Gerland ont déjà prouvé leur valeur sous le maillot bleu. Grâce aux matches amicaux disputés ces derniers mois, nous savons qu'ils sont tous opérationnels et d'un niveau très proche de celui des joueurs « réguliers ». À mes yeux, les risques inhérents à cette grande tournante sont donc limités et, pour les raisons invoquées plus haut, il faut les assumer sans hésitation.

Mais ce choix ne manque pas de soulever un début de polémique. Dans les médias, pas chez nous... Objet de la controverse : la non-titularisation de Bernard Lama.

À partir du moment où je fais part aux joueurs de l'orientation prise, mais sans révéler encore la composition détaillée de l'équipe, les supputations vont bon train dans la presse. Tout le monde tient pour acquise la participation de Bernard Lama à France-Danemark.

De fait, dans mon esprit, Bernard, numéro 2 désigné chez les gardiens, figure logiquement parmi les appelés pour ce troisième et dernier match de poule.

Seulement, Bernard prend les devants, avec le sens des responsabilités qui le caractérise. Nous avons une discussion dans sa chambre, bien avant le match, et il me tient le langage suivant :

— Coach, vous avez annoncé que vous alliez faire tourner l'effectif contre le Danemark et j'en déduis que vous avez l'intention de me titulariser. Je ne crois pas que ce soit une bonne décision. Vous dites toujours, et je partage votre avis, que le poste de gardien de but est à part, qu'il y faut une grande confiance, sur la durée. À Casablanca, vous avez rendu publique la hiérarchie pour cette Coupe du monde : 1. Barthez, 2. Lama, 3. Charbonnier. Si vous me faites jouer et que je sorte un grand match, on va mettre sur Fabien une pression inutile et moi, je risque de me poser de nouveau des questions. À l'inverse, si je passe à travers, je suis grillé et vous ne pouvez pratiquement plus compter sur moi. Alors, pour toutes ces raisons, je pense sincèrement qu'il ne faut rien changer...

Comment ne pas être sensible à la cohérence et à la franchise d'une telle argumentation ? Je me range donc à cet avis et je conserve Barthez à son poste.

ON N'A RIEN LÂCHÉ!

Comme Bernard a choisi de ne pas s'exprimer auprès des médias depuis le début de notre rassemblement et qu'il est moins que jamais dans mes intentions de raconter par le menu ce qui se passe à l'intérieur de notre bulle, la non-titularisation de Lama est considérée par beaucoup d'abord comme une surprise, puis comme un événement à relents sulfureux. Cela nous vaut ici « un nouvel épisode de la guerre des goals », là « du rififi chez les gardiens ».

Fallait-il, comme la majorité des médias, s'offusquer que Bernard Lama ait « décliné la sélection », qu'il ait « dit non à l'équipe de France » alors même, je le rappelle, qu'aucune composition officielle d'équipe n'a encore été communiquée ? Ne convenait-il pas plutôt de tenir pour estimable et professionnelle l'attitude du Guyanais, dans le droit-fil de notre ligne de conduite générale (débat en interne, écoute et respect des joueurs, puis décision du responsable) ?

Le match que nous allons jouer à Lyon implique, en tout état de cause, un changement dans nos habitudes ou plus exactement dans notre rythme de vie. En effet, si nous avons joué jusque-là à 21 heures, la rencontre France-Danemark est fixée à 16 heures. C'est également le cas de notre huitième de finale à Lens, puis de notre quart de finale à Saint-Denis, dans l'hypothèse bien sûr où nous terminons à la première place du groupe. Hypothèse qui est celle que nous retenons bien évidemment... à l'exclusion de toutes les autres !

L'horloge biologique des sportifs de haut niveau étant une mécanique particulièrement délicate, il importe que nous prenions sans attendre le rythme d'une nouvelle existence, avec en point de repère un coup d'envoi en milieu d'après-midi. Contrairement à ce qu'on pourrait croire, il ne s'agit pas là d'un détail insignifiant.

Nous agençons donc nos journées différemment : la sieste est supprimée, nous déjeunons à 12 h 30 et nous enchaînons

par le point presse, pour nous retrouver sur le terrain d'entraînement à 16 heures. Pas évident de modifier du jour au lendemain des habitudes bien ancrées, surtout pour ceux (je n'en
fais pas partie) qui ne transigent pas depuis des années avec la
sacro-sainte sieste.

Toujours en raison de ce coup d'envoi à 16 heures, nous
prenons le parti de rejoindre Lyon l'avant-veille du match,
alors que nous nous sommes permis de rallier Marseille la
veille seulement de France-Afrique du Sud. Et nous effectuons
le trajet en TGV, tranquillement et agréablement, en wagons
réservés à notre usage exclusif, dans l'après-midi du 22 juin.
En fait, nous descendons à Mâcon, plus proche que Lyon de
notre résidence du Château de Pizay, à Saint-Jean-d'Ardières,
en plein cœur du Beaujolais. Inutile de dire que nous ne
sommes pas là pour faire du tourisme, mais cela ne nous interdit pas d'apprécier une nouvelle fois (car nous sommes déjà
venus préparer ici un France-Chili amical en mars 1994) la
beauté du site, niché au milieu des vignes de Morgon, avec un
jardin à la française, planté d'arbres figurant les pièces d'un
jeu d'échecs. Nos chambres, dans la partie moderne de l'établissement que nous occupons, donnent de plain-pied sur un
grand jardin où les oies et les canards s'ébattent en liberté. Pas
farouches pour un sou, ils nous font même un brin de conduite
lorsque nous rejoignons la salle à manger située dans le château.

Notre chef, André Bisson, arrivé avant nous comme à
l'habitude, avec Manu de Faria et son camion de matériel, y
maintient scrupuleusement la tradition des menus sportifs
concoctés par Jean-Marcel Ferret. Malheureusement, il est
hors de question que nous sacrifiions à une autre tradition,
celle de la gastronomie lyonnaise, si chère à mon cœur et à
mes goûts.

Ce match de Lyon a pour moi une saveur un peu particulière. C'est à l'Olympique lyonnais que j'ai effectué mes débuts d'entraîneur, dans des conditions parfois difficiles. J'y ai souffert, j'y ai appris mon métier, appris à bâtir un projet, à m'y tenir avec conviction, en me concentrant sur l'essentiel et non sur l'accessoire. Un apprentissage qui ne m'a pas trop mal réussi, puisque c'est à Lyon que Bordeaux est venu me chercher pour me proposer la conduite de ce qui devait devenir la grande et belle aventure des Girondins des années 80. D'autre part, ma famille sera présente au Stade de Gerland, avec les amis de Sail-sous-Couzan et des environs.

Tout est en place pour vivre un moment privilégié. Le 24 juin à Gerland, cette équipe de France chamboulée va mettre à son actif vingt premières minutes radieuses, affichant une maîtrise technique et une emprise sur le jeu exceptionnelles. On dirait qu'elle ne craint rien ni personne, et pourtant, en face, il y a un très bon Danemark, avec des joueurs de talent comme les frères Laudrup. Prises de risque, ambition, mouvements d'envergure, débordements, centres, percussion : le jeu pratiqué par les nôtres est splendide, et logiquement récompensé par un but sur penalty de Djorkaeff.

Une petite faute d'inattention, jointe à un manque d'expérience, permet aux Danois d'égaliser avant le repos, eux aussi sur penalty. Mais, peu après la reprise, Manu Petit sait donner à ce match l'issue positive que méritent amplement les Bleus : ils le démontrent encore après ce but, conquérants jusqu'au bout et malmenant souvent un Danemark qui devait espérer en secret obtenir une belle victoire de prestige devant cette « équipe de France bis ».

Les Danois se sont mépris. C'est tout le contraire d'une équipe de France bis qu'ils trouvent face à eux. Les joueurs ont peut-être changé, mais c'est bien la même équipe que celle qui s'est illustrée le 12 et le 18 juin.

Cette constatation me procure une joie intérieure comme j'en ai rarement connu. Pour un entraîneur, c'est une satisfaction formidable : on change les joueurs, mais l'*esprit* demeure, le langage technique est le même, la manière de se comporter, de progresser reste la même.

Tous les joueurs sont à la disposition du collectif : autrement dit, le grand pari que nous avons pris depuis deux ans est réussi. C'est le triomphe de la notion « équipe de France », qui prévaut sur toute autre considération. Elle passe avant les joueurs eux-mêmes, au-dessus des combinaisons et des états d'âme. Une entité est née, dotée d'une âme propre, qui ne se résume pas à un agglomérat d'individualités, si brillantes soient-elles. Ces douze derniers mois, j'ai tellement répété ce leitmotiv – « tout pour l'équipe de France » – que la révélation de Gerland, avec tout ce qu'elle signifie, me fait venir les larmes aux yeux.

Ce mini-championnat que constitue le premier tour d'une phase finale de Coupe du monde s'achève sur une réussite à cent pour cent. Dans les faits (nous sommes premiers du groupe), dans les chiffres (trois victoires, neuf buts marqués contre un seul encaissé), mais plus encore dans l'esprit. Les petits ou les gros pépins endurés (blessures de Guivarc'h et de Dugarry, suspension de Zidane) comptent peu au regard de ce qui a déjà été fait et des perspectives qui s'ouvrent devant le groupe.

Cet optimisme ambiant se ressent dans les comportements, se lit dans les regards lorsque nous nous retrouvons pour dîner après le match, avec femmes et compagnes, dans les vastes caves du Château de Pizay. Une fois de plus, j'apprécie la maturité sereine, le bonheur tranquille de ces garçons qui, loin de se gargariser du parcours déjà réalisé et satisfaisant à tous égards, restent concentrés sur leur sujet, les yeux obstinément fixés sur la seule date qui importe, depuis longtemps : celle de la finale, le 12 juillet.

ON N'A RIEN LÂCHÉ !

Lorsque des clameurs jaillissent dans la nuit beaujolaise, elles sont interprétées à tort, par quelques oreilles à l'affût, comme des témoignages exubérants de satisfaction et de soulagement de la part des joueurs français supposés apprendre que les huitièmes de finale leur offriront non pas l'Espagne ou le Nigeria, comme le prévoyait la quasi-totalité des pronostics, mais le Paraguay.

Erreur totale de diagnostic. En fait, beaucoup de joueurs n'apprendront que le lendemain l'identité de leur prochain adversaire. Si des éclats de voix, des rires et des vivats retentissent en cette soirée du 24 juin, c'est tout simplement que vingt-deux garçons et leurs compagnes fêtent joyeusement une aventure en cours. À mille lieues de se soucier inutilement de ce qui les attend, ils savourent la joie du moment et le plaisir de partager des instants rares.

La liesse n'est d'ailleurs pas l'apanage exclusif de l'équipe de France. Le lendemain matin, près du stade de Saint-Jean-d'Ardières où nous allons nous entraîner, nous découvrons que les vignerons du Beaujolais ont dressé à l'intention des touristes et des journalistes des chapiteaux consacrés à la dégustation de produits locaux. Dans le stade lui-même, l'ambiance et l'animation orchestrée font régner un tel vacarme que nous parvenons à peine à nous faire entendre des joueurs au moment du décrassage et des exercices proposés à ceux qui n'ont pas joué. Nous sommes contraints de demander un peu de calme et une réduction des décibels pour pouvoir travailler correctement.

Déjà, à travers cette effervescence sympathique, cette présence chaleureuse, nous commençons à percevoir que l'équipe de France, par son comportement et par ses résultats, a fait un bon bout de chemin dans la conquête du cœur des Français. L'engouement grandit et la ferveur populaire promet de monter encore de plusieurs crans. En effet, une autre forme de

195

compétition commence désormais, celle des « matches-guillotine », où tout se joue sur une rencontre. Quitte ou double...

C'est un véritable changement de nature dans cette Coupe du monde qui en termine avec sa phase de déblayage pour entrer dans le vif du sujet. Chaque match sera désormais une petite tragédie en soi. Il convient donc, sans créer une pression inutile et néfaste, que j'adopte un langage un peu plus musclé. Toujours le même souci de vérité, la même méthode « cartes sur table » entre le staff et les joueurs, mais cette fois je vais durcir le ton, pour interpeller davantage le joueur, au cas où sa boussole personnelle ne lui aurait pas clairement indiqué le changement de cap qui vient de s'opérer. Mais, avec mes gaillards, je ne suis pas franchement inquiet. Difficile d'imaginer des joueurs plus pros, plus lucides, plus responsables qu'eux.

Je ne le laisse pas paraître, bien sûr, mais, si je reste très concentré, vigilant surtout, attentif à ce que rien ne vienne menacer notre bulle, je suis, au fond de moi, d'une grande sérénité en ce qui concerne l'équipe.

Jusqu'au début de la compétition, nous étions en droit de nous poser et de nous reposer un certain nombre de questions, dans l'attente des tests « grandeur nature ». Mais, aujourd'hui, je ne me fais plus de souci. Tout ce qui s'est passé lors de ces trois premiers matches, tout ce qui a été démontré sur le terrain, dans notre quotidien, dans notre relationnel, dénote de telles qualités foncières, tant d'altruisme au service de l'équipe, tant de force morale et d'ambition contrôlée, que j'en ai acquis moi-même un surcroît de confiance.

Vigilance, quand même ! Je sais bien tous les imprévus, de diverses natures, qui peuvent venir, du jour au lendemain, perturber la vie d'une équipe même bien installée sur sa trajectoire. Mais nous avons déjà répondu de si belle manière à toutes sortes de contretemps ou de coups durs que rien ne peut me détourner de l'idée que ce groupe a en main toutes les cartes pour faire face... à l'imprévisible. Il faudrait une épidémie de choléra pour l'atteindre dans ses forces vives et la faire douter !

En abordant ces matches-couperets, quels que soient nos adversaires, j'ai l'inébranlable conviction intime que ce groupe est taillé pour aller jusqu'au bout.

Le calendrier se précipite quelque peu. Si nous avons disposé d'un intervalle de six jours entre nos matches du premier tour (12, 18 et 24 juin), le rendez-vous des huitièmes de finale intervient quatre jours seulement après Lyon. Nous préférons donc ne pas nous attarder dans cette ville, contrairement à ce que nous avons fait à Marseille.

Entre Lyon et Lens, nous ne passons qu'une journée à Clairefontaine, avant de gagner le Pas-de-Calais la veille du match, en autocar cette fois. Après l'avion, après le TGV, la route ! Nous n'avons nul souci de promouvoir les divers moyens de locomotion que propose notre beau pays. Plus prosaïquement, nous avons choisi chaque fois, en fonction du lieu de destination, le transport le plus adapté, compte tenu de nos impératifs. Et puis, comme je l'ai déjà dit, j'ai toujours eu un faible pour l'autocar. Il y règne une convivialité sans pareille, et c'est, en l'occurrence, une façon idéale de rester dans notre bulle, entre nous.

Tranquillité oblige, nous nous installons comme toujours à l'écart de la ville où nous devons jouer. Pour l'occasion, nous avons choisi la Chartreuse du Val-Saint-Esprit à Gosnay, une ancienne distillerie reconvertie dans l'hôtellerie, à une trentaine de kilomètres de Lens, sur la route de Béthune.

Pour la quasi-totalité des observateurs, le Paraguay, invité-surprise de ces huitièmes de finale, constitue une véritable aubaine pour les Bleus. À en croire ces pronostiqueurs, c'est pratiquement un match plié d'avance. Évidemment, nous ne tombons pas dans le panneau. Si nous ne souffrons depuis longtemps d'aucun complexe d'infériorité, nous n'en avons pas non plus de supériorité et ce n'est pas ce groupe-là qui va s'en laisser conter.

Je reviens à une composition d'équipe relativement classique, toujours dans l'idée de prendre le jeu à notre compte. Avec Zidane suspendu, Dugarry indisponible, Guivarc'h tout juste remis de sa blessure, je choisis de mettre en place un quatuor offensif, Djorkaeff-Diomède-Trezeguet-Henry qui n'a encore jamais débuté un match de Coupe du monde.

Mais l'esprit et les objectifs restent les mêmes : ne pas subir, assumer la direction des opérations et s'éviter, dans la mesure du possible, des angoisses inutiles. Voilà le programme... en tout cas sur le papier !

Dans ma carrière de joueur comme d'entraîneur, il m'est arrivé de voir des équipes défensives, repliées sur elles-mêmes, refusant le jeu. Et j'ai dans l'idée que les Paraguayens nous réservent un tour dans ce goût-là.

Mais je suis loin d'imaginer qu'ils vont se masser devant le but de Chilavert en abandonnant délibérément les côtés ! Ils laissent carrément passer leurs adversaires sur les ailes pour mieux les attendre dans l'axe. Nos joueurs qui débordent et qui centrent à répétition, ils s'en moquent éperdument. Ils ont fixé le rendez-vous dans leurs trente mètres, au centre, et là, ça déblaye ! Tous les joueurs paraguayens sauf un (et encore !) nous y attendent de pied ferme.

Visiblement, ils savent, ou tout au moins ils sont convaincus qu'ils n'ont aucune chance contre nous dans le jeu. Alors, ils se recroquevillent sur eux-mêmes et font face avec une ténacité, une générosité mais aussi une correction qui forcent l'admiration. Pas un joueur français qui parvienne à se mettre en position de tir sans voir aussitôt fondre sur lui un ou deux Paraguayens. Et, quand le tir part, la densité des joueurs est si forte dans cette zone qu'il est presque toujours contré.

Les Bleus mobilisent le ballon, ils s'offrent un nombre impressionnant d'occasions favorables, Thierry Henry tire même sur le poteau, mais rien à faire. Nous nous heurtons à une équipe retranchée, prête à mourir sur place plutôt que de céder.

Cinq fois, dix fois, sur le banc de touche, nous nous disons : les Paraguayens ne peuvent pas tenir comme ça éternellement, ils vont finir par craquer, épuisés par cette débauche d'énergie. Mais le temps passe et ils ne craquent pas, Chilavert dans son but fait de plus en plus figure d'extraterrestre invincible.

Nous essayons tout ce qui est en notre pouvoir. Je remplace Thierry Henry par Robert Pires pour apporter un peu plus de technicité puis, voyant que Manu Petit fatigue, je lance Alain Boghossian dont les montées agressives peuvent faire la différence. À l'approche du dernier quart d'heure, je passe à deux avants-centres pour aller ferrailler avec toujours plus d'atouts au cœur de leur dispositif.

Rien n'y fait. Viennent les prolongations, avec leur « but en or » sans merci : le premier qui marque emporte la mise. Pourtant, même si cela peut surprendre, il n'y a, de la part du staff technique, aucune inquiétude en dépit des minutes qui s'égrènent. Techniquement, je ne suis pas inquiet. Je reste lucide pour procéder aux changements, sans me laisser envahir par le doute ou par les questions inutiles. Je suis convaincu que nous allons finir par trouver la faille et la juste récompense de nos efforts.

Et cette récompense survient à six minutes de la fin de la prolongation, sur une phase de jeu symbolique. Robert Pires pique le ballon sur l'aile droite pour le déposer sur la tête de David Trezeguet qui voit Lolo débouler de l'arrière. Il lui offre un ballon impeccable d'une remise de la tête pleine de discernement.

Aux antipodes du cafouillage dans la surface ou de la partie de billard, c'est une action limpide, typique d'une équipe réfléchie, patiente, toujours bien en place après presque deux heures d'un combat impitoyable qui en aurait découragé plus d'un.

Pour l'anecdote, il faut savoir que, juste avant ce but, Marcel Desailly, en situation délicate sur l'un des rares contres paraguayens, venait de s'époumoner après Laurent Blanc qui montait de plus en plus :

– Lolo, arrête de monter, on va encore se retrouver à un contre un !

Heureusement, Laurent ne l'a pas entendu... ou bien il n'a pas voulu écouter, et il s'est trouvé où il fallait quand il fallait pour nous apporter à tous la libération.

Pour autant, je ne suis pas favorable au but en or, qui me paraît injuste. La loyauté du combat consiste à s'opposer sur une période déterminée de quatre-vingt-dix ou cent vingt minutes, que chacun gère comme il l'entend. Alors qu'avec cette règle, après un but marqué à la quatre-vingt-onzième minute, on arrête tout. L'adversaire n'a pas la possibilité de « répondre », de faire valoir les atouts qui lui restent. C'est trop dur. Dans le cas de ce France-Paraguay, la sanction est apparue à tous logique parce que la victoire revenait à l'équipe qui a fait le jeu, qui a pris tous les risques. Le football est sorti gagnant. Mais je persiste à penser que le but en or, dans sa cruauté, cadre mal avec l'esprit du football.

Soyons toutefois honnête jusqu'au bout : je préfère mille fois que la rencontre se soit terminée de cette façon à Bollaert, plutôt que de nous voir embarqués dans l'épreuve des tirs au but avec ces Paraguayens-kamikazes et surtout ce Chilavert venu d'ailleurs.

200

Quel numéro il nous aurait sorti sur les coups de pied au but! Tout y serait passé. Et Dieu sait comment les choses auraient tourné...

Pour mesurer la trempe exceptionnelle de ce gardien, il suffit de voir comment il se comporte après avoir encaissé le but fatidique de Laurent Blanc. Ses partenaires effondrés sont à terre, meurtris, vidés, en pleurs. Il va les relever, les uns après les autres, en leur disant je ne sais quoi exactement, mais tout dans son attitude, dans son regard, clame de manière explicite : « Allez, debout! Un Paraguayen meurt debout, pas couché! » Sacré bonhomme!

Beaucoup ont prétendu que l'équipe de France revenait de loin. Encore une fois, cela n'a jamais été mon sentiment. D'accord, nous avons souffert, mais ni la confiance ni la lucidité n'ont jamais déserté notre camp, comme en témoigne l'action limpide qui amène le but de Laurent Blanc.

Je ne dis pas autre chose à Lionel Jospin lorsqu'il vient nous saluer gentiment après le match dans le vestiaire, en nous avouant que nous avons mis ses nerfs à rude épreuve. Mais la victoire n'est-elle pas plus belle lorsqu'elle se fait désirer?

Le Premier ministre n'est pas le seul à avoir passé des moments difficiles dans les tribunes de Bollaert : lorsque nos épouses viennent nous embrasser à la sortie du vestiaire, je constate que beaucoup de visages sont marqués. Je ne serais pas étonné qu'il y ait eu quelques larmes versées... disons aux alentours de la cent quatorzième minute! Après un repas pris sur place, à Bollaert, afin d'éviter les bouchons de sortie du stade, le retour sur Paris est fabuleux.

Pendant trois heures, dans le car, c'est de la folie. Alain Boghossian s'installe à la sono aux côtés de José, notre inamovible chauffeur portugais, et, après une nouvelle salve de « *I will survive* », il nous propose tout le Top 50, que nous reprenons en chœur à tue-tête. Nous tapons dans nos mains pendant au moins deux heures sur trois!

Les automobilistes qui nous croisent ou nous dépassent sur l'autoroute A1 doivent se demander tout d'abord quelle est cette colonie de vacances si joyeuse. Puis ils reconnaissent les joueurs, et ce sont alors de grands signes, des vitres qui se baissent, des écharpes et des drapeaux qui claquent au vent...

Cette fois, plus de doute, le courant passe bien entre l'équipe de France et les Français, définitivement convaincus que cette bande de gagneurs est en train de leur faire vivre une Coupe du monde pas comme les autres.

En arrivant à Paris, nous passons près du Stade de France que quittent les derniers spectateurs de Nigeria-Danemark. Nous avons été tenus au courant de l'évolution du score et de l'écrasante victoire finale des Danois : 5-0 !

Ce résultat valorise encore, a posteriori, notre propre victoire sur le Danemark à Lyon. Beaucoup de joueurs en conçoivent alors un légitime supplément de bonheur teinté de fierté. Surtout ceux que la loi de la sélection et les impératifs de la compétition n'appelleront plus que de manière exceptionnelle ou épisodique à fouler le terrain du Mondial.

Et tandis que la majestueuse silhouette du Stade de France illuminé disparaît à l'horizon, je ne suis certainement pas le seul à me dire : à partir d'aujourd'hui, c'est ici et nulle part ailleurs que tout va se jouer jusqu'au 12 juillet. À nous d'écrire les trois chapitres manquants de cette belle histoire.

Nous voici de retour à Clairefontaine, pour de bon. Le programme de la Coupe du monde étant ce qu'il est, nous savons que, le jour où nous ferons nos valises, ce sera pour rentrer à la maison, et non pour aller jouer à Nantes, Toulouse ou Montpellier. Clairefontaine, le Stade de France, c'est désormais notre seul horizon. Avec, déjà, l'Italie en point de mire.

Ah, l'Italie, voilà un nom qui sonne agréablement à nos oreilles ! D'abord, parce que c'est un « grand » indiscutable du

ON N'A RIEN LÂCHÉ !

football mondial : trois Coupes du monde à son palmarès, une référence. Mais c'est aussi, depuis deux ou trois ans, la terre d'accueil de nos meilleurs joueurs : ils ne sont pas moins de onze, dans notre groupe de vingt-deux, à porter ou à avoir porté le maillot d'un club du Calcio.

On imagine facilement l'état d'esprit de ces garçons qui se font régulièrement chambrer sur le thème des gentils *Francese*, champions du monde des matches amicaux et du beau jeu, mais dont la furia se révèle désespérément inefficace lorsque sonne l'heure de vérité et des ultimes rendez-vous au sommet...

Quel beau challenge pour ces joueurs ! Tout de suite, je vois bien que nos Italiens d'adoption sont dans un état de concentration exceptionnelle. Leur désir de montrer à leurs habituels partenaires de club qu'ils n'ont rien à leur envier, même au plus fort d'une grande compétition, crève les yeux. Et ils se chargent de remonter la mécanique de tous les autres. Plusieurs jours avant l'explication, un mot d'ordre circule, lancé je crois par Thuram :

– On est meilleurs qu'eux ! Et ils le savent !

Ce n'est pas de la méthode Coué, mais ça y ressemble...

Nos entraînements revêtent une intensité que j'ai rarement vue. Dans ces petits matches de préparation, je sens une volonté décuplée, une ambition à fleur de peau et en même temps une énorme complicité.

Ceux qui ne sont pas directement impliqués dans ce « défi du siècle » semblent vouloir dire à leurs copains qui jouent en Italie : « Ne vous en faites pas, nous avons compris le message, vous pouvez compter sur nous pour une mise au point nette et définitive... »

Du coup, notre boulot, à nous techniciens, est mâché d'avance. Avec des joueurs aussi attentifs, aussi déterminés, c'est du gâteau. Le bouillonnement est tel, au sein du groupe,

203

que nous sommes paradoxalement obligés à deux ou trois reprises de « calmer le jeu ». C'est dire !

Autant, avant les quatre matches précédents, il a fallu intervenir sur le plan psychologique avec beaucoup de précision, autant là j'en viens presque à me demander si j'ai besoin de faire une causerie !

Le seul véritable travail est d'ordre technique et surtout tactique. J'ai dit et redit, depuis le début, que le déroulement de la Coupe du monde en France imposait à l'équipe des responsabilités en matière de prise de risque et de maîtrise du jeu. Et nous les avons assumées, jusque-là, avec une réussite certaine, même si le dernier épisode a connu un dénouement plutôt laborieux.

Toutefois, dans le cas présent, la nature de l'opposition nous amène nécessairement à réfléchir trois minutes sur ce qu'il convient de faire. Rester fidèle à ses idées, c'est beau, c'est grand, encore faut-il ne pas aller au casse-pipe la fleur au fusil.

Et nous avons tous le sentiment qu'aller à la bataille contre l'Italie avec seulement deux milieux de terrain à vocation défensive serait plutôt irresponsable. Aussi la décision est-elle vite prise de blinder notre milieu avec, aux côtés de Deschamps et de Petit, le renfort de Karembeu.

C'est déjà une manière de dire à nos adversaires que, dans la rigueur tactique, nous savons faire aussi bien qu'eux. Sous-entendu : la qualité de nos joueurs fera la différence.

Ce sont les deux thèmes que je vais développer et travailler pendant la préparation de ce match.

Derrière, solidité à toute épreuve. On se fait respecter, on s'impose, on leur montre qu'on ne craint rien. Après, nous développons notre jeu d'attaque, comme nous l'avons bien fait jusque-là, témoin nos dix buts en quatre matches.

Nous sommes prêts, tout le monde est gonflé à bloc. Reste à jouer le match !

Et là, une première mi-temps de rêve. De rêve ! Notre organisation, soigneusement élaborée, fait merveille. Derrière, non seulement nous ne laissons pas un espace aux Italiens, mais Liza et Thuram viennent constamment en appui, nos milieux récupérateurs abattent un boulot fantastique et alimentent notre trio d'attaque. C'est la vraie, la grande équipe de France, dans la plénitude de son jeu, bien en place, équilibrée.

Par instants, les Italiens, qui savent pourtant tout faire avec un ballon, semblent à la dérive. Tactiquement, nous maîtrisons la situation ; techniquement, nous faisons la différence. C'est un match d'une intensité constante car, avec les pointures d'en face, il ne faut rien lâcher : si nous ne maintenons pas la pression, si nous baissons la garde un tant soit peu, la gifle n'est pas loin...

C'est d'ailleurs ce qui manque de nous arriver à la soixante-cinquième minute lorsque, de façon tout à fait inhabituelle chez moi, je procède à deux changements simultanément : Henry et Trezeguet à la place de Karembeu et de Guivarc'h.

Je me dis que le moment est sans doute venu d'apporter un peu de fraîcheur physique et davantage d'imprévu dans notre jeu. Avec leur culot insolent, les deux gamins de Monaco sont parfaitement capables de me fournir ce supplément de percussion à l'avant.

Deux changements d'un coup et, le temps que nous trouvions nos marques, les Italiens en profitent pour sortir la tête hors de l'eau ! Voilà qu'ils nous posent quelques problèmes. Comme quoi il faut toujours faire attention, même à des détails de ce genre. Mais c'est la leçon du haut niveau : l'exigence impitoyable de l'excellence à tous les instants. Le moindre relâchement, la moindre erreur, et l'équipe risque d'en faire les frais.

Heureusement, nous nous reprenons bien, mais sans parvenir à conclure. Inexorablement, nous nous dirigeons vers la prolongation. Je suis déçu pour les joueurs qui ont fait un match hors du commun, proche souvent de la perfection, mais qui ne sont pas parvenus à en récolter les fruits.

Pendant les trente minutes de la prolongation, je ne quitte pas mon équipe des yeux. Les Italiens, je ne les vois même plus. Je me demande en permanence : que puis-je faire, que puis-je apporter à mes joueurs ? Changer un troisième joueur ? Qui ? Et pour quoi ? Nous sommes bien en place. Surtout ne pas rompre cet équilibre ! Je consulte Henri et Philippe. Eux non plus ne voient pas quelle modification nous pourrions effectuer, utilement, à coup sûr.

Tout à coup, je les entends s'exclamer :

– Oh ! là là ! on l'a échappé belle !

Le tir de Baggio est passé à quelques centimètres de la lucarne sur la droite de Barthez... mais je ne l'ai pas vu ! L'évaluation de mon équipe m'absorbe tellement que je ne suis plus dans l'action. Cela peut paraître bizarre, mais c'est ainsi !

Et nous voilà arrivés aux tirs au but. Après le but en or de Lens, c'est un autre genre d'émotions fortes...

Au risque de me répéter, je reste serein. D'ailleurs, l'équipe elle-même est sereine. Sûre de son coup ? D'une certaine manière, oui. Elle n'a rien à se reprocher, elle sait que, depuis le début de cette Coupe du monde, elle est dans le vrai, dans le bon tempo. Elle n'a rien laissé au hasard, elle n'a rien lâché, ses ressources physiques et mentales sont intactes. Pourquoi douterait-elle ?

J'ai ma liste de tireurs en tête, bien sûr : 1) Djorkaeff, 2) Zidane, 3) Lizarazu, 4) Trezeguet, 5) Blanc. Mais lorsque je m'approche de Youri pour lui annoncer qu'il sera le premier, comme d'habitude, il anticipe :

– Je ne peux pas. En face, il y a Pagliuca, mon pote de l'Inter. Je ne peux pas tirer...

Je comprends parfaitement sa position et je ne cherche même pas à l'infléchir. Quand, pour une raison quelconque,

ON N'A RIEN LÂCHÉ!

un joueur ne « sent » pas un penalty en cours de match ou un tir au but dans l'épreuve décisive, il ne faut jamais aller contre sa volonté : ce serait courir droit à l'échec.

Je raye donc Youri de mes tablettes. Je décide que nous commencerons par Zidane, maître technicien s'il en est. Lizarazu suivra, Lolo conclura la série. En troisième et quatrième, nous mettrons nos deux jeunots, David et Titi.

Je ne me pose aucune question sur leur capacité de bien gérer ce genre d'exercice où il faut une maîtrise à la fois du geste technique et de ses nerfs. La pression est lourde, le pied peut faillir... Mais, depuis qu'ils sont avec nous, Henry et Trezeguet affichent la saine et belle décontraction des gens de leur âge. Ils sont bien dans leur tête, bien dans leur peau, sans états d'âme ni angoisse métaphysique.

La suite, on la connaît : Zidane qui marque, Lizarazu qui rate mais Barthez qui arrête dans la foulée le tir d'Albertini, Trezeguet impeccable, Henry aussi, Laurent Blanc sans problème. Avant le dernier tir de Di Biagio, nous menons 4-3. S'il marque, on recommence ; s'il échoue, nous sommes en demi-finale...

Au moment où Di Biagio prend son élan, Vincent Candela qui le connaît bien nous lance :

– Il va mettre une mine au-dessus !

Et en effet le tir trop enlevé vient se fracasser sur la barre de Barthez. Le bruit mat semble résonner dans tout le stade qui retenait son souffle. C'est l'explosion ! Nous nous jetons dans les bras les uns des autres. Et je me retrouve au milieu du terrain en train de faire la ronde avec les joueurs et le staff. Une vraie farandole de gosses !

Le soir, la fête sera belle. Sans excès, parce qu'il y a encore du chemin à faire, mais, comme toutes celles qui ont précédé, forte, chaleureuse. Riton, qui a l'œil à tout, sent vite chez les joueurs le désir de partager leur joie avec leurs épouses ou compagnes. Fidèles au poste, elles étaient présentes dans les tribunes, mais, compétition oblige, il n'était prévu pour elles, ce jour-là, qu'un rapide coucou entre deux portes des vestiaires.

Quand, faisant écho à Didier Deschamps, Henri me fait comprendre que ce serait sans doute une bonne chose d'inviter les femmes à dîner avec nous à Clairefontaine, je n'hésite pas une seconde : bien sûr, si c'est faisable, faisons-le ! Au Centre technique, rien d'impossible : quand il y en a pour quarante, il y en a pour quatre-vingts ! En arrivant chez nous aux alentours de 22 heures, nous trouverons les tables et les buffets impeccablement dressés dans le grand salon, comme si cette réunion de famille était prévue de toute éternité...

Mais avant, aux grilles du Centre technique, un comité d'accueil de plusieurs centaines de personnes nous fait aussi la fête, confortant en nous ce sentiment que toute la France a – enfin – pris fait et cause pour son équipe. C'est plus important qu'il n'y paraît car, pour dire les choses sans détour, le comportement du public au Stade de France lors du match contre l'Italie n'a pas été franchement à la hauteur de ce qu'espéraient les joueurs. Compte tenu du jeu fourni et du déroulement d'un match à suspense, ils attendaient un soutien plus ferme, plus bruyant, plus constant.

Sur ce plan, les joueurs ne cachent pas leur déception, voire leur irritation. Au point que le lendemain, devant la presse, Didier Deschamps se fait le porte-parole de ses camarades pour dénoncer la tiédeur et les « applaudissements du bout des doigts de ces messieurs en costard-cravate ».

Il met l'accent sur un problème qui n'est pas nouveau en Coupe du monde, mais que nous ressentons cette fois pleinement puisque nous jouons à domicile. Le public qui garnit les stades d'un Mondial est un public d'abord cosmopolite (donc pas forcément concerné par les équipes en présence), ensuite

208

ON N'A RIEN LÂCHÉ!

hétéroclite : on y trouve des milliers de spectateurs invités ou payants qui ne sont pas des supporters dans l'âme et qui viennent plus pour l'événement que par amour du football ou d'une équipe.

Du fait des obligations protocolaires, des sponsors et partenaires des uns et des autres, il circule, pour chaque match, des milliers de billets dont on ne contrôle pas réellement l'utilisation ni le destinataire final. Les vrais supporters, ceux qui peuplent les stades le dimanche, ceux qui ont la fibre football, sont de ce fait en nombre très restreint dans les tribunes de Coupe du monde. C'est regrettable, mais c'est ainsi, et aucune amélioration ne se profile à l'horizon.

Tous ces éléments font que la vraie ferveur, les regards illuminés de bonheur, les pancartes touchantes, nous les verrons beaucoup plus dans la rue que dans les stades.

C'est en pensant à tous ces gens-là, dont nous avons croisé le regard sur le chemin des stades, au groupe aussi bien sûr dont je sais l'ambition intacte, que je me dis, le soir du match contre l'Italie : nous irons en finale !

Les choses ont toujours été claires dans ma tête. Mes proches, mes amis peuvent en témoigner. Depuis le début, nous nous sommes préparés pour gagner la Coupe du monde, et nous savions que nous en avions les moyens. Mais, si la France entrait dans le dernier carré, nous pouvions d'ores et déjà considérer que le contrat était rempli. Au vu des engagements pris à l'égard de ma Fédération comme du public, je pensais que, si après avoir atteint les demi-finale de l'Euro, nous atteignions celles du Mondial, la France aurait montré sa valeur sur la scène internationale. Le football français serait, quoi qu'il arrive, à sa place – une place dont il n'aurait pas à rougir.

Voilà pour le postulat de départ. Mais à peine avons-nous atteint ce palier que je ne m'en satisfais plus ! Car, à travers ce

209

qui vient de se passer sur la pelouse du Stade de France, nous venons de faire un bond de dix mètres en avant. L'équipe s'est donné une dimension supérieure. Non seulement nous sommes en demi-finale, mais nous sommes parfaitement capables de viser le trophée mondial !

Ne brûlons pas les étapes. Si la finale est déjà programmée dans nos cerveaux, reste à connaître l'identité de notre adversaire en demi-finale... Tout le monde parie sur l'Allemagne qui se voyait proposer la Croatie au tour précédent.

Cette hypothèse nous convient parfaitement. Aux joueurs parce qu'ils rêvent, au nom des anciens, d'une bonne mise au point après les demi-finales perdues de 82 à Séville et de 86 à Guadalajara. Et à nous, techniciens, parce que tous les comptes rendus de nos observateurs concordent pour dresser le portrait d'une Allemagne vieillissante et déclinante, donc relativement abordable. Sans compter que, un peu comme avant l'Italie mais pour des motifs différents, la préparation, la concentration se feront naturellement.

Pour ma part, sur la foi justement des observations effectuées à la fois sur l'Allemagne et sur la Croatie, je suis loin de considérer comme acquise la participation des Allemands aux demi-finales. Bien au contraire, depuis plus d'un an, je ne cesse de pronostiquer l'émergence de ces jeunes nations fières et ambitieuses, parmi lesquelles la Croatie figure en bonne place.

Et cela ne rate pas. Non seulement l'Allemagne n'accède pas au dernier carré, mais les Croates y font une entrée tonitruante, signant un cinglant et indiscutable 3-0 aux dépens du champion d'Europe en titre. Connaissant les Français (j'entends par là l'opinion publique), je devine déjà les réactions, un peu comme lorsque nous avons hérité du Paraguay

ON N'A RIEN LÂCHÉ!

en huitièmes de finale. Tout le monde se dit : quelle chance ! Un match contre la Croatie, c'est une formalité !

Aussitôt, je vois une petite lampe orange qui clignote. Oui, attention. J'ai beau savoir mes gars bien concentrés, plus que jamais déterminés à aller au bout du parcours, il va falloir bien préparer notre affaire. Ce n'est pas le moment, après ce que nous avons réalisé, de retomber dans des travers qui ont coûté cher aux générations précédentes.

Lors des entraînements, je ne sens pas de décrochage. Le sérieux ne manque pas, mais je ne perçois pas non plus ce « supplément d'âme » qui sautait aux yeux avant l'Italie.

Nous reprenons notre rythme quotidien, « modèle 21 heures » : les rendez-vous presse sont de nouveau programmés en fin de matinée, avant le déjeuner, et les nostalgiques de l'oreiller retrouvent leur sieste. À part cela, rien de changé. Comme en début de stage, nous faisons attention à ne pas laisser les joueurs inoccupés, nous maintenons les deux entraînements quotidiens, même si les charges de travail sont évidemment beaucoup moins lourdes. Après un mois de préparation et plus de trois semaines de compétition, nous veillons d'abord à l'entretien, à la récupération et aux soins. En ce qui concerne la composition de l'équipe, j'ai encore tellement en tête la plénitude de la première période contre l'Italie que je décide purement et simplement de ne rien changer.

Cette équipe est la plus solide, celle avec laquelle on ne risque rien. Elle a de l'expérience, la maîtrise technique et tactique, et en plus un mental d'acier.

Certes, Stéphane Guivarc'h n'a pas une grosse expérience internationale, mais Thierry Henry et David Trezeguet en ont encore moins, et Christophe Dugarry n'est pas redevenu opérationnel, même si son état s'améliore de jour en jour.

Stéphane a été terriblement malheureux jusqu'à présent, il ne lui a manqué qu'un brin de réussite pour s'imposer vrai-

211

ment, alors qu'il a été irréprochable sur le plan collectif. En le sélectionnant, je veux lui témoigner toute ma confiance. Bref, l'équipe qui a joué contre l'Italie est reconduite dans son ensemble.

Face aux Croates, pendant une vingtaine de minutes, aucun problème. Nous sommes bien en place, le jeu est fluide, de la même veine que cinq jours plus tôt devant les Italiens. Bref, c'est reparti.

Et puis, soudain, nous nous mettons à perdre quelques ballons, puis beaucoup de ballons, notre jeu devient approximatif, les passes n'arrivent plus. Sur le banc, après quelques minutes d'incrédulité, le doute n'est plus permis : nous sommes en train de nous faire malmener. Les Bleus sont en difficulté !

Pour la première fois depuis le début de la Coupe du monde, je fais ce constat inquiétant : l'équipe de France n'a plus la maîtrise du jeu, l'équipe de France décroche ! Le courant ne passe plus entre les joueurs, entre les lignes. Nous sommes en danger devant des adversaires solides, expérimentés et volontiers provocateurs, qui nous déstabilisent psychologiquement.

Lorsque nous arrivons à la mi-temps sur le score de 0-0, je suis soulagé : je sais d'expérience qu'une équipe qui commence à décrocher peut sombrer très vite, et très loin.

Je jette un rapide coup d'œil dans le carnet noir qui ne me quitte jamais. Ce geste n'échappe pas à Philippe Bergeroo, qui décèle chez moi une forme de trouble et d'inquiétude. Pour la première fois, je ne suis pas en phase avec l'événement, moi non plus ! À l'entrée du tunnel menant aux vestiaires, il m'agrippe par le survêtement et, avec des éclairs dans les yeux, il me crie :

— On lâchera rien, tu m'entends, Aimé ? On lâchera rien !

Cette petite phrase a sur moi l'effet d'un électrochoc. J'arrive au vestiaire remonté comme une pendule. Et là, j'explose :

ON N'A RIEN LÂCHÉ !

— Si ça ne vous intéresse pas, on arrête là ! C'est même pas la peine de retourner sur le terrain pour la seconde période ! Vous jouez à quoi ? Et qu'est-ce qu'on fait maintenant ?

J'en rajoute bien sûr. Je ne recule pas devant la provocation. Mais, avec les joueurs, j'ai souvent remarqué qu'il faut savoir en user, si on veut tirer d'eux le meilleur parti. Alors, dans une situation périlleuse comme celle que nous sommes en train de vivre, je mets le paquet.

Et les joueurs ont une réaction saine. Ils ne cherchent pas de faux-fuyants. Ils savent qu'ils sont en train de décrocher, ils sentent que le groupe s'effiloche, qu'ils sont à côté de la plaque.

Ils laissent passer la tempête, celle que je fais souffler sur eux, puis ils se ressaisissent. Pas en apportant directement des réponses aux questions que je viens de poser, mais en se parlant. Entre eux. Ils sont conscients que c'est leur affaire, leur problème, leur finale surtout qui est en passe de s'éloigner.

Avec des mots à eux, avec des phrases qu'ils ne terminent pas toujours, ou tout simplement des cris, ils commencent, sous la houlette d'un Didier Deschamps bien campé dans son rôle de meneur, à retendre la toile de la solidarité. Ils redonnent de la consistance aux vertus fondamentales qui ont fait leur force jusque-là, et qu'ils ont un peu perdues de vue, soudain, contre la Croatie.

En revenant sur le terrain, je suis à peu près rassuré. Pas pour longtemps ! Le match reprend à peine que, sur un alignement approximatif de Thuram, là-bas sur le flanc droit, Suker se retrouve plein axe, libre de tout marquage, et s'en va tromper Barthez impitoyablement !

C'est le premier but sur action de jeu que nous encaissons en Coupe du monde, mais je ne songe même pas à ces statistiques. Je pense à mon intervention de tout à l'heure. Et je me tourne vers Philippe :

213

– Je crois que j'ai tapé trop fort à la mi-temps.

Il n'a pas le temps de me donner son avis sur le bien-fondé ou non du remords qui m'assaille. Déjà Thuram égalise. Et un quart d'heure après, c'est le deuxième but, encore signé Thuram...

Incroyable ! Lilian qui n'a encore jamais marqué le moindre but en trente-sept sélections, Lilian que je chambrais gentiment l'avant-veille au soir, avec Marcel Desailly, en lui disant qu'avec ses pieds carrés il n'avait aucune chance de marquer un jour. Voilà qu'il inscrit deux buts coup sur coup, et de quelle manière ! Deux buts qui remettent l'équipe de France dans le sens de la marche et lui ouvrent peut-être – car il faut encore dire peut-être – les portes de la finale.

Comment ne pas parler d'un « phénomène Thuram » dans ce France-Croatie ? Pour l'expliquer, je crois qu'il faut invoquer une réaction de colère et d'orgueil blessé.

Lilian est une pièce maîtresse de cette équipe de France, à un poste d'arrière droit qui lui convient à merveille, même s'il persiste à penser – à tort, à mon sens – qu'il est meilleur en défense centrale. Il y a acquis un « statut » et il y tient un rôle qu'il sait important.

Après la mi-temps, alors qu'il revient sur le terrain en pétard, comme ses copains, prêt à en découdre, voilà que pour un moment d'inattention, parce qu'il n'a pas été dans le bon timing sur une remontée de notre défense, il se trouve en quelque sorte coupable du but de Suker.

Cette erreur, il ne l'admet pas, il ne la supporte pas. Et ce qu'il accomplit à partir de là, jusqu'à ce qu'il ait non seulement effacé sa bévue en égalisant, mais aussi retrouvé tout son crédit, d'abord à ses propres yeux, en donnant l'avantage aux Bleus, est proprement surhumain.

Il suffit de l'observer sur le terrain. Il emporte tout sur son passage, il appelle tout le monde, il fait de grands gestes, il est à la manœuvre, au départ des actions, en relais, à la conclusion.

ON N'A RIEN LÂCHÉ!

Une sorte d'état de grâce où rien ne lui résiste, où il entraîne toute l'équipe derrière lui vers le plus beau des succès.

Et, pour finir, ce geste qui va passer à la postérité, Lilian à genoux, un doigt en travers de la bouche, le regard incrédule, comme s'il revenait soudain sur terre après un passage dans un autre monde où il aurait exécuté un exploit si extravagant, si fabuleux, qu'il ne peut en mesurer l'ampleur.

Alors ? Ce France-Croatie marque-t-il, contrairement à ce que j'ai toujours annoncé, la victoire d'une individualité ? Loin de moi l'idée de minimiser ici l'exploit de Lilian, mais je suis convaincu que, s'il a pu se transcender ainsi, c'est parce qu'il évoluait dans un groupe comme le nôtre, qui a su l'accompagner comme il fallait, avec cœur et talent, dans ce voyage au-delà de ses propres limites.

À 2-1, il ne reste plus qu'à faire le break, à porter le coup de grâce. Les joueurs s'y emploient bien, accumulant les corners face à des Croates désormais dominés, malmenés et ne jouant plus que par à-coups. Mais soudain, à un petit quart d'heure de la fin, survient l'autre « événement » de cette demi-finale – événement malheureux, celui-là, et à bien des égards dramatique.

Sur un énième corner en notre faveur, Laurent Blanc est monté à l'assaut et, dans la surface de réparation croate, ça bouge de tous les côtés, ça se frictionne comme d'habitude. Redouté pour ses coups de tête sur corner, Lolo est serré de très près et asticoté par Bilic. Le Croate en rajoute tant et tant que Laurent, excédé, finit par écarter son garde du corps d'un mouvement de la main à hauteur du cou.

Bilic roule aussitôt par terre... en portant la main à ses yeux. Il aurait les deux yeux crevés que sa chute ne serait pas plus spectaculaire !

Et le résultat ne se fait pas attendre : ne voyant que le geste d'énervement de Lolo, l'arbitre se laisse abuser par le cinéma de Bilic et sort le carton rouge.

215

Laurent est privé de finale. Quel drame !

Mais, comme lors de l'expulsion de Zidane contre l'Arabie Saoudite, je n'ai pas le temps de m'attarder sur le problème humain. Il me faut prendre les dispositions qui s'imposent pour tenir à dix ce 2-1 bien court mais si précieux.

Décidément, nous aurons passé par toutes les épreuves !

Didier Deschamps a déjà pris les choses en main. En parfait capitaine, il a fait passer Manu Petit en défense centrale et recommandé prudence et vigilance le temps que je réorganise l'équipe.

C'est du coaching dans l'urgence. Il faut juger vite et bien, prendre les bonnes options.

J'ai toujours dit, et plus encore depuis l'Euro, « les hommes à leur poste, dans leur meilleure expression ». Avant tout, revenir à notre cohérence d'équipe, retrouver notre stabilité, nous appuyer sur nos points forts... Et aussitôt, la solution s'impose : il faut reconstituer une défense classique, solide. Donc, entrée de Lebœuf et retour de Manu au milieu où nous allons avoir besoin de son abattage. Et nous nous privons de Youri en attaque, où Zizou essaiera simplement de placer sur orbite Henry et Trezeguet, déjà entrés en jeu en lieu et place de Karembeu et de Guivarc'h.

Très vite, et c'est la magie de ce groupe comme la récompense du travail effectué depuis deux ans, nous retombons sur nos pattes, nous retrouvons notre solidité foncière. Frank est opérationnel au quart de tour. Il est présent dans tous les duels, phénoménal dans ses interventions. On dirait qu'il a toujours occupé le poste...

Il n'empêche que nous connaissons une fin de match difficile, parce que les Croates y croient de nouveau, persuadés que leur supériorité numérique doit leur permettre d'arracher l'égalisation. Mais, cette fois, ce n'est plus seulement Thuram qui est prêt à déplacer les montagnes, ce sont nos dix gaillards qui ne veulent pas laisser échapper cette place en finale, la première jamais décrochée par une équipe de France.

Pour leur faire lâcher prise, ce n'est pas onze Croates qu'il faudrait mais douze, treize ou quatorze, et encore...

Ça y est, c'est fini, c'est gagné. Je souffle un bon coup, car nous ne sommes pas passés loin de l'injustice ! Pourtant, je ne pense même pas que nous sommes en finale, ni à l'équipe d'aujourd'hui ou de demain. Je ne pense qu'à Laurent. Je prends conscience de l'injustice de son exclusion ce soir et de la cruauté de son absence dimanche prochain.

L'équipe, je ne me fais pas de souci pour elle. Avec ou sans Lolo, elle est forte, elle vient encore de le prouver. Et je sais déjà qu'elle va la gagner, cette finale. Mais Laurent ! Lui que j'ai été rechercher à Saint-Étienne, qui vient de passer quatre années exceptionnelles sous le maillot bleu, qui, avec sa placidité et son bon sens à toute épreuve, figure parmi les grands leaders de notre groupe, il ne va pas jouer la finale de la Coupe du monde. C'est terrible. Terrible !

Je n'arrête pas de penser à lui, à ce qui va se passer dans sa tête les jours suivants, et j'en suis malade. Tout l'affectif que j'ai mis sous le boisseau depuis deux mois, afin de rester impitoyablement objectif dans mes choix, cet affectif revient au galop ! Il resurgit très fort, trop fort. Et, à la télé, je craque. C'est trop d'émotion pour une seule soirée. Mais cela fait du bien de pleurer, même à la télé.

Autour de nous, au Stade de France, puis à Clairefontaine où nous attendent encore des centaines de supporters en liesse, c'est la joie totale, l'exubérance, la folie parfois. Mais, dans notre camp, impossible de s'abandonner pleinement à ce bonheur. Nous avons tous, à tout moment, une pensée pour Lolo.

Tard dans la nuit, autour de la grande table ronde du salon où le staff se retrouve chaque soir, nous naviguons ainsi, un verre à la main, entre la satisfaction profonde d'en être arrivés là, à une finale de Coupe du monde, et la tristesse infinie de savoir que celui qui peut-être la méritait le plus en sera privé.

Entre nous, pour le plaisir, nous voudrions nous projeter déjà dans ce France-Brésil tant de fois rêvé et devenu réalité, mais le cœur n'y est pas. Il faudra que le temps entreprenne son œuvre d'atténuation et que nous nous trouvions en phase d'approche terminale de ce monument que constitue une finale de Coupe du monde pour que, l'attitude de Laurent aidant, digne, exemplaire, nous ayons de nouveau l'esprit à cent pour cent – ou presque – à notre si grande et belle affaire.

Pendant le match France-Croatie, on a pu me voir me pencher avec plus de perplexité que de coutume dans le carnet noir qui ne me quitte jamais sur le banc de touche. Ce carnet, il fait couler beaucoup d'encre et nourrit bien des conversations... On lui a prêté des rôles variés, parfois cocasses, comme s'il contenait je ne sais quelles formules magiques capables de nous sortir de tous les mauvais pas.

Au fond, il y avait un peu de vrai là-dedans ! Mais, au risque de démythifier un objet devenu à tort presque aussi célèbre que la Coupe du monde, j'avoue qu'il s'agissait d'un simple aide-mémoire. J'y consignais un certain nombre d'informations basiques auxquelles je pouvais me référer en quelques secondes lorsque survenait une situation imprévue, exigeant une prise de décision rapide.

Je n'y avais pas recours systématiquement, car la solution pouvait s'imposer à moi avec évidence, mais c'était ma « roue de secours », en cas d'hésitation ou pour confirmation.

Ce carnet noir contenait tout ce qu'il fallait pour m'aider à rester « froid » dans les situations « chaudes ». C'était en quelque sorte une garantie de lucidité au cœur de l'événement.

Côté droit, il y avait un bloc-notes avec les fiches techniques de tous les matches disputés par l'équipe de France depuis que

ON N'A RIEN LÂCHÉ!

je l'avais en charge : les compositions d'équipe et les remplacements de joueurs.

Parmi tous ces matches, quelques-uns se trouvaient mis en exergue. Je les appelais mes matches-références, parce qu'ils avaient eu une qualité ou une tonalité particulières. En m'y reportant, je trouvais des repères. C'était le cas notamment du Italie-France de Naples, mon premier match comme sélectionneur, et des deux rencontres face à la Roumanie, à Saint-Étienne et à Bucarest, en qualification à l'Euro 96.

Suivait une mini-fiche sur chaque joueur, avec quelques mots indiquant son poste dans son club, les rôles que nous lui avions confiés jusque-là en sélection, et les dispositions que nous pouvions prendre avec lui en fonction des événements.

À gauche, le plan de jeu des deux équipes, c'est-à-dire les vingt-deux joueurs en présence, positionnés tactiquement sur le terrain (en théorie du moins).

Sur une feuille, j'avais noté en quelques phrases très courtes des réflexions ou des signaux d'alerte : ballons perdus à quarante mètres de nos buts ; domination stérile ; jeu trop latéral ; comment s'organiser si on est dominé dans le jeu aérien.

Enfin, en lettres capitales, j'avais inscrit ce mot d'ordre : NE PAS S'OCCUPER DE L'ADVERSAIRE.

C'était le fruit de mon expérience. L'adversaire, je l'avais étudié avant, par observation directe ou sur cassettes, nous en avions parlé entre nous dans les grandes lignes, mais, une fois le match commencé, ce n'était plus du tout mon problème. Philippe Bergeroo s'en occupait, il me faisait une remarque ou me passait un petit croquis pour attirer mon attention sur un problème particulier.

Moi, je focalisais à fond sur l'équipe de France, son collectif, son articulation, son niveau de performance. Parfois, quand j'avais un doute sur un de nos joueurs, je lançais à Philippe ou à Henri : « Surveille-moi X ou Y ! » et je me replongeais dans l'observation de mon équipe.

219

Sur le banc, nous nous parlions très peu. Quelques mots suffisaient, un regard échangé, un petit geste, insignifiant en apparence, mais pour nous lourd de sens.

Voilà donc ce qu'il y avait dans ce fameux petit carnet noir. Il me suffisait de l'ouvrir à la va-vite pour recadrer ce qui avait besoin de l'être, il m'apportait des réponses... que je connaissais déjà par cœur. Ces fiches, je les ai presque toutes jetées juste après la finale, comme les notes de préparation pour mes causeries d'avant-match. J'ai toujours procédé ainsi : ne rien garder de ce qui a déjà servi, c'est la certitude de ne pas retomber dans le déjà-vu. C'est l'obligation de se renouveler, d'imaginer autre chose, autrement.

On ne progresse qu'à ce prix.

Jamais, au cours de cette Coupe du monde, nous n'avons préparé un match aussi tranquillement que cette finale France-Brésil !

Cela paraît incroyable, et pourtant c'est vrai.

Pas de plan rouge, pas de branle-bas de combat, aucune mesure exceptionnelle : nous vivons les quatre jours qui nous séparent de l'événement dans une décontraction totale. Un visiteur qui parviendrait à se glisser jusqu'à notre résidence – hypothèse bien improbable – aurait du mal à croire qu'il se prépare là le plus grand rendez-vous de l'histoire du football français.

Le paradoxe n'est qu'apparent.

Car l'équipe de France, au fil des six obstacles qu'elle vient de franchir avec succès, a acquis une telle dimension et de telles certitudes, elle s'est forgé un tel moral, qu'elle ne redoute plus aucun accident.

Il lui suffit d'être elle-même, appliquée, solidaire, audacieuse, bien campée sur sa base défensive en béton armé, conquérante dès que le ballon est en sa possession.

ON N'A RIEN LÂCHÉ!

Tout a été tellement répété, tout a si bien fonctionné, même et surtout dans l'adversité ces dernières semaines, qu'il n'y a plus la moindre place pour le doute.

Attention, il ne faut voir là aucune présomption. L'équipe reste modeste dans son comportement, dans sa démarche. Elle ne s'imagine pas et ne se dit surtout pas gagnante à tous coups. Simplement, elle est certaine d'aller à la bataille avec un maximum d'atouts dans son jeu : il faudra un grand, un très grand Brésil pour l'empêcher de décrocher la timbale.

Tout cela se sent, se lit sur les visages de mes « finalistes » lorsque je les retrouve le lendemain de France-Croatie après une longue nuit réparatrice.

Le héros du jour, c'est encore et inévitablement Lilian Thuram, qui n'en finit pas de raconter, devant les caméras du monde entier, sa soirée magique et ses deux buts venus d'ailleurs.

Une fois de plus, je suis frappé, au hasard des déclarations surprises au détour du studio radio ou télé, par la sagesse et le sens des responsabilités qui se dégagent des propos tenus par les joueurs. Ils ne se prennent jamais pour des surhommes et surtout ils ne versent pas dans je ne sais quelle euphorie dangereuse. À travers cette retenue, on devine qu'ils ne se considèrent pas comme « arrivés » et que la victoire du 12 juillet reste leur unique obsession.

Décidément, jusqu'au bout, ils sont irréprochables...

Ils ont amplement mérité la matinée de détente que nous avons programmée dès mercredi soir pour vendredi matin. Mais, à quarante-huit heures d'une finale de Coupe du monde, il ne peut pas être question de quartier libre. Il ne faut pas exagérer...

Pour changer d'horizon et d'occupations, inutile d'aller bien loin. Le Château de la Voisine, de l'autre côté de la rue, nous offre tout ce dont nous avons besoin. C'est là, on s'en souvient peut-être, que l'équipe de France a préparé un certain nombre de ses matches dans les années 1968-1976, du temps des Dugauguez, Boulogne et autres Kovacs. Moi-même, j'y suis venu lors de mes convocations en sélection... sans imaginer un seul instant ce qui se passerait trente ans plus tard à quelques centaines de mètres de là ! C'est au Château de la Voisine, surtout, que l'équipe de France de rugby vient régulièrement se mettre au vert avant le Tournoi des Cinq Nations.

Dans un parc immense, les joueurs partagent leur temps entre pêche, pétanque et VTT tandis que je me hasarde à faire un peu de cheval en compagnie de Roger Lemerre et de Jean-Pierre Hureau. Un vrai programme de colonie de vacances pour les finalistes de la Coupe du monde...

Nous nous offrons juste un entraînement en fin d'après-midi, histoire de ne pas perdre les bonnes habitudes et de maintenir les mécaniques en bon état de marche. Nous bouclons ainsi une des journées les plus « relax » que nous ayons connues depuis des mois !

Mais j'ai hâte de retrouver mes joueurs le samedi. Pris de scrupules, comme tout entraîneur qui vient de lâcher un peu la bride, je me pose des questions : est-ce que j'ai bien fait ? Est-ce que je n'ai pas cassé le rythme ?

J'ignore si ce sont ces interrogations qui ont perturbé mon sommeil, mais, le samedi matin, je suis debout sur le coup de 5 heures et je décide de visionner le quart de finale Brésil-Danemark.

Je trouve les Brésiliens un peu sûrs d'eux − ce n'est pas forcément un défaut, j'en sais quelque chose − et surtout assez approximatifs dans leur marquage sur coups de pied arrêtés. Je le note aussitôt pour le répercuter aux joueurs, lors de la petite séance vidéo sur le Brésil, tout à l'heure.

Le moment venu, sans trop savoir pourquoi, je m'adresse plus particulièrement à Zizou pour lui glisser :

ON N'A RIEN LÂCHÉ!

– Il y a peut-être un bon coup à jouer sur corner, en venant de derrière...

Le genre d'observation qu'on lance au débotté, sans y attacher trop d'importance, en espérant que le joueur en fera le meilleur usage...

Ces petites séances vidéo auxquelles nous sacrifions à la veille du match sont mitonnées par le Service audiovisuel du Centre technique, dirigé avec beaucoup de compétence par Thierry Marszalek. Elles nous servent surtout de points de repère pour mieux connaître nos adversaires. En une vingtaine de minutes d'un montage musclé, nous découvrons, sur leurs derniers matches, les buts qu'ils ont marqués, ceux qu'ils ont encaissés, leurs grandes caractéristiques tactiques, leurs points forts comme leurs faiblesses, au travers de leurs individualités les plus notables.

Le travail n'a pas la prétention de tout nous révéler sur nos adversaires ni de nous mettre à l'abri de toute surprise, mais il situe bien les données du problème, il alerte les joueurs sur des détails qui n'en sont pas forcément. Cela leur permet déjà de se familiariser avec leur opposant direct, de connaître ses habitudes, ses petits trucs, etc. Nous partons ainsi moins dans l'inconnu et, d'une certaine façon, cela rassure.

L'entraînement du samedi soir me rassure aussi totalement, s'il en était encore besoin. Je sens les joueurs sereins mais très concentrés, extrêmement présents et déterminés. On devine une grande résolution dans tout ce qu'ils font et je retrouve le parfum si particulier de la préparation contre l'Italie.

Les joueurs se prennent en charge complètement. Ils s'assument. On pressent que l'événement ne va pas leur échapper.

Mais, fidèle jusqu'au bout à ma bonne vieille recette – surprendre, toujours surprendre ! –, je fais inscrire par Riton, samedi après le dîner, sur le tableau annonçant le programme du dimanche 12 juillet : « 11 heures, rendez-vous vestiaires puis entraînement ». Certains joueurs croient à une erreur de programmation ou de transcription, mais il n'en est rien. Tout le monde sur le terrain, le matin de la finale.

Je veux que la journée ne traîne pas en longueur. Il ne faut pas que les gars tournent en rond.

Rester ensemble. Tous ensemble. Nous faisons la dernière préparation dans la bonne humeur, sans programme imposé, si ce n'est quelques coups francs ou corners. Une dernière fois, nous favorisons l'échange. Il n'y a plus ni titulaires ni remplaçants, mais un groupe complice et volontiers chambreur.

Il fait gris, le vent s'est levé, mais personne ne s'en soucie. Pour ces Bleus-là, le ciel est toujours bleu. Surtout un jour comme celui-ci.

Et puis vient le départ pour le Stade de France. Une extraordinaire sortie du Centre technique devant lequel se sont massées deux ou trois mille personnes, peut-être davantage, avec drapeaux, écharpes, banderoles bleu, blanc, rouge et aussi des pancartes « Thuram président » ou « Liza, on t'aime ». Du délire.

Passé le premier moment d'émerveillement, je suis pris de panique devant cette foule qui bloque l'autocar et ne lui permet d'avancer que mètre par mètre. Il me vient alors cette idée saugrenue : pour une fois qu'on joue une finale de Coupe du monde, on va arriver en retard au stade !

On ne va jamais passer ! L'espace de quelques secondes, je me dis que tous ces gens qui nous veulent tellement de bien risquent de nous priver de finale. Il faut croire que je suis un peu tendu, malgré tout... Mais, après un passage difficile jusqu'à l'église de Clairefontaine, la route s'éclaircit.

Tout au long de la N10, à Coignières, à Trappes, ce sont encore des milliers de personnes enthousiastes qui adressent de grands signes aux joueurs. Ceux-ci prennent de plein fouet cet enthousiasme, cette énorme ferveur populaire qu'ils ont sentie monter au fil de leurs performances. Ils répondent, échangent des remarques, plaisantent entre eux...

Pour beaucoup de matches de bien moindre importance, l'atmosphère dans le car qui nous conduit au stade est à couper au couteau, on entendrait une mouche voler. Mais là, c'est détendu, bon enfant, à trois heures d'une finale de Coupe du monde !

Toutefois, lorsque nous nous retrouvons dans notre vestiaire du Stade de France, les visages se tendent et le silence revient, lourd et solennel. Enfin, quand je dis « notre » vestiaire, c'est une façon de parler parce que les méandres du règlement FIFA ont déterminé que la finale était Brésil-France et non France-Brésil : il nous revient donc d'occuper le vestiaire dit des « visiteurs ». Franchement, les joueurs s'en moquent comme d'une guigne, et moi encore plus qui n'ai jamais été superstitieux ni très attaché à je ne sais quels signes du destin.

Pas de superstition donc, mais un rituel immuable dans la préparation. Chacun est à sa place, toujours la même, Didier au bout du banc tout à gauche et Zizou à l'autre extrémité à droite. Chacun répète les gestes habituels, dans le même ordre, en guettant le moment où ce sera son tour d'aller au massage.

Sur les murs, comme il le fait toujours, Philippe Bergeroo a scotché les grandes feuilles où figurent différentes séquences tactiques que nous avons discutées avec les joueurs au moment de ma causerie, avant de quitter Clairefontaine. Il s'agit essentiellement des dispositions à adopter sur coups francs et corners, pour nous et contre nous. Qui se positionne où ? Qui se charge de qui ? Qui est à la récupération ? Impossible bien sûr de tout prévoir, mais un certain cadre est indispensable dans des situations bien précises. Ce cadre, les joueurs le connaissent. Au gré des allées et venues dans le vestiaire, ils s'arrêtent devant nos panneaux, s'imprègnent des consignes fixées d'un commun accord, parfois ils en discutent entre eux. Bref, ils se mettent dans le match, progressivement, chacun à sa façon, que les autres respectent scrupuleusement.

Ce sont des moments rares et forts dans un vestiaire où chaque joueur, tout à sa préparation minutieuse, semble ignorer les autres, mais où circule en réalité un courant à haute tension qui, déjà, bien avant le coup d'envoi, relie les individus pour n'en faire qu'un seul bloc.

Ce beau rituel n'est perturbé que par l'arrivée de Philippe Tournon qui m'apporte la feuille de match : Ronaldo n'y figure pas, ce dont j'avertis immédiatement les joueurs.

Les réactions sont diverses. Il y a ceux, nombreux, qui s'en soucient autant que de leur premier protège-tibia : Ronaldo ou pas, qu'est-ce que ça change ? D'autres, comme Laurent Blanc, ne veulent pas y croire et subodorent le piège déstabilisateur. Quant à moi, je me dis qu'il doit se passer quelque chose, car ce n'est pas le genre de Zagallo de s'amuser à ce petit jeu...

Effectivement, il se passe « quelque chose » puisque nous avons à peine le temps de rectifier nos fameux tableaux sur le mur, avec Edmundo à la place de Ronaldo, qu'une deuxième feuille de match nous arrive. C'est parfaitement réglementaire : jusqu'au coup d'envoi un entraîneur peut modifier son équipe. Mais cette fois, Ronaldo figure bien parmi les titulaires, avec son célèbre numéro 9 !

L'explication, de la bouche même de Zagallo, je l'aurai bien plus tard quand, à l'initiative d'un magazine portugais, je retrouverai l'entraîneur brésilien dans ce vestiaire du Stade de France. Il me confirmera alors qu'il n'y avait aucune « intox » de sa part. Dans l'après-midi de la finale, Ronaldo a été pris d'un malaise, il est parti passer des examens dans une clinique, et au moment de livrer la composition de l'équipe, il n'est tout

ON N'A RIEN LÂCHÉ!

simplement pas encore arrivé au stade. Mais, dans les minutes suivantes, il a fait son entrée dans le vestiaire en disant qu'il était en état de jouer, ce que les médecins brésiliens ont corroboré. Zagallo me confiera que, dès lors, il n'a pas envisagé un seul instant de se priver de Ronaldo, même éventuellement diminué (ce que d'ailleurs le match a été loin de prouver). Presque tous les techniciens se rejoignent pour estimer qu'un joueur d'exception a toujours sa place sur le terrain même lorsqu'il n'est pas au meilleur de sa forme.

Voilà l'histoire de cette fameuse feuille de match modifiée qui a ouvert la porte à toutes sortes d'hypothèses, y compris les plus farfelues.

Sur le moment, en apprenant que Ronaldo sera présent sur le terrain, je suis plutôt satisfait. Je préfère que cela se termine ainsi, parce qu'une victoire sur un Brésil sans sa vedette ne manquerait pas de susciter toutes sortes de restrictions de la part de ceux qui ne nous veulent que du bien... Le face à face peut donc avoir lieu, à la loyale, à armes égales.

Je suis très clair, très direct avec les joueurs :

– OK, vous avez en face de vous les meilleurs joueurs du monde. Sur deux ou trois coups de génie, ils peuvent mettre n'importe quelle équipe au tapis. Mais on est meilleurs qu'eux! Parce que votre collectif est largement supérieur au leur. Si vous vous comportez comme vous vous êtes comportés jusque-là, vous serez champions du monde! On a bossé comme des dingues pour en arriver là, on n'a pas dansé la samba, on ne va pas lâcher maintenant. Alors, on va aller les chercher, ces Brésiliens, on ne va pas leur laisser le loisir de faire leurs grigris. Exprimez-vous avec vos armes et elles vous mèneront au titre de champion du monde!

Au-delà de la volonté de les persuader, s'il en était encore besoin, que le coup est jouable, je ressens vraiment les choses de cette façon. Entre la qualité individuelle des Brésiliens,

227

indéniable, et la puissance de notre collectif, j'estime que la balance penche sans conteste, techniquement et objectivement, de notre côté.

Et le début de match le confirme en beauté ! Quelle première mi-temps, une fois de plus ! Quelle présence, quelle maîtrise ! Chaque joueur français dégage une force impressionnante, et plus impressionnante encore m'apparaît notre force collective, nourrie de l'apport de chacun. Les Brésiliens sont peut-être des magiciens du football, mais, ce jour-là, la magie est dans le camp de l'équipe de France.

En état de grâce, elle trouve encore le moyen d'élever son niveau de jeu. Avec une sorte de plénitude et de confiance absolue, comme si rien ne pouvait lui arriver.

Dans chaque duel, le Français prend le meilleur sur le Brésilien. L'homme au maillot bleu a toujours un temps d'avance sur l'homme au maillot jaune. Il est conquérant dans toutes ses actions, judicieux dans ses choix, efficace dans ses gestes.

Et, lorsque Zizou marque le premier but, nous explosons de joie. Parce que, contrairement à ce qui s'est passé devant l'Italie, nous concrétisons notre emprise sur le match. Symboliquement, le buteur est un joueur qui n'a rien à envier, question talent, aux Brésiliens, mais qui, en plus, sait se retrousser les manches quand il le faut, et donner toujours la priorité au collectif.

À mes yeux, cela reste une image très forte, parce qu'elle illustre pleinement cette équipe de France, composée de joueurs de grande valeur, mais toujours soucieux du collectif qu'ils forment.

Le deuxième but de Zidane, juste avant la pause, ne fait que souligner ces qualités et conclut en feu d'artifice quarante-cinq minutes exceptionnelles.

ON N'A RIEN LÂCHÉ !

À la mi-temps, chacun, en son for intérieur, est persuadé que c'est plié, que, même si cela a pu se produire dans le passé, on ne remonte pas deux buts, Brésil ou pas, à cette équipe de France là. Mais le plus extraordinaire, c'est que personne ne le dit ! Tout le monde fait comme si rien n'était joué. Didier Deschamps le premier, en capitaine modèle :

– Oh, les gars, on s'enflamme pas ! Il y a encore quarante-cinq minutes de folie, ils vont essayer de nous mettre le feu, mais on ne lâchera rien. Rien !

Et chacun de reprendre :

– On ne lâchera rien !

Combien de fois nous l'avons entendue, cette petite phrase qui semble anodine, mais qui veut dire tellement de choses et qui nous colle si bien à la peau.

En seconde mi-temps, nous ne lâcherons rien, en effet, mais nous nous ferons quand même quelques frayeurs. Les Brésiliens jouent leur va-tout, Ronaldo est bien près de ramener le score à 2-1, seul au coin des six mètres. Heureusement Barthez est là, l'invincible Fabien qui bloque superbement le boulet de canon du Brésilien.

Mais il est écrit que rien ne nous sera épargné. À vingt minutes de la fin, au plus fort de la rébellion brésilienne, nous voilà soudain contraints de gérer l'expulsion de Marcel Desailly, pour un deuxième carton jaune. De nouveau, il faut intervenir dans l'urgence, rééquilibrer l'équipe, ne pas la fragiliser à ce moment clé du match où nos adversaires jettent leurs dernières forces dans la bataille.

Je fais passer Bogho, qui vient de remplacer Karembeu, dans l'axe central et je fais entrer Patrick Vieira pour étoffer le milieu. Non seulement nous tenons, mais nous nous offrons le luxe, à la dernière minute, d'un troisième but qui donne des allures de triomphe au succès français. Et un, et deux, et trois zéro, on connaît la chanson !

Dans cette ultime chevauchée, la dernière de mon équipe de France, tout s'enchaîne avec une facilité, un naturel là encore très symboliques.

Sur un corner contre nous, Dugarry est à la récupération, Duga qui a retrouvé ses copains l'espace d'une demi-heure après son terrible claquage, Duga qui n'en peut plus mais qui s'arrache pour remonter ce ballon. Il voit et sert Vieira sur la gauche. Petit, qui a déjà dû courir plus de dix kilomètres dans le match, s'engage à grandes enjambées rageuses sur la gauche, le ballon de Patrick lui parvient, millimétré, pour un tir croisé qui va mourir dans le petit filet brésilien, sur la gauche de Taffarel.

Dans cette action, tout a été juste, exemplaire : le placement des uns et des autres au départ, le déclenchement des passes, les enchaînements, la finition.

Dernière action, dernière image de notre maîtrise collective, de notre volonté d'aller toujours de l'avant, de notre fluidité, de notre cohérence dans le jeu. Et un but marqué par Manu Petit, comme un pied de nez à toutes ces théories fumeuses sur le nombre et la nature des attaquants. C'est d'abord un but collectif. La marque indélébile d'une très très grande équipe.

L'apothéose. Le rideau peut tomber.

6

Mes champions du monde

Entraîneur, c'est un métier particulier. Un vrai, un beau métier, mais un métier à part, que l'on exerce, en quelque sorte, par procuration. Celle que l'entraîneur donne aux joueurs pour reproduire en match ce qui a été « enseigné », appris et répété à l'entraînement.

Chaque joueur s'y applique avec ses qualités propres, associées à celles de ses équipiers, dans un jeu en mouvement où il faut bien sûr composer avec des adversaires qui ont reçu de leur coach semblable procuration...

C'est dire tout ce qui entre d'aléas et d'imprévus dans ce beau jeu de football où l'entraîneur ne retrouve pas toujours dans la prestation de ses joueurs la partition étudiée et les consignes données...

Si l'éducateur de jeunes se consacre essentiellement à l'initiation, à l'apprentissage des gestes et des premières bases techniques, l'entraîneur d'adultes est là d'abord pour organiser le jeu de l'équipe, soigner sa préparation, trouver les meilleures complémentarités et tirer le meilleur parti des atouts dont il dispose.

On peut dire la même chose, a fortiori, du responsable d'une sélection nationale : sa mission première consiste à forger un groupe où le talent de chacun pourra s'exprimer au mieux, mais au sein d'un collectif défini, auquel les joueurs doivent adhérer sans arrière-pensée.

Si l'entraîneur doit nouer avec chacun des joueurs un dialogue de confiance, il faut en outre que cet échange soit constamment orienté, projeté vers l'équipe, pour l'équipe.

Le joueur a toujours, et c'est légitime, le souci de sa performance individuelle, en équipe nationale plus qu'ailleurs. Notre force, notre victoire avec les Bleus, aura été de favoriser leur expression personnelle tout en la canalisant efficacement au profit de l'équipe.

Avec tous les talents dont disposait le groupe France 98, ce n'était pas gagné d'avance ! Mais notre souci de tout expliquer et de convaincre a fait en sorte que chacun, sans se renier, sans rien perdre de ses singularités, se mette au service du collectif, érigé en priorité absolue.

Pour moi, pour tout le staff, c'est une immense satisfaction professionnelle et humaine qui nous a permis, au soir du succès, d'affirmer que nous ne nous étions trompés ni sur les *joueurs* ni sur les *hommes*.

Cela valait bien que, dérogeant à mon habituelle réserve sur le sujet, je me hasarde à brosser en quelques phrases un rapide portrait de « mes » champions du monde, présentés dans l'ordre des numéros qu'ils ont portés tout au long de la compétition.

1 – Bernard Lama

Aucun doute pour moi, Bernard est de la race des grands. Des grands gardiens. Peut-être le meilleur au monde au moment de l'Euro 96 où son rayonnement, sa présence, son autorité dans la surface de réparation faisaient l'admiration de tous... et la crainte de tous les attaquants.

Ses envolées pour capter les ballons les plus hauts, sa maîtrise des airs étaient phénoménales, tout autant que sa lecture du jeu qui lui permettait d'anticiper nombre de situations potentiellement critiques pour son équipe.

Le personnage Bernard Lama a pu prêter à confusion. L'homme est profond, sensible, à l'écoute des autres, toujours prêt à échanger, à transmettre, à participer. Mais l'image qu'il donnait de lui, volontairement ou non, laissait trop de place à une forme de détachement un peu hautain, comme s'il était là en observateur distant.

Ce n'était qu'une apparence. Le vrai Lama, c'est celui que nous connaissions bien en équipe de France, dont il était l'un des éléments forts et représentatifs.

Il l'a bien servie, avec talent et passion.

2 – Vincent Candela

Tous les entraîneurs rêvent de posséder dans leur effectif quelques éléments comme Vincent, prototype du coéquipier parfait et polyvalent.

Eu égard à ses possibilités physiques, techniques et mentales, le joueur est méconnu. Dans toute autre équipe que la nôtre, où Thuram et Lizarazu lui barraient la route, il aurait été un titulaire indiscutable et indiscuté.

Il peut jouer défenseur gauche ou droit, voire milieu défensif, il frappe des deux pieds, sans que l'on puisse prévoir lequel il va choisir, et son rendement est constant de la première à la dernière minute.

Vincent, c'est un tempérament. Un naturel généreux, une fougue communicative que l'on retrouve dans son jeu, sans calcul, sans retenue. Mais ce tempérament fougueux peut aussi lui jouer de mauvais tours sur le terrain ! Il le sait bien.

Dans notre groupe, sa bonne humeur, son sourire et ses yeux plissés ont fait la joie de tous. C'est « le mec bien » que tout le monde veut avoir pour copain !

3 – Bixente Lizarazu

Petit bonhomme, mais grand joueur ! C'est le type même de l'arrière moderne, intraitable dans son rôle défensif, où sa puissance et sa vitesse font la loi, mais aussi jaillissant, toujours en mouvement, prêt à aller de l'avant, à créer le surnombre et à offrir un relais, une solution sur le plan offensif.

Après son splendide Euro 96, j'étais soucieux de le voir aux prises avec une blessure puis avec la concurrence au Bayern, à l'approche de la Coupe du monde. Mais, pour lui, j'aurais fait une exception, j'aurais attendu... même au-delà du raisonnable.

Bixente est tellement fort. Fort dans son corps, fort dans sa tête. C'est un calme, un discret, mais il émane de ce petit Basque une force extraordinaire, communicative. Rien n'est anodin chez ce professionnel qui se gère à la perfection. Il parle peu, mais il parle d'or. Il faut bien écouter tout ce qu'il dit...

Cet élément clé dans mon système de jeu possédait par ailleurs cette vertu rare de tout positiver. Sans états d'âme inutiles, ce qui n'excluait nullement la sensibilité, ce tempérament fier restera pour moi le parfait symbole de la performance au plus haut niveau.

4 – Patrick Vieira

Sous des allures flegmatiques, Patrick cache tous les atouts du joueur moderne de haut niveau : présence, dynamisme, dureté quand il le faut, intelligence du jeu, utilisation rapide du ballon, souci d'aller toujours et vite vers le but adverse.

Ne vous fiez pas aux apparences, car derrière cette grande carcasse qui semble toujours en retard, au bord de la rupture et de niveau technique moyen, il y a un joueur de talent, le grand joueur de demain. Un milieu de terrain à la présence exceptionnelle, qui sait donner du mouvement au ballon avec le bon geste offensif, le geste décisif.

Il est comme le chat qui dort : en fait, toujours en alerte. Toujours prêt à bondir, à laisser éclater la « rage » qui l'habite.

Ses yeux souriants, malicieux, un rien provocateurs, rendent Patrick très attachant pour qui sait aller au-delà d'apparences trompeuses...

5 – Laurent Blanc

Un pilier de l'équipe championne du monde. Sur le terrain comme en dehors.

Tout est parti d'un malentendu à Montpellier en 1990, lorsqu'il n'a pas voulu se ranger à ma conviction qu'il avait tout pour être un libero d'exception. Les événements ont tranché.

Son aisance technique, sa manière d'orienter le jeu de façon à la fois plaisante et efficace, sa valeur tactique de très haut niveau en font un des meilleurs spécialistes mondiaux à ce poste.

Comment ose-t-on dire de l'équipe de France qu'elle est défensive quand elle a un patron des bases arrière aussi souverain et clairvoyant dans la relance ?

Avec Laurent, l'imagination et la créativité sont au pouvoir. Dans l'élégance et le réalisme.

Comme par enchantement, tous ceux qui jouent autour de lui se bonifient et vont jusqu'aux limites de leur expression.

L'homme est au moins aussi intéressant que le joueur, sous le signe de l'harmonie, de la réflexion et de la sérénité. Réservé, à l'excès peut-être, Laurent dégage une autorité naturelle et sécurisante qui rejaillit sur le groupe. Un seigneur.

6 – Youri Djorkaeff

Le surdoué. Un magicien du geste capable de tous les ravages dans la surface de vérité où sa précision, sa spontanéité, sa clairvoyance et son aptitude à jouer sur ses points forts mettent les défenseurs adverses au supplice.

Ce potentiel exceptionnel, doublé d'un égoïsme précieux dans un tel registre, l'amenait parfois à vouloir trop en faire, dans des zones où l'équipe de France possédait déjà un gros répondant.

Sa grande victoire aura été de le comprendre et de gérer cet égoïsme avec intelligence pour se fondre dans le collectif, avec cette confiance en lui qui ne se dément jamais.

Youri, c'est le technicien du mouvement qui pèse sur le jeu autant que sur la défense. Avec lucidité, avec à-propos.

En quatre ans, il a évolué, il s'est bonifié.

Youri revendique aussi fièrement ses origines arméniennes que ses fortes valeurs familiales. Très attachant, il est d'une douceur presque orientale dans le contact et dans l'échange.

Avec Youri, on irait n'importe où...

7 – Didier Deschamps

« Trois Pommes », comme je l'appelais affectueusement. Mais celui qui le croquera n'est pas encore né !

Un patron, un meneur. Le professionnel intégral, dur au mal, très fort mentalement, qui s'analyse, qui analyse le jeu et les hommes avec lucidité, impitoyablement, toujours pour le bien du collectif. Il ne connaît pas le doute... ou alors il le masque bien. Bref, le capitaine idéal pour des champions du monde.

Capitaine comme il l'a été dans toutes les équipes, toutes les sélections où il est passé.

Pourtant, au départ, il n'a pas d'atouts exceptionnels. Mais il est né pour le jeu, pour la compétition. Comme un aimant qui attire, qui rassemble, qui mobilise les énergies.

Sa maturité dans le jeu, son génie du placement et de la récupération, son abattage peuvent être cités en exemple.

Avec une capacité étonnante de passer sans transition du rôle de patron froid, réaliste, râleur s'il le faut, à celui de grand frère, confident ou chambreur, spécialité où il excelle, à notre grande joie à tous.

Il fut pour moi un relais exceptionnel, un élément clé de la réussite de notre aventure.

Et vous allez voir l'entraîneur que ça fera !

8 – Marcel Desailly

Dire que certains avaient ironisé sur sa sélection au sortir d'une saison en demi-teinte ! Mais, au jour J, le grand Marcel était là, et bien là.

Au top sur les plans physique, technique et tactique. Du Desailly à deux cents pour cent. Qui a su gérer sa saison à la perfection, comme il sait gérer ses potentialités, son environnement, son football.

Marcel est « total ». Il donne tout, toujours. L'a-t-on jamais vu dépassé par les événements ? Moyen, il lui arrive de l'être. Mauvais, jamais. Ce grand solitaire sert le collectif sans se l'imposer. Naturellement.

Le surnom dont on l'a parfois affublé, l'Ambassadeur, lui va à merveille. C'est vrai qu'il donne l'impression de vivre sa vie un peu en marge, laissant traîner son œil malicieux sur tout, apparemment peu sensible ou accessible à ce qui se dit ou se passe, mais en réalité vigilant, curieux, attentif.

Ses analyses du jeu ou du match peuvent laisser percer quelque chose qui ressemble à de la suffisance, elles sont surtout d'une justesse et d'une pertinence rares.

À l'image du personnage, responsable et sûr de lui, en toutes circonstances.

9 – Stéphane Guivarc'h

Pour n'avoir pas été un « guivarchien » de la première heure – je connaissais ses talents de buteur, mais peinais à cerner son association avec Zidane et Djorkaeff –, je suis le premier à regretter que, de blessures en manque de réussite, Stéphane n'ait pas eu la Coupe du monde qu'il méritait.

Il s'était préparé de façon exemplaire. Il brûlait de faire taire ses détracteurs. Sa mentalité, taillée dans le granit de sa Bretagne, son sens du devoir, son obstination et sa présence devant le but adverse, son altruisme, surtout, pouvaient et devaient lui valoir la consécration, enfin, au plus haut niveau.

Une blessure trop tôt survenue, contre l'Afrique du Sud, a empêché que l'aventure ne se déroule comme nous l'avions souhaité.

Mais ce garçon franc et droit a apporté utilement sa pierre à l'édifice. Il a justifié la confiance placée en lui et je ne regrette surtout pas de la lui avoir maintenue jusqu'au bout.

Ah, si seulement il avait pu marquer, contre le Brésil, ce but qui s'offrit à lui, à deux ou trois occasions ! La boucle aurait été joliment bouclée.

Stéphane a encore des revanches à prendre. Gageons qu'il les prendra.

10 – Zinedine Zidane

Que dire de ce génie du football, unanimement, mondialement connu et reconnu ? De ce joueur qui fait ce qu'il veut du ballon, comme s'il avait des lasers dans les pieds ?

À l'évidence, ce fut une énorme chance pour l'équipe de France de posséder dans ses rangs un joueur de cette dimension, en mesure de faire la différence grâce à son énorme talent individuel, mais surtout capable à ce point de se fondre dans le collectif pour le valoriser, le magnifier, pour amener l'équipe à un niveau de performance rare.

Le jeu de ce merveilleux soliste a ceci de fabuleux qu'il est sans cesse tourné vers le souci du rendement de l'ensemble.

Sous des dehors très calmes, Zizou est porté par une force intérieure bouillonnante qui l'amène souvent au-delà de ce qu'on lui demande.

D'une simplicité confondante, d'une humilité qui ne l'est pas moins, le joueur et l'homme rallient tous les suffrages.

À la fois magicien et homme-orchestre, il a pris sous le maillot de la Juventus une envergure encore plus grande et il est loin d'avoir atteint le sommet de son art.

Qu'on se le dise, le meilleur Zidane est à venir !

11 – Robert Pires

La Coupe du monde est peut-être venue un peu tôt pour ce joueur de talent qui a depuis entamé sous le maillot marseillais une intéressante et inéluctable métamorphose.

Rayonnant individuellement, homme des grandes chevauchées décalées, il est en train d'évoluer avec bonheur vers plus de responsabilités, plus d'implication dans le jeu.

Si je me suis montré exigeant avec lui, si je ne l'ai pas lancé aveuglément dans toutes les batailles, c'est qu'il devait encore passer ce cap, devenir apte sur le plan psychologique à assumer davantage.

Robert était trop, dans son jeu, ce qu'il est resté dans sa vie : un garçon d'une gentillesse désarmante. Le football moderne est impitoyable. Robert n'aime pas se mettre en avant, mais son jeu et l'étendue de son registre l'y obligent.

Le Pires nouveau a été rattrapé par son talent. Bon gré, mal gré, il sera bientôt un vrai leader.

Mais, pour le reste, qu'il ne change surtout pas : qu'il reste le compagnon ouvert et joyeux apprécié de tous.

12 – Thierry Henry

Le voilà bien, le joueur symbole de la nouvelle génération ! Le walkman sur les oreilles, sûr de lui, avançant dans l'existence sans se poser de questions...

Thierry a le droit d'être sûr de lui. Sûr de son excellente formation. Sûr de ses qualités techniques et athlétiques.

Il avale la vie, il avale le jeu, il avale les espaces sur le terrain avec un naturel à la limite de l'insouciance. Mais une insouciance qui peut se retourner contre lui et contre laquelle il m'a fallu le mettre en garde plus d'une fois.

Mais sans le heurter, sans méchanceté. Entre nous, il suffisait souvent d'un regard, de quelques mots pour nous comprendre, pour qu'il sache ce que j'attendais de lui.

Je m'étais bien gardé de lui annoncer trop tôt qu'il ferait partie de l'équipe de départ. Il fallait le laisser dans l'incertitude, le provoquer juste ce qu'il faut.

En signant à la Juventus, il n'a pas choisi la facilité. Mais il a tout en lui pour réussir, s'il arrive à bien se situer, à abandonner peu à peu ce côté chien fou qui fait son charme, mais aussi, parfois, sa limite.

13 – Bernard Diomède

« Petit bonhomme » deviendra grand... s'il veut bien se convaincre que cela ne dépend que de lui.

Hargneux, volontaire, très présent, il occupe son poste d'ailier avec férocité. Avec son pied gauche souverain, il n'a peur de rien. Et c'est un joueur éminemment collectif.

Un vrai, un pur produit de l'école auxerroise à laquelle, comme tant d'autres avant lui, il fait honneur.

Seulement, il faut qu'il arrive à se persuader de ses capacités !

Parfois, à l'entraînement, après quinze ou vingt minutes du tonnerre, il disparaissait. Je le secouais, je lui disais : « Oh, qu'est-ce que tu fais ? » Et il repartait.

Trop souvent renfermé, très sensible, Bernard a besoin de savoir où est sa concentration. Il doit absolument la trouver et la sauvegarder. Ce jour-là, son jeu explosera pour de bon, comme dans la première demi-heure à Lyon contre le Danemark.

Ce jour-là, « petit bonhomme » sera devenu grand.

14 – Alain Boghossian

S'il fallait qualifier le jeu de « Bogho » d'un seul mot, ce serait : efficacité.

Ce n'est pas le genre de joueur à enflammer les foules avec des gestes techniques somptueux, mais quelle efficacité, quelle générosité dans tout ce qu'il entreprend !

Il voit clair, il voit juste, tous ses gestes sont utiles. Appelé en cours de partie, il entre dans le match avec une facilité déconcertante, tout de suite opérationnel, tout de suite là où il faut.

C'est une aubaine d'avoir dans son effectif un joueur de cette trempe qui exerce sur le jeu et sur le groupe une autorité souriante, naturelle et contagieuse.

Avec lui, tout est bonheur.

Il parle avec flamme, avec conviction, parfois un peu provocant – sans doute son côté italo-marseillais –, mais sa communication est pleine de chaleur, de respect aussi.

Alain vit le football complètement, joyeusement. Il fera sans aucun doute un très bon entraîneur.

15 – Lilian Thuram

À ce poste d'arrière droit où je l'ai affecté d'office avec la complicité de Jean Tigana, il a réalisé une Coupe du monde « monstrueuse », sans même parler de ses deux buts venus d'ailleurs contre la Croatie.

Peut-on imaginer meilleur que lui à ce poste ? Qui pourrait y faire valoir plus de rayonnement athlétique, plus de vélocité, plus de puissance, plus de percussion offensive ?

Lilian a su dépasser le lancinant débat sur son meilleur positionnement pour se mettre, exclusivement, au service de l'équipe de France, lui donner la priorité absolue. Il en a été récompensé, et nous avec lui.

Lilian adore la discussion. Il y montre une habileté certaine, développant inlassablement son argumentation, d'un débit posé, presque professoral. Pour accepter, au bout du compte, la contradiction et se ranger, éventuellement, à l'avis de son interlocuteur.

241

Mais il faut lui laisser dire ce qu'il a à dire...

« Tutu » a un naturel en or et il fait bon vivre à ses côtés. Comme pour bien d'autres, il ne faut pas s'arrêter aux apparences et surtout pas à ses petites lunettes rondes, style éternel étudiant...

16 – Fabien Barthez

Un personnage atypique. Quand il va prendre place dans son but, il ne brille ni par son allure ni par son envergure. Mais que le match commence et c'est la métamorphose.

L'homme au maillot aux manches toujours coupées bondit, jaillit, se précipite, libérant une énorme énergie, presque une violence dévastatrice. Il vole, il plane comme un extraterrestre, pour reprendre l'expression de son copain Laurent Blanc.

Alors, il est sans égal. C'est l'excellence. Sa seule présence dans la cage suffit à mettre les attaquants adverses en position d'infériorité. Son efficacité est totale. Ses sorties, ses prises de balle, son jeu au pied, tout respire la classe. La grande classe.

Ainsi est Fabien, monstre de travail aux entraînements, d'une décontraction invraisemblable dans la vie où rien ne semble avoir de prise sur lui, mais, à coup sûr, gardien de but d'exception.

Aucun doute, mieux vaut avoir avec soi que contre soi ce personnage si sympathique qui n'abandonne son éternel sourire que dans l'exercice féroce de son art.

17 – Emmanuel Petit

La grande réussite de cette Coupe du monde. À la mesure de l'attente et des incertitudes qui entourèrent longtemps sa sélection.

Je ne l'avais pas retenu pour l'Euro, car sa position d'alors, en latéral gauche, ne nous intéressait pas vraiment. Mais, dès que je l'ai vu en milieu de terrain à Arsenal, j'ai su qu'il y avait un coup à jouer, qu'il allait parfaitement équilibrer notre système de jeu.

Générosité, présence, abattage, lucidité. Manu a eu tout bon pendant la Coupe du monde.

Le masque est tombé. Derrière une froideur apparente qui le dessert souvent, l'homme a révélé des trésors de disponibilité au service de l'équipe. Il a su se galvaniser pour se fondre dans le groupe, comme s'il en avait fait partie de toute éternité.

Il a remporté là une grande victoire personnelle tout en prenant largement sa part à celle de l'équipe de France.

Manu a déployé ses ailes. Il a trouvé et prouvé sa dimension de joueur international de haut niveau. Nous offrant au passage un grand moment de bonheur partagé.

18 – Frank Lebœuf

Rien ne lui a été facile. Ni pour se faire une place au soleil dans un club. Ni pour obtenir ses galons en équipe de France où la concurrence est rude à son poste de défenseur central.

Mais Frank a du tempérament et du ressort. De la suite dans les idées et une volonté sans faille. Il a su attendre son heure et le petit coup de pouce du destin.

Doté de toutes les qualités qui font les bons et vrais défenseurs, il est aussi un joueur naturellement élégant qui ne dédaigne pas d'endosser l'habit du meneur.

Pour ces raisons, son statut de remplaçant chez les Bleus lui a parfois pesé, je le sais.

Mais, une fois passé ces petits moments de vague à l'âme, il savait se repositionner dans le groupe, plus fort, plus conquérant.

Et le malheur de Laurent Blanc devait faire son bonheur. Pour une finale inespérée mais méritée.

Frank y fut irréprochable. Comme toujours lorsqu'il a eu à enfiler le maillot bleu. Sobre, efficace, intraitable, gagneur. Du Lebœuf dans le texte.

MA VIE POUR UNE ÉTOILE

Pour Frank, comme pour tous ceux qui, en sélection ou en club, ne vivent pas toujours bien la vie du banc, c'est une belle histoire à méditer...

19 – Christian Karembeu

Il nous avait fait un Euro exceptionnel. Et je ne pouvais, je ne voulais pas imaginer, malgré ses avatars entre Sampdoria et Real, et une demi-saison madrilène chaotique, qu'il ne soit pas de notre aventure en Coupe du monde.

Je connaissais trop le joueur et l'homme pour me poser des questions inutiles.

Christian, même lorsqu'il n'est pas au top, répond toujours présent. Son ardeur au combat, son refus de céder le moindre pouce de terrain sont des arguments forts qui ont déjà valu à l'équipe de France plus d'un succès. Souvenez-vous de Bucarest !

Homme de cœur, de passion, de générosité, de fidélité, il sait lui aussi ce que signifie se mettre au service de l'équipe. Son souci du collectif est permanent.

Chaleureux, attachant, fidèle à ses origines calédoniennes qu'il ne manque jamais de rappeler, Karembeu n'a peut-être pas marqué la Coupe du monde de son empreinte, comme l'Euro deux ans auparavant, mais il a, une fois de plus, bien servi l'équipe de France.

20 – David Trezeguet

Il ne fallait surtout pas brûler trop vite les ailes de ce superbe attaquant de race. Il était sage, comme pour Thierry Henry, de le laisser mûrir avec Monaco et s'aguerrir à l'Euro Juniors 96 et au Mondial 97 des moins de vingt ans en Malaisie.

David est un authentique chasseur de buts. Ne vous laissez pas abuser par son côté lymphatique ou par l'intérêt relatif qu'il semble parfois porter au déroulement des actions. À l'approche de la surface de réparation, le fauve se met en chasse. Il manifeste alors toutes ses qualités d'adresse, de placement, d'opportunité, de réalisme.

Admirez ses courses rageuses, ses appels de balle, ses déplacements incessants, cet art consommé de se retrouver là où il faut pour le geste final exécuté dans l'instant et avec sang-froid. Un beau joueur.

Il doit encore travailler, s'étoffer athlétiquement, bien gérer sa préparation personnelle et se remettre en cause régulièrement. Mais le terrain est riche et la récolte sera bonne.

L'homme peut paraître distant, réservé, mais l'accueil et l'échange sont chaleureux pour qui prend la peine d'aller à sa rencontre. Probablement la part d'Argentine qu'il porte fièrement en lui...

21 – Christophe Dugarry

Voilà un garçon qui a tout pour lui : la valeur athlétique, une superbe aisance technique des deux pieds, un bon jeu de tête. Tout ce qui caractérise le joueur de très haut niveau. Doué, Christophe l'est sans conteste. Trop peut-être.

À force de tout bien faire naturellement, il se disperse et se met « hors jeu ». Il perd le sens de la réalité et sa facilité le pousse trop souvent à la négligence.

À la pointe d'une attaque, il a tout pour faire la différence. Mais il ne la fait pas assez souvent, faute de régularité, faute de constance.

Christophe a besoin d'enjeux, d'une opposition forte, comme s'il lui fallait toujours un défi à relever pour exprimer toutes ses potentialités.

J'en suis persuadé, Christophe n'a pas encore donné la moitié de ce qu'il peut donner. Sa valeur est telle que, partout, il devrait être indiscutable et indiscuté.

Vite, qu'il trouve son équilibre, qu'il se fasse violence, qu'il soit intraitable avec lui-même !

Alors ce garçon spontané, chaleureux, terriblement attachant, deviendra le grand, le très grand joueur qu'il devrait déjà être.

22 – Lionel Charbonnier

Pas facile d'être troisième gardien en Coupe du monde ! Pourtant Lionel Charbonnier, sans jouer, a tenu ce rôle à la perfection, sans une faute, toujours dans le ton, toujours dans l'action, toujours motivé, pour lui et plus encore pour les autres.

D'une force de caractère peu commune, sachant ce que veut dire « se mettre minable » à l'entraînement, ce compétiteur redoutable a su se comporter non seulement dans le cercle restreint des spécialistes du poste, mais dans tout le groupe, en rassembleur, en boute-en-train.

Toujours disponible, il a animé séances de travail et moments de détente avec une bonne humeur jamais prise en défaut.

Lionel dégage une impression d'équilibre rare, de maturité sereine qui met tout le monde en confiance sur le terrain ou ailleurs.

Pour le staff, pour tous ses camarades, il a été un « plus » incontestable, appréciable et apprécié.

Venant du troisième gardien, une telle attitude méritait d'être soulignée, et saluée comme il se doit.

7

Le pire aussi...

Voilà l'histoire toute simple de la première victoire de la France en Coupe du monde. Une victoire qui est d'abord celle du talent des joueurs et de la qualité des hommes placés, à tous les niveaux de responsabilité, dans les meilleures conditions d'expression.

C'est aussi une réussite qui a valeur de récompense pour l'ensemble du football français, au regard du travail effectué depuis une trentaine d'années, et singulièrement de la politique technique minutieuse qui a permis de détecter puis de former une génération exceptionnelle, à travers les structures de la Fédération et de nos clubs d'élite. Conçu et mis en place par Georges Boulogne, pionnier parmi les pionniers, ce dispositif a su pallier les insuffisances d'un système éducatif, hélas, toujours en deçà de ce qu'on serait en droit d'attendre en matière de sport (il suffit de penser à l'équilibre général de la journée en milieu scolaire).

Heureusement qu'il y avait nos sélections nationales pour aguerrir très tôt tous ces jeunes talents ! Heureusement que nous avons pu compter sur nos centres de formation, souvent comparés, entre autres inepties, à une « fabrique de joueurs stéréotypés, tous coulés dans le même moule, privés de toute créativité » ! La preuve est faite aujourd'hui que, lorsqu'on

247

associe, comme le football français s'y emploie, une bonne formation en club, des techniciens compétents et une expérience internationale tôt acquise, on peut viser loin et haut.

Dans cette patiente alchimie, n'oublions pas le rôle tenu par nos conseillers techniques régionaux et départementaux. Ce sont ces « techniciens de l'ombre » qui mettent en œuvre les deux axes de la politique technique nationale : détection des jeunes et formation des éducateurs, piliers porteurs de notre football.

Cette richesse, il faut veiller à la préserver, jalousement, farouchement. Comme il faut protéger le football des agressions multiples qui le guettent. On y parviendra en prenant conscience que tout part du terrain et que tout doit lui être subordonné.

La leçon ne date pas d'hier. C'est Snella qui me l'a enseignée. Le terrain, le jeu, les joueurs, voilà le moteur du système. Si on n'entoure pas ces éléments de toutes les attentions, la menace de panne est réelle.

Le budget du club (quelques milliers de francs ou plusieurs centaines de millions de francs) et la rétribution du joueur (une simple poignée de main ou un salaire mirifique) ne changent rien à l'affaire. Tant que le terrain et ses acteurs seront placés « au-dessus », à l'abri de tout ce qui pourrait les détourner de l'essentiel, à savoir le jeu et l'expression des joueurs, le football ne sera pas menacé.

Mais que l'on commence à mélanger les genres, à faire passer le business avant le jeu, à sacrifier la préparation au profit de je ne sais quelle opération de relations publiques, et les techniciens ne pourront plus répondre de rien. Or le danger est constant et la tentation de plus en plus fréquente, au nom d'une pernicieuse logique économique, de prendre des libertés avec ces « fondamentaux » du sport.

Tout au long de ma carrière, le respect des priorités véritables a été pour moi une exigence. C'est parce que j'ai pu travailler comme je l'entendais, avec tous les moyens mis à ma disposition par les instances nationales, que la grande aventure de l'équipe de France a été possible.

Lorsque l'édifice repose sur une base stable, le vent peut souffler... Car le triomphe du football français a été obtenu, il faut le noter, au milieu et malgré un climat médiatique incertain, pour ne pas dire franchement hostile.

Les médias... Sujet incontournable, brûlant en ce qui me concerne, et qu'il faut bien aborder puisqu'il a baigné d'une lumière particulière pratiquement toute la période de quatre ans et demi pendant laquelle j'ai occupé le poste de sélectionneur-entraîneur de l'équipe de France.

Je tiens d'abord à préciser, au risque d'en surprendre certains, que je n'ai aucun préjugé contre les journalistes ! Très tôt, ils ont fait partie de mon paysage : on ne peut guère prétendre exercer une activité quelconque dans le milieu du football professionnel sans les côtoyer.

Eux, c'est eux, et nous, c'est nous, comme disait l'autre. Mais, que cela plaise ou non, nous sommes sur le même bateau. Pas toujours sur le même pont, ne partageant pas forcément les mêmes préoccupations ni les mêmes modes de fonctionnement et encore moins les mêmes responsabilités (en ont-ils vraiment ?). Pourtant, nous naviguons bien sur le même bateau, celui du football.

Voilà notre dénominateur commun. Nous en sommes les acteurs, ils en sont les témoins-rapporteurs. Quoi qu'on dise, quoi qu'on fasse, ils constituent un passage obligé pour le sport en général, dont ils assurent la vulgarisation mais aussi la promotion.

Si des sommes considérables circulent aujourd'hui dans le football professionnel, c'est parce que des investisseurs – le terme n'a rien de péjoratif – ont trouvé là un vecteur de communication fort, haut de gamme, qui sert leurs intérêts comme les nôtres, de manière indissoluble. Sans la vitrine des médias, en effet, pas d'exposition. Sans exposition, pas d'investisseurs. Et sans argent, pas de professionnalisme. Refuser cette évidence ne serait ni responsable ni cohérent.

J'ai donc toujours admis les journalistes comme une composante de mon métier et je me suis efforcé d'être pour eux un interlocuteur disponible, dans la limite du raisonnable, cela s'entend.

Il en fut ainsi lorsque j'étais joueur, et pendant ma carrière d'entraîneur. Beaucoup peuvent témoigner que durant plusieurs périodes « chaudes » à Bordeaux, alors même que le bouillant président du club avait jeté l'anathème sur certains médias, allant jusqu'à interdire tout contact avec leurs représentants, je me fis un devoir de remplir chaque jour mes obligations vis-à-vis des journalistes, sans aucune discrimination.

Je ne pense pas avoir jamais entretenu dans la presse de relations réellement privilégiées et encore moins complices, mais, partout où je suis passé, j'ai rencontré une majorité de journalistes qui faisaient correctement et honnêtement leur travail. Nous avions des rapports sains, sans ambiguïté, teintés même, ici ou là, de sympathie partagée. En tout état de cause, je n'ai jamais fait de blocage a priori ni de paranoïa, et encore moins de mauvais esprit à l'égard du phénomène « médias ».

Pour être tout à fait honnête, j'avoue que je ne goûte pas particulièrement les conférences de presse aux allures de grand-messe, avec triple batterie de caméras et de photographes. Cette manière de se dévoiler seul contre tous et de s'exposer à un feu nourri de questions n'est à l'évidence pas dans ma nature. Mais la nature, c'est bien connu, il faut parfois savoir la forcer...

Dès ma nomination à la tête de l'équipe de France, beaucoup de gens dans la presse et ailleurs m'ont considéré comme

250

LE PIRE AUSSI...

un intérimaire, un peu comme Jacques Georges assurait l'intérim à la présidence de la Fédération. N'ayant jamais été dévoré par l'ambition (on me reconnaissait au moins cette vertu, avec une touchante unanimité), sachant surtout qu'un sélectionneur est par définition « de passage », je n'étais pas affecté par le peu de crédit que l'on accordait généralement à la durée de ma mission.

Je demandais simplement à travailler dans une relative sérénité. Je voulais être jugé sur pièces, au terme de la période de deux ans nécessaire pour atteindre (ou non) l'objectif fixé : la qualification pour l'Euro 96.

Mais il a suffi que l'équipe de France, en recherche de vitesse et d'identité, se mette à « patiner » quelque peu (sans, néanmoins, jamais connaître la défaite !) pour que les « observateurs » commencent, de manière d'abord insidieuse, puis de plus en plus ouverte, à instruire mon procès dans les colonnes de *L'Équipe*.

Nous y voilà ! *L'Équipe*, pour ceux qui ne le sauraient pas, est le seul et unique quotidien sportif français. En situation de monopole (c'est peut-être là son problème), il constitue le compagnon de référence pour tous ceux qui, à titres divers, de près ou de loin, s'intéressent au sport.

Sous l'autorité de personnages incontestables et incontestés comme Jacques Goddet, Gaston Meyer, Jacques Ferran, ce journal a souvent joué un rôle moteur positif non seulement dans le traitement de l'information sportive, mais aussi dans l'évolution des compétitions, quand ce n'est pas dans leur création.

C'est à l'imagination visionnaire de Gabriel Hanot, ancien international de football reconverti dans le journalisme à *L'Équipe*, que l'on doit par exemple l'institution en 1955 de la première Coupe d'Europe, celle des clubs champions. Dans d'autres disciplines, et sans qu'il soit besoin de remonter au début du siècle avec le Tour de France cycliste (*L'Équipe* s'appelait alors *L'Auto*), le quotidien a fait la démonstration de son rôle novateur.

Pour m'en tenir au football, j'ai lu pendant de longues années, sous la plume de Jacques Ferran, des éditoriaux de grande qualité et, sous celle de Jean-Philippe Rethacker, des analyses techniques aussi pointues que pertinentes. Les reportages de Robert Vergne, à l'écriture volontiers acide, de Jacques Étienne, Victor Peroni, Jean-Paul Oudot, Claude Chevally et d'autres encore, bien documentés, vivants, traduisaient la réalité diverse de notre sport. Ces hommes étaient, au même titre que les correspondants de *L'Équipe* en province, les témoins quotidiens de nos matches et de nos entraînements. Ils avaient le contact facile et courtois, ils interrogeaient, nous répondions, bref nous échangions, et ensuite ils faisaient leur boulot.

Puis, vers la fin des années 80, est apparu un « nouveau journalisme » qui s'est caractérisé, du moins à mes yeux, par la disparition progressive des papiers de fond et des analyses techniques. Quant aux comptes rendus de match, ils traitaient de moins en moins de ce qui s'était passé sur le terrain. Mais pour les à-côtés, les potins, les rumeurs souvent sans fondement ou suscitées au nom d'intérêts divers, le lecteur était servi !

Comme je m'en étonnais un jour auprès d'un journaliste que je connaissais de longue date (et qui ne travaillait pas à *L'Équipe*), il me fit cet aveu :

– Nous n'avons plus le droit de raconter le match ; il faut trouver des angles, des anecdotes. Créer la polémique, voilà le fin du fin. On nous demande d'accrocher l'attention dès les premiers mots. Le match passe au second plan. Il n'est plus qu'un prétexte.

Selon les canons de ces « nouveaux journalistes » (au moins certains d'entre eux), je ne figurais sans doute pas le sélection-

LE PIRE AUSSI...

neur idéal. Peut-être une étude marketing avait-elle révélé que je n'étais pas « porteur »... Quoi qu'il en soit, ils ont commencé à me snober, à me chercher des noises, pour finalement instruire à mon encontre une sorte de procès pour « délit de sale gueule ».

Indifférents aux résultats, sourds à mes explications, ne prenant jamais la peine de nouer directement le dialogue, mais toujours prompts à se saisir de phrases sorties de leur contexte pour élaborer leurs réquisitoires, les deux plus gradés de ces nouveaux journalistes de *L'Équipe*, épaulés par quelques carriéristes zélés, ont patiemment et obstinément, pendant quatre ans, savonné la planche sur laquelle j'essayais, avec la même patience et la même obstination, de faire monter l'équipe de France vers le haut de la hiérarchie européenne puis mondiale.

Précisons que ce parti pris systématique et cet acharnement à semer le doute n'étaient le fait que de cette poignée de hiérarques épris d'une pseudo-autorité que seule leur conférait l'absence de contradicteurs, monopole oblige. Au sein même de la rubrique football de *L'Équipe*, leur guérilla et leurs idées (ou ce qui en tenait lieu) étaient largement désavouées, comme n'ont pas hésité à me le faire savoir certains de leurs collègues, à la faveur de visites furtives avenue d'Iéna.

Quant aux autres titres de la presse parisienne, ils adoptèrent une attitude plus nuancée, disons plus élastique, en prenant bien soin toutefois, dans les circonstances les plus chaudes, de hurler avec les loups d'Issy-les-Moulineaux. Ils se piquèrent alors de trouver un semblant d'originalité dans des titres qui se voulaient humoristiques. Je pense notamment à ce « Jacquet se déballonne », au lendemain de la publication de la liste des vingt-huit joueurs...

La presse de province, quant à elle, tout en exerçant son légitime droit de critique, joua plus loyalement le jeu. Elle fit preuve au moins de cette honnêteté élémentaire qui consiste à rapporter fidèlement les propos, ou l'essentiel des propos, de celui qu'elle interroge. Dans la délicate période 1996-1998, elle fut pour moi un relais précieux vers les lecteurs des régions, tenus au courant de ce que je faisais. C'est la raison pour laquelle je répondais très volontiers aux invitations qui m'étaient faites de venir à Lyon, à Marseille, à Rennes ou dans d'autres grandes villes, expliquer le détail de mon action et les difficultés que je rencontrais.

Car le grand malentendu de cette période repose sur l'énorme distorsion qui apparut entre la réalité du travail effectué auprès de la sélection et sa perception à travers les relations du média dominant.

Nous savions, nous les techniciens attelés à la tâche et nos collègues des clubs, que deux ans sans compétition, sans match sanction, sans enjeux véritables, c'est dur, presque impossible à gérer. Comment voulez-vous faire croire à des garçons engagés corps et âme, chaque dimanche, dans les sommets du championnat italien ou anglais, au cœur de stades combles et enfiévrés, qu'un match amical contre l'Afrique du Sud ou l'Écosse revêt la même importance, le même niveau d'exigence ? Surtout lorsque, par nécessité, je me livre à des essais qui perturbent l'équipe, voire la déstabilisent, privant ainsi les joueurs de certains repères ou automatismes. Tout cela, je l'ai expliqué à maintes reprises. J'ai dit que nous serions à la peine, que l'équipe de France ne pouvait pas, durant cette période si particulière, avoir sa pleine expression et encore moins le rayonnement d'un candidat au titre de champion du monde.

Mais, de mon côté, je savais apprécier le contenu de ces matches de préparation et les réponses que les joueurs apportaient aux problèmes tactiques nouveaux devant lesquels je les plaçais délibérément. Rencontres sans enjeu véritable, rassemblements bâclés de quarante-huit heures, pour cause de règle-

LE PIRE AUSSI...

ment FIFA... Nos joueurs eurent bien du mérite à se hisser au niveau exigé par l'adversaire pour se faire respecter et, presque toujours, pour s'imposer.

Mais, tandis que nous savions reconnaître à leur juste valeur les trouvailles de ce bel édifice en voie de construction, beaucoup auraient voulu voir la maison finie, les volets peints et des fleurs aux fenêtres.

J'avais beau répéter que nous étions « dans les temps », que l'absence délibérée de tel ou tel joueur clé constituait une expérience utile pour la suite des événements, le message ne passait pas. Ou bien on ne voulait pas le faire passer. Il était sans doute plus vendeur de titrer « C'est quoi, ce match ? » à la veille d'un France-Russie amical, pour mieux en remettre une couche le lendemain avec « C'était quoi, ce match ? ».

Je n'ai jamais demandé aux journalistes de faire prendre à leurs lecteurs des vessies pour des lanternes. Je n'ai jamais souhaité que l'on décrive une équipe de France resplendissante si elle avait été laborieuse. J'espérais simplement une information totale, claire et objective. C'était sans doute trop demander au seul quotidien sportif de France. Il fit tant et si bien que l'on arriva à la Coupe du monde dans un climat de scepticisme malsain.

J'en veux pour preuve le titre de cet éditorial au lendemain de notre dernier match de préparation en Finlande (victoire de la France 1-0) : « L'Everest en espadrilles ». Nous allions nous attaquer au plus haut sommet du monde sans équipement adéquat, donc sans la moindre chance de succès. Aucune considération pour le talent et la détermination des joueurs, aucun respect pour le travail effectué ! Nous avions tout faux...

Et nous avons eu tout bon.

Aujourd'hui encore, j'essaie de comprendre les raisons d'une attitude aussi aberrante. Aberrante parce qu'à aucun moment les résultats n'ont justifié que l'on tire le signal d'alarme ! Faut-il rappeler que, sur cinquante-trois matches disputés sous ma direction, l'équipe de France n'en a perdu que trois ?

Alors, pourquoi tant d'animosité ? Pourquoi un tel aveuglement, et depuis si longtemps ? Car les manœuvres de déstabilisation, voire les tentatives d'élimination, remontent à la fin de ma première année d'exercice, alors que le chantier de l'Euro 96 n'en était pas à sa moitié !

Cet Euro anglais, nous l'avons terminé dans le dernier carré, résultat plus que satisfaisant pour un football français tout juste remis du traumatisme de sa non-participation à la World Cup 94. Pourtant, notre parcours fut l'objet d'un bilan particulièrement sévère de la part des exégètes de *L'Équipe*. À les en croire, je n'étais pas l'entraîneur qu'il fallait à l'équipe de France. Entre autres griefs, on me reprochait mon obstination à faire jouer un Zidane qui n'était pas en pleine possession de ses moyens ! Ai-je besoin de préciser que, si c'était à refaire, je le referais sans hésiter ?

Je sortis indemne de cet énième « procès » qui n'ébranla en rien mes convictions. Tous n'eurent pas cette chance. La première victime fut à déplorer dans les rangs mêmes de *L'Équipe* où les procureurs en chef ne parvenaient décidément pas à rallier beaucoup de collaborateurs à leur douteuse entreprise. Le journaliste maison en charge de l'équipe de France, celui qui rédigeait les « chapeaux », les présentations ou les comptes rendus des matches, qui ne manquait pas une seule conférence de presse et avec lequel j'entretenais donc des rapports fréquents et j'ajouterais loyaux, se trouva soudain affecté à d'autres tâches, coupable visiblement de n'avoir pas pris une part plus active aux manœuvres visant à déstabiliser puis à éliminer le patron des Bleus.

On lui substitua, promotion à la clé, un garçon qu'en d'autres temps et en d'autres lieux j'avais connu plutôt avenant et rigoureux dans l'exercice de son métier. Parvenu à ce qu'il estima peut-être le sommet de son Himalaya, emporté par l'ivresse des cimes, à moins qu'il n'ait simplement suivi la pente naturelle de sa docilité, il se mit à son tour à me chercher des poux dans la tête, sous les prétextes les plus anodins.

Un épisode me semble particulièrement révélateur de la manière dont la « désinformation » fit des ravages à l'approche de la Coupe du monde : c'est cette fameuse histoire de la liste des « 22-28 » joueurs. De façon délibérée, nous nous étions contentés d'annoncer, le 23 avril, que nous donnerions début mai « une liste de joueurs retenus pour la phase de préparation à la Coupe du monde ». L'AFP, connue pour son sérieux, reproduisit mot à mot notre communiqué. Mais *L'Équipe* se crut en droit de claironner le lendemain à sa une : « Les 22 connus le 5 mai » !

Nous avions affaire ou bien à des incompétents, ou bien à des gens intellectuellement malhonnêtes. À moins que ce ne soit les deux à la fois... S'ils ne se sont pas donné la peine de lire attentivement le communiqué, c'est de l'incompétence. S'ils ont choisi de prendre des libertés avec son contenu, pour le plaisir ou par vanité de sortir une pseudo-information, c'est de la malhonnêteté. On ne m'en fera pas démordre...

Dans les jours qui suivirent et jusqu'à l'annonce de ma liste des vingt-huit, *L'Équipe* entreprit une campagne visant à me convaincre que la seule voie raisonnable était de faire connaître dès le 5 mai les vingt-deux participants à la Coupe du monde. Cette campagne pleine de suffisance trouva son point d'orgue dans ce titre qui se voulait comminatoire, mais qui me laissa de marbre : « Jacquet doit trancher ». Et le quotidien de décréter que les joueurs avaient besoin de savoir tout de suite, que l'atmosphère serait irrespirable au sein du groupe si je ne me prononçais pas immédiatement...

Ce jour-là, comme bien d'autres, j'eus envie de leur demander : mais pour qui vous prenez-vous ? Qui êtes-vous pour vous substituer avec une telle prétention à ceux qui ont seuls la responsabilité des choix, pour la bonne raison qu'ils ont seuls les éléments nécessaires pour décider ?

C'est, j'en conviens, le rôle du journaliste de témoigner, de rapporter, de suggérer aussi. Mais il n'a pas pour vocation de se faire décideur à la place du décideur ! Il ne peut se targuer de détenir la vérité, quand sa formation et les conditions d'exercice de son métier ne lui fournissent pas toutes les données pour juger en connaissance de cause.

C'est une question de bon sens et d'humilité.

Comment les journalistes pourraient-ils prétendre avoir « au feeling » un avis plus autorisé que celui des professionnels ? Qu'ils proposent, d'accord, mais qu'ils imposent, certainement pas ! Comment peuvent-ils décréter qu'un entraîneur a commis une erreur en ne sélectionnant pas tel joueur, alors que le technicien n'a pris sa décision qu'après avoir entendu les rapports de plusieurs observateurs qualifiés, qui ont évalué le comportement du joueur en question dans des contextes variés ? Que savent-ils de ma conception globale du groupe, des associations que j'envisage dans les différents cas de figure, de ce que je recherche précisément ici ou là ?

Je me suis toujours refusé à mettre en avant mon passé de joueur ou d'entraîneur de club, au palmarès pourtant bien fourni, pour tenter de justifier mon action à la tête de l'équipe de France. N'y avait-il pas là cependant quelques preuves que le haut niveau ne m'était pas tout à fait étranger ?

Un autre élément dont je ne me suis jamais prévalu aurait dû inciter mes censeurs à plus de réserve et de modestie. C'est la confiance maintes fois exprimée, en public, par des hommes dont les compétences en matière de football peuvent difficilement être mises en doute. Je pense notamment à Michel Platini et à la quasi-totalité des techniciens français en poste dans nos clubs d'élite. Que disaient-ils ? Non pas que Jacquet avait

LE PIRE AUSSI...

la science infuse, mais simplement : « Laissez-le travailler, il connaît son boulot, il a fait ses preuves, et, jusqu'à plus ample informé, les résultats plaident largement en sa faveur. »

Un constat d'évidence que toute personne sensée pouvait faire, même sans connaître professionnellement le football. C'est d'ailleurs ce que l'acteur Pierre Arditi ne s'est pas privé de déclarer, à quelques jours du début de la Coupe de monde, dans un cri du cœur qui m'a profondément touché.

Au lieu d'adopter une attitude digne qui n'interdisait nullement le débat ou la critique argumentée, *L'Équipe* a préféré le jeu bête et méchant de l'ironie grinçante. Avec par exemple, au lendemain de l'annonce de la liste des vingt-huit, ce titre que je laisse apprécier pour ce qu'il vaut : « Et on joue à 13 ? ». Question assortie d'une photo soigneusement choisie où, la bouche ouverte, je passais pour un excité... Tandis que l'édito voisin me décrivait comme un « brave type » qui « émettait des soupirs », incapable d'entraîner (au sens moteur du terme) qui que ce soit où que ce soit.

Semaine après semaine, la raillerie, le cynisme des propos, le caractère péremptoire de certaines positions extravagantes ont fait leur œuvre dans l'esprit des lecteurs. Le doute s'installait, le fossé ne cessait de se creuser entre un collectif équipe de France qui suivait à la lettre un plan de bataille minutieusement élaboré et une opinion mal informée, abusée et privée de repères, qui ne savait plus trop à qui se fier.

Par ailleurs, la bassesse de certaines attaques personnelles provoqua chez mes proches une meurtrissure grave qui n'est pas étrangère aux propos durs que j'ai tenus au lendemain de la victoire et auxquels je ne retire toujours pas la moindre virgule. De pardon, il ne saurait être question. Car c'est sans doute ce qu'il y eut de plus affligeant et de plus détestable dans cette sinistre attitude : on a visé l'homme, on a attaqué l'homme, faute de pouvoir prendre en défaut son travail.

Celui qui se trompe en faisant correctement son boulot, dans le respect de « l'adversaire », mérite en retour une forme de respect et au bout du compte le pardon. Celui qui met en scène, sur la durée et avec arrogance, une entreprise de démolition systématique du travail d'un homme et de l'homme lui-même ne mérite rien du tout.

Au moment des dernières fêtes de Noël, dans la rétrospective de l'année 1998, on a pu apprécier le degré ultime de perversité et d'hypocrisie qu'a revêtu le pitoyable numéro de faux repentir des duettistes de *L'Équipe* : tout en feignant de me « tendre chaleureusement la main », ils m'en refilaient un bon coup derrière les oreilles !

Ils ne daignèrent se reconnaître qu'une seule incompétence : celle de n'avoir pas prévu que Di Biagio tirerait son penalty sur la barre ou que Thuram marquerait deux buts en demi-finale, lui qui n'en avait jamais inscrit un seul avec l'équipe de France.

Peut-on se moquer plus ouvertement du monde ? Peut-on pardonner à des gens qui ont tout mis en œuvre pour vous détruire et saboter votre travail et qui, pris en flagrant délit, continuent d'afficher autant de cynisme et de suffisance ?

Confondus, ces messieurs auraient pu avoir la dignité de se taire quelque temps. Non, ils ont continué à pondre des éditoriaux comme si de rien n'était et à séparer doctement le bon grain de l'ivraie.

J'ai beau considérer le problème sous tous les angles, ça ne passe pas. Tout a été prétexte à piper les dés, à détériorer mon image et à bafouer mon travail. Faut-il un dernier exemple ? Alors, j'invoquerai la mauvaise querelle que l'on m'a cherchée à propos de certaines phrases qui, isolées de leur contexte, m'ont valu un nouveau carton jaune. En conférence de presse, dans le feu de la conversation, j'ai pu avoir une formulation malheureuse et mes contempteurs se sont empressés de me

LE PIRE AUSSI...

faire endosser l'indignité de deux petites phrases-chocs sur le thème « le beau jeu, c'est de l'utopie », ou encore « le football n'est pas un spectacle ».

Je conviens que, dans la sécheresse de l'énoncé, il y ait matière à débat, pour le moins. Mais de quoi s'agissait-il en réalité ? Lassé par des discussions oiseuses sur le style de jeu, ou sur la complémentarité de X et Y, j'ai dû, à un moment, ramener le débat sur l'essentiel, à savoir la cohésion et l'efficacité du groupe, reléguant du même coup les notions de spectacle et de beau jeu à des considérations secondaires. Le fondement même de la compétition, c'est la gagne. A-t-on déjà entendu un entraîneur responsable, au niveau professionnel, déclarer avant d'entrer sur le terrain : « Le résultat, on s'en fiche, on vient faire du spectacle. Place au beau jeu et tant pis si on prend une raclée » ? Non, bien sûr. On entre toujours sur le terrain pour donner le meilleur de soi-même, pour remporter les duels, pour prendre la mesure de l'adversaire et, si on en a les moyens, pour s'imposer. Si le beau jeu est au rendez-vous, tant mieux. Si le spectacle est passionnant, bravo ! Qui n'apprécie la beauté du spectacle ? Personne et surtout pas moi.

Voilà quel était le fond de ma pensée, qui n'a rien de franchement original. D'ailleurs, tout le monde ou presque a parfaitement compris ce que j'ai voulu dire. Tout le monde... sauf ceux qui ne pensaient plus qu'à déconsidérer ce « brave type » d'Aimé Jacquet.

Ils ne reculèrent même pas devant ce qui ressemble fort à une insulte, voire à de la diffamation, en lâchant un jour qu'ils n'étaient pas « certains que l'homme qui fut le dévoué entraîneur du Bordeaux des années Bez (faut-il rappeler tout ce qui s'y passait alors ?) soit exempt de tout reproche en matière de rigueur morale ».

Oui, ils sont allés jusque-là, eux qui n'ont rien compris à ce qui était en train de se bâtir, qui n'ont rien vu venir de cette énorme vague d'ambition collective qui devait pousser les Bleus jusqu'au titre mondial.

Sans souci déontologique, avec ce pouvoir exorbitant que confère une pernicieuse situation de monopole, ils ont pris avec les réalités, avec la vérité, des libertés coupables et condamnables pour essayer de jeter le discrédit sur un homme qui s'était pourtant montré d'une disponibilité extrême avec tous les médias.

Avec une conception de leur métier très particulière, car destructrice, ils ont pollué le climat autour de l'équipe de France, prenant le risque de la priver de ce soutien populaire indispensable aux grandes épopées.

Leur action fut injuste, invraisemblable, irresponsable et grave. Cela devait être dit, en regard du passé, bien sûr, mais plus encore de l'avenir !

Épilogue

Le 14 juillet 1998 aurait dû sonner pour moi l'heure des vacances. Depuis plus d'un an, j'avais annoncé que je ne continuerais pas avec l'équipe de France et rien n'aurait pu me faire changer d'avis. Mon avenir était tracé : je redevenais un entraîneur national parmi les autres, au sein de la Direction technique nationale. J'allais m'occuper du haut niveau, de la formation des cadres, peut-être d'une sélection de jeunes...

La vie était belle, j'allais retrouver le terrain, sans pression, sans médias, sans contraintes. Je me réjouissais à l'idée de transmettre un savoir-faire, la plus belle des occupations à mes yeux. Mais c'était trop beau...

Le 15 juillet au matin, à Clairefontaine, se tenait une réunion de la DTN où nous devions dresser un premier bilan de la Coupe du monde en compagnie des entraîneurs nationaux. Il s'agissait d'établir une série d'observations destinées à être publiées puis communiquées à l'ensemble des éducateurs français.

Or, ce jour-là, Gérard Houllier annonce qu'il quitte ses fonctions de directeur technique national pour devenir l'entraîneur de Liverpool ! Dans la foulée, il se confirme que deux autres entraîneurs nationaux s'en vont : Patrice Bergues accompagne Gérard en Angleterre, Jacques Devismes rallie

Monaco. Quant à Philippe Bergeroo, notre « monsieur Gardiens », il est enrôlé par le Paris Saint-Germain.

Pour moi, le coup est rude. D'abord, parce que, après quarante-huit heures d'émotions si fortement positives, je vois soudain surgir du négatif. J'ai le sentiment que nous perdons beaucoup avec le départ d'un ami qui, à la tête de la DTN depuis dix ans, a accompli un travail de modernisation considérable. Surtout, je sens que la responsabilité du poste va me retomber dessus, aussi sûr que deux et deux font quatre. Et cette fonction de directeur technique, ça n'est pas vraiment mon domaine ! Je n'y suis absolument pas préparé, certains secteurs requièrent des capacités que je n'ai pas.

Sans compter que j'ai besoin de souffler ! Si j'accepte la proposition de Claude Simonet (il y avait déjà fait allusion quelques jours auparavant, mais, tant que Gérard Houllier n'avait rien annoncé, au fond de moi je refusais de croire à son départ), si j'accepte donc, cela signifie repartir dès septembre le nez dans le guidon, les dossiers, les réunions, les problèmes...

À chacune de mes objections, on trouve une parade. Et chaque fois que je formule une demande, on y accède aussitôt.

— On va t'aider, on va s'organiser... Ce que tu ne souhaites pas faire, on s'en occupera pour toi...

Puis cet argument auquel il est difficile de résister :

— Tu ne peux pas refuser : tu viens d'accomplir quelque chose de formidable, d'exceptionnel, ta crédibilité est totale, tu n'as pas le droit de priver le football français de tes compétences et de ton rayonnement.

Selon la formule consacrée, je n'ai pu faire autrement que de céder à l'affectueuse pression de mes amis de la Direction technique. Inquiets du grand chambardement qui s'annonçait, ils avaient besoin d'être rassurés. Ils ont placé leur confiance en moi. Après tout ce qu'ils avaient fait pour moi, avant et pendant la Coupe du monde, j'étais obligé de répondre présent.

264

ÉPILOGUE

Avec ces histoires, on ne peut pas dire que j'avais l'esprit libéré, bien au contraire, en prenant la direction de la Savoie. Comme d'habitude à cette période de l'année, j'espérais me ressourcer dans mon chalet de Thônes.

Beaucoup m'avaient pourtant mis en garde, bien avant la coupe :

— Réserve quelque chose à l'étranger, ne va surtout pas en France. Si la coupe se passe mal, les gens vont te mener la vie dure, tu seras en butte à toutes sortes de railleries. Et si ça se passe bien, ça va être infernal, tu ne t'appartiendras plus, tu ne pourras pas faire un pas dehors...

Encore la veille du départ, j'avais balayé ces conseils d'un revers de main. Quoi ? Depuis trente ans, été comme hiver, je vais retrouver mon copain Milou et les autres à Thônes, et, l'année où je suis champion du monde, je n'irais pas ? Je leur ferais faux bond ? Impensable !

J'arrive à Thônes en fin d'après-midi, un beau jour de juillet. J'ai pris soin de ne pas préciser l'heure parce que je ne voulais surtout pas de réception officielle ni de comité d'accueil. De ce côté-là, c'est réussi, mais une surprise m'attend au chalet : je découvre un superbe parterre de fleurs bleu, blanc, rouge et une énorme pancarte « Champion du Monde ». Je monte les marches et partout je vois des fleurs bleu, blanc, rouge. Quel choc !

Peu à peu, les uns après les autres, les voisins viennent me saluer, me féliciter. Des gosses courent en tous sens, l'ambiance reste relativement sympa. Mais évidemment les touristes, très nombreux à cette époque, savent que je suis là... Et, s'ils l'ignoraient encore, la pancarte et les fleurs se chargent de me localiser. Alors, je fais enlever le panneau. Les jours suivants, en ville, les commerçants jouent le jeu, ils refusent de

265

donner mon adresse, mais les gens veulent quand même voir ma maison, ils veulent me photographier.

Du coup, ma femme et moi sommes obligés de vivre un peu en reclus, les volets baissés. Pour calmer la curiosité, le maire me suggère alors d'annoncer et d'organiser une grande journée Aimé Jacquet, avec réception officielle à la mairie et signature d'autographes. Sceptique, un peu anxieux, je donne mon accord.

Le jour dit, c'est de la folie ! La place de Thônes est noire de monde, au moins cinq mille personnes...

Le maire prononce un discours, me remet la médaille de la ville, je réponds, les haut-parleurs déversent du « *I will survive* » en veux-tu en voilà... Et je commence à signer des autographes, sous la pression de plus en plus forte de la foule. Ça a duré trois heures ! Trois heures à signer ! Je n'en voyais pas le bout. Finalement, le maire a annoncé que ceux qui laisseraient une enveloppe avec leur adresse recevraient une photo dédicacée. Les services de la mairie ont fait éditer une carte postale, avec mon portrait sur un paysage de Thônes, et ils ont expédié quelque chose comme cinq mille lettres...

Mais, pour les vacances, c'était raté ! Moi qui aime bien sortir, descendre dans le village, aller au marché, je ne pouvais pas mettre le nez dehors sans être assailli. Alors je ne sortais plus, je vivais cloîtré. Deux ou trois fois, Martine et moi avons réussi à nous sauver, au petit matin, dans le village encore endormi, pour faire une grande balade en montagne, le chien sur nos talons.

C'est à l'occasion de ces excursions que je me suis rendu compte que j'étais cuit. D'habitude, je peux marcher des heures sans ressentir la fatigue. Là, au bout de quelques kilomètres, je n'en pouvais plus.

En fait, deux éléments se sont conjugués : une très grande fatigue, qui s'expliquait facilement, et une infection pulmo-

ÉPILOGUE

naire que j'avais attrapée je ne sais où, suite sans doute à l'affaiblissement de mes défenses.

Alors, j'ai plongé. Un grand vide, une immense lassitude psychologique. Je somnolais, je n'arrivais pas à lire plus de trois ou quatre pages à la suite, alors que d'habitude, en vacances, je dévore bouquin sur bouquin. Bref, je n'avais plus goût à rien.

J'aurais peut-être échappé à cet abattement si j'avais eu l'esprit vraiment libre. Mais j'étais loin du compte, avec cette nouvelle fonction de DTN qui me trottait dans la tête.

Et je ne trouvais aucun réconfort dans les souvenirs de la Coupe du monde! Bizarrement, lorsqu'il m'arrivait d'y repenser, c'étaient toujours les images négatives qui s'imposaient à moi, pour la première fois. Des phases de jeu où nous n'étions pas bien, des périodes de grande tension dans le vestiaire. Avec, en fond sonore, notre musique qui revenait sans cesse et qui cognait dans ma tête au point de me donner la migraine... Quand je repensais à la Croatie, c'étaient aussitôt le début de la seconde mi-temps et le but de Suker qui surgissaient. Pourquoi pas plutôt les deux buts de Thuram?

J'ai traversé une période très noire. Je me forçais à prendre quelques notes pour fixer certaines idées en vue d'un bilan. Impossible. Au fond, je ne devais pas être loin d'une forme de dépression. Mon organisme criait « pouce ». Il faut dire que j'avais beaucoup tiré sur ses réserves.

Puis la forme est revenue, lentement. J'ai commencé par soigner l'infection pulmonaire comme il fallait, à coups de piqûres et de médicaments. J'ai retrouvé le goût de faire certaines choses.

De vieux copains m'ont rendu visite. Je les ai prévenus d'emblée :

– On parle de tout ce que vous voulez, sauf de football.

Et ça s'est bien passé. Un ami m'a donné un coup de main

267

pour faire des rayonnages dans le garage. Moi qui suis tout le contraire d'un bricoleur, j'y ai pris du plaisir.

Bientôt, je me suis même mis à faire des projets pour agrandir le chalet. Mon copain Bijasson m'a dit qu'il en connaissait un comme le mien que les propriétaires venaient justement d'aménager. Si on allait voir ce que ça donne?

Nous voilà partis. Nous arrivons dans un village voisin, où nous sommes accueillis par une femme très sportive. Il y a quelques années, elle a fait du vélo à un bon niveau, elle a côtoyé et même inquiété Jeannie Longo plusieurs fois. Très gentiment, elle nous fait visiter la maison, nous montre les agrandissements réalisés. Très bien. Nous nous apprêtons à prendre congé quand, timidement, elle nous dit :

– Vous n'allez pas partir comme ça? C'est trop beau ce que vous avez fait, on va la fêter un peu cette Coupe du monde.

Et elle ouvre une bouteille de vin de Savoie. Comme par hasard, un voisin passe la tête avec son bébé, puis d'autres arrivent, le boucher-charcutier avec de grands plats de ses meilleures spécialités, et bientôt le chalet est plein...

– Vous voyez, monsieur Jacquet, me dit l'hôtesse avec un joli sourire, tous les soirs de match, c'était comme ça, on faisait la fête tous ensemble.

Et qu'on était bien, en cet après-midi d'août, dans ce petit village savoyard, au fin fond de la France! C'est dans des moments comme celui-ci que j'ai touché du doigt l'ampleur du phénomène qu'avait déclenché le parcours de l'équipe de France. J'ai mesuré, parce qu'ils me l'ont dit, que des millions de Français avaient lutté avec nous, souffert avec nous, hurlé de joie avec nous. J'ai réalisé qu'à cette occasion des gens qui s'ignoraient s'étaient découverts. Ils avaient sympathisé, le champagne, le vin ou la bière avaient coulé à flots dans tout le pays, jusque dans les plus petits villages, et singulièrement dans cette fameuse nuit du 12 au 13 juillet.

Bien sûr, la télé a montré les Champs-Élysées noirs de

monde ou des rassemblements de grande ampleur, à Bordeaux, à Marseille, à Montpellier... Mais ce qu'il aurait fallu montrer, ce sont les réunions de quarante ou cinquante personnes dans des hameaux perdus. C'est là peut-être que les cœurs battaient le plus fort, que la joie était la plus sincère, même si elle était moins exubérante.

J'ai beaucoup apprécié aussi, dans un autre genre, des témoignages plus discrets mais tout aussi sincères, comme celui de ce professeur d'université du TGV Annecy-Paris, le 27 juillet, qui, au moment de quitter le train et sans m'avoir adressé une seule parole alors qu'il m'avait visiblement reconnu, glissa dans la poche de ma veste un petit mot très émouvant où il me confiait, outre sa sympathie et son respect, sa fierté d'avoir partagé avec l'équipe de France des « moments d'excellence » aussi riches.

Nous avons donné du bonheur. Et pas n'importe lequel. Celui que procure une réussite reposant sur des garçons à la fois solidaires, rigoureux et talentueux. Les gens ont vu qu'on pouvait vivre un grand bonheur dans le travail et ils ont trouvé que c'était une image positive de la France. Ils ont ressenti ces valeurs et ils se sont reconnus en nous.

Si tout semblait sain et naturel dans ce plaisir, je me suis demandé souvent, pourtant, s'il n'y avait pas une forme de démesure, voire d'anomalie, dans certaines manifestations de joie individuelles ou collectives.

Un matin, pendant ces mêmes vacances à Thônes, je me retrouve après deux bonnes heures de marche en haut d'un col à mille cinq cents mètres. Je suis en train d'admirer le paysage quand une voiture immatriculée dans le Nord s'arrête. Un couple en descend, avec une jeune fille handicapée. Ils me demandent de signer un autographe, ce que je fais volontiers. Et, soudain, voilà qu'ils se mettent tous à pleurer comme des madeleines ! Devant ma mine gênée et interloquée, ils bafouillent :

269

— Pardon, mais c'est plus fort que nous, vous nous avez donné tellement de bonheur !

Premier réflexe, je suis tenté de me dire : non, ça ne vaut pas la peine, un mois après, de se mettre dans ces états-là, même pour une victoire en Coupe du monde... Nous avons bien fait notre boulot, nous avons réussi, point.

Mais il faut croire qu'il y a plus. Toutes ces manifestations de liesse, les milliers de personnes qui viennent me taper sur l'épaule, me serrer la main ou me dire merci avec les larmes aux yeux, toute cette émotion correspond bien à quelque chose. On voit qu'elle jaillit du cœur, qu'elle s'exprime avec spontanéité, sans comédie aucune. Elle a tellement besoin de sortir, il faut qu'elle soit bien profonde.

Je laisse aux sociologues le soin d'analyser le phénomène. Je laisse les cyniques gloser sur le caractère éphémère de cette allégresse nationale. Mais la réalité de ce sentiment, son intensité comme son caractère positif, je ne voudrais pas qu'on les conteste. D'ailleurs, le bonheur ressenti, rien ne pourra nous l'enlever. Cette petite étoile qui orne désormais les maillots de l'équipe de France, symbole de notre victoire en Coupe du monde, elle n'a peut-être pas grande signification en soi. Mais ce qu'elle représente de joie partagée, rien ne pourra l'effacer. Et puisque bonheur il y a, pourquoi perdre son temps à se demander s'il est proportionné à l'événement ?

Plus d'une fois, j'ai senti une hésitation dans la démarche des gens, comme s'ils craignaient de me déranger. Ils finissent toujours par venir, même pour ne rien dire. Moi, discret et pudique comme pas deux, j'ai parfois envie de rentrer sous terre ! Mais il va bien falloir que je m'y fasse : d'une certaine façon, je ne m'appartiens plus...

Sans doute le regard que les autres portent sur moi a-t-il changé depuis un certain 12 juillet 1998. Mais ni la victoire en Coupe du monde ni la remise de la Légion d'honneur par le

ÉPILOGUE

président de la République n'ont changé l'homme Aimé Jacquet.

Tel que j'ai toujours été, tel je suis resté. Les pieds sur terre, conscient de ce que je suis, d'où je viens, de ce que je dois aux autres. Soucieux d'honorer au mieux de mes capacités, comme tous les contrats que j'ai signés au long de ma carrière, la nouvelle mission qui m'est confiée aujourd'hui à la Direction technique nationale du football français.

J'y accomplis, là encore, un travail d'équipe, d'abord préoccupé de consolider l'œuvre entreprise par mes prédécesseurs. J'y mets tout mon cœur et mon savoir-faire, plus que jamais campé sur des notions simples, héritées de mon éducation et de mon expérience : simplicité, discrétion, honnêteté, écoute des autres, respect du travail.

J'aurais pu, depuis ce 12 juillet, profiter de ma notoriété soudaine – et parfois embarrassante – pour multiplier les opérations promotionnelles de toutes sortes, publicitaires en particulier. J'aurais même pu m'y consacrer entièrement, et de façon fort lucrative, tant les propositions furent nombreuses.

À ce jour, j'ai toujours dit non. À deux exceptions près.

Pour l'opération « Donnons des couleurs à l'hôpital », initiée par la Fondation des Hôpitaux de France, en faveur des personnes âgées en milieu hospitalier. Et pour un spot télé destiné à promouvoir l'enseignement professionnel, à la demande du ministère de l'Éducation nationale.

J'ai accepté parce que ces deux actions représentaient vraiment quelque chose pour moi. Depuis longtemps, mon épouse s'est investie dans l'assistance aux personnes âgées, et j'ai vu dans la campagne que l'on me proposait de parrainer une belle occasion de partager un peu de son engagement.

Quant à l'enseignement professionnel, j'en suis issu. Avec son clin d'œil amusant à mes attitudes d'entraîneur, le message me semblait tout à fait opportun en cette époque assez paradoxale où les diplômés bac + 5 ou + 6 éprouvent des difficultés sans fin à trouver un emploi mal payé alors même que nous manquons de plombiers, d'électriciens et de bons ouvriers qualifiés.

Je n'ai pas dit oui parce qu'il y avait Mme Chirac derrière la campagne des Hôpitaux ou Claude Allègre derrière celle de l'enseignement professionnel. Simplement, j'ai bien « senti » les deux engagements. Ils me correspondaient.

Dans le même esprit, mais pour d'autres motifs, il n'y aura pas, en dépit de demandes multiples, plus sympathiques les unes que les autres, d'autre stade Aimé-Jacquet que celui de Sail-sous-Couzan, que j'ai inauguré en 1997, avec toute l'émotion qu'on imagine.

Tant pis si l'on me trouve un peu « décalé » ou rétro dans un monde où l'apparence prime de plus en plus sur la réalité, où l'effet d'annonce tient souvent lieu d'action en profondeur et où les bonimenteurs de tout poil, complaisamment mis en scène, abusent de la crédulité du public.

J'ai la vanité un peu folle d'espérer que le travail réalisé avec l'équipe de France, dans la détermination et le professionnalisme, puisse ouvrir quelques yeux et restaurer quelques valeurs fortes.

Pour la suite, nous verrons bien. Les plans de carrière, je n'en ai jamais eu, je ne sais pas ce que c'est. L'enfant de Sail-sous-Couzan, l'outilleur-fraiseur de Saint-Chamond, le joueur professionnel de l'AS Saint-Étienne, l'entraîneur de Bordeaux et de l'équipe de France ont traversé cinquante-sept années d'existence avec une même joie de vivre, donnant et prenant le meilleur sans trop s'attarder sur le reste.

Par la magie d'une Coupe du monde conquise un beau soir de l'été 1998, mon nom est sans doute appelé à figurer un jour dans quelques livres. Mais, quand il s'agit de mémoire, je n'ai qu'un souhait. Que l'on dise plus tard, en parlant d'Aimé Jacquet : cet honnête homme a bien fait son travail.

Tout sera dit.

Annexe 1

Carrière

Aimé Jacquet

Né le 27 novembre 1941 à Sail-sous-Couzan (Loire)

Carrière de joueur

1961-1973 AS Saint-Étienne
1973-1976 Olympique Lyonnais

2 fois International « A » en 1968 (RFA, Espagne)

Carrière d'entraîneur

1976-1980 Olympique Lyonnais
1980-1989 Girondins de Bordeaux
1989-1990 Montpellier Hérault
1990-1991 AS Nancy-Lorraine

Entré à la Direction Technique Nationale au début de la saison 1992/93.
Entraîneur de l'équipe de France auprès du Sélectionneur Gérard Houllier à compter du 15 juillet 1992.
Sélectionneur-Entraîneur de l'équipe de France, sur décision du Conseil Fédéral en date du 17 décembre 1993.

PALMARÈS

Joueur

Cinq titres de Champion de France avec Saint-Étienne (1964, 1967, 1968, 1969, 1970)
Deux fois vainqueur de la Coupe de France avec Saint-Étienne (1968-1970).

Entraîneur

Trois titres de Champion de France avec Bordeaux (1984, 1985, 1987)
Deux fois vainqueur de la Coupe de France avec Bordeaux (1986, 1987)

ANNEXE 1

Coupe d'Europe des Clubs Champions :
Demi-finaliste en 1985
Quart-finaliste en 1988

Coupe d'Europe des Vainqueurs de Coupe :
Demi-finaliste en 1987

Sélectionneur

Demi-finaliste EURO 96
CHAMPION DU MONDE 1998

53 matches
34 victoires, 16 nuls, 3 défaites
93 buts pour, 27 buts contre

Carrière de joueur

Cinq titres de Champion de France avec Saint-Étienne

1964
2 matches dans la saison

1967
36 matches dans la saison
Équipe type :
Bernard – Mitoraj, Bosquier, Polny – Jacquet, Herbin – Fefeu, Larqué, Revelli, Mekloufi, Bereta

1968
35 matches dans la saison
Équipe type :
Carnus – Durkovic, Mitoraj, Bosquier, Polny – Herbin, Jacquet – Fefeu, Revelli, Mekloufi, Bereta

1969
31 matches dans la saison
Équipe type :
Carnus – Durkovic, Mitoraj, Bosquier, Polny – Herbin, Jacquet – Fefeu, Revelli, Keita, Bereta

1970
23 matches dans la saison
Équipe type :
Carnus – Durkovic, Herbin, Bosquier, Polny – Larqué, Jacquet – Parizon, Revelli, Keita, Bereta

Deux fois vainqueur de la Coupe de France avec Saint-Étienne

1968 / 12 mai 1968 à Colombes / Saint-Étienne – Bordeaux 2-1
Buts : Wojciak (5ᵉ) pour Bordeaux – Mekloufi (30ᵉ et 78ᵉ) pour St-Étienne
Carnus – Durkovic, Mitoraj, Bosquier, Polny – Herbin, Jacquet – Fefeu, Revelli, Mekloufi, Bereta

ANNEXE 1

1970 / 31 mai 1970 à Colombes / Saint-Étienne – Nantes 5- 0
Buts : Parizon (26ᵉ), Bereta (40ᵉ), Herbin (51ᵉ), Revelli (74ᵉ et 87ᵉ) pour Saint-Étienne
Carnus – Durkovic, Herbin, Bosquier, Polny – Larqué, Jacquet – Parizon, Revelli, Keita, Bereta

Carrière d'entraîneur

Trois titres de Champion de France avec Bordeaux

1984
Équipe type :
Delachet – Domenech ou Thouvenel, Specht, Battiston, Rohr – Girard, Tigana, Zenier, Giresse – Muller, Lacombe

1985
Équipe type :
Dropsy – Thouvenel, Specht, Battiston, Rohr – Girard, Tusseau, Tigana, Giresse – Muller, Lacombe

1987
Équipe type :
Dropsy – Thouvenel, Specht ou Roche, Battiston, Zo. Vujovic – Girard, Tigana, Ferreri, Vercruysse – Zl. Vujovic, Lacombe ou Fargeon

Deux fois vainqueur de la Coupe de France avec Bordeaux

1986 / 30 avril 1986 à Paris / Bordeaux – Marseille 2-1 a.p.
Buts : Diallo (45e) pour Marseille – Tigana (52e), Giresse (116e) pour Bordeaux
Dropsy – Thouvenel, Roche, Battiston, Rohr – Girard, Tigana, Tusseau, Giresse – Lacombe (Lassagne, 64e), Reinders

1987 / 10 juin 1987 à Paris / Bordeaux – Marseille 2-0
Buts : Fargeon (14e), Zl. Vujovic (88e) pour Bordeaux
Dropsy – Thouvenel, Specht, Roche, Zo. Vujovic – Girard, Tigana, Touré, Ferreri – Fargeon, Zl. Vujovic

Annexe 2

Fiches techniques

Les 53 matches d'Aimé Jacquet

Sélectionneur-entraîneur de l'Équipe de France

SAISON 1993/94

Italie-France   *0-1 (0-1)*
Amical   20 000 spectateurs
16 février 1994 à Naples (San Paolo)
Arbitre : M. Merk (Allemagne)
Lama – Karembeu (Cyprien, 73ᵉ), Roche, Desailly (Martins, 89ᵉ), Di Meco – Deschamps, Le Guen, Gnako (Guerin, 54ᵉ), Djorkaeff Cantona, Ginola
But : Djorkaeff (45ᵉ)

France-Chili   *3-1 (2-1)*
Amical   35 000 spectateurs
22 mars 1994 à Lyon (Gerland)
Arbitre : M. Arceo (Espagne)
Lama – Angloma, Roche (Le Guen, 78ᵉ), Desailly (Karembeu, 72ᵉ), Lizarazu – Deschamps, Ferri, Djorkaeff (Martins, 46ᵉ) – Cocard, Papin, Ginola (Vahirua, 46ᵉ)
Buts : Papin (7ᵉ), Djorkaeff (35ᵉ), Martins (50ᵉ)

France-Australie   *1-0 (1-0)*
Coupe Kirin   16 743 spectateurs
26 mai 1994 à Kobé (Universiade)
Arbitre : M. Okada (Japon)
Barthez – Karembeu, Angloma, Blanc, Di Meco – Petit, Ferri, Cantona, Dugarry (Martins, 73ᵉ) – Papin, Ginola (Pedros, 73ᵉ)
But : Cantona (42ᵉ)

ANNEXE 2

France-Japon   *4-1 (2-0)*
Coupe Kirin   58 000 spectateurs
29 mai 1994 à Tokyo (National)
Arbitre : M. Kathirvello (Malaisie)
Lama – Angloma (Karembeu, 85ᵉ), Desailly, Blanc, Di Meco (Lizarazu,
71ᵉ) – Deschamps, Le Guen, Cantona, Djorkaeff (Ouedec, 71ᵉ) – Papin,
Ginola
Buts : Djorkaeff (15ᵉ), Papin (19ᵉ), Ihara (54ᵉ c.s.c), Ginola (56ᵉ)

SAISON 1994/95

France-République tchèque   *2-2 (0-1)*
Amical   15 000 spectateurs
17 août 1994 à Bordeaux (Lescure)
Arbitre : M. Grubher (Autriche)
Lama – Thuram, Blanc, N'Gotty, Angloma, Di Meco – Desailly (Ferri,
24ᵉ), Cantona, Martins (Zidane, 62ᵉ) – Dugarry (Loko, 76ᵉ) Ginola (Liza-
razu, 46ᵉ)
Buts : Zidane (85ᵉ et 87ᵉ)

Slovaquie-France   *0-0 (0-0)*
Championnat d'Europe   14 238 spectateurs
7 septembre 1994 à Bratislava (Tehelnepole)
Arbitre : M. Mikkelsen (Danemark)
Lama – Angloma, Roche, Blanc, Di Meco – Deschamps, Le Guen,
Pedros (Dugarry, 63ᵉ), Djorkaeff (Lizarazu, 82ᵉ) – Cantona, Ginola

France-Roumanie   *0-0 (0-0)*
Championnat d'Europe   31 144 spectateurs
8 octobre 1994 à Saint-Étienne (Geoffroy-Guichard)
Arbitre : M. Sundell (Suède)
Lama – Angloma, Roche, Blanc, Lizarazu – Karembeu, Desailly, Can-
tona, Pedros – Ouedec (Zidane, 71ᵉ), Loko (Dugarry, 84ᵉ)

MA VIE POUR UNE ÉTOILE

Pologne-France　　　　　　　　　　　　　　　　*0-0 (0-0)*
Championnat d'Europe　　　　　　　　　　　20 000 spectateurs
16 novembre 1994 à Zabrze (Gornik)
Arbitre : M. Amendolia (Italie)
Lama – Angloma, Roche, Blanc, Di Meco – Karembeu, Desailly, Pedros (Djorkaeff, 25ᵉ), Le Guen – Ouedec (Dugarry, 76ᵉ), Cantona

Azerbaïdjan-France　　　　　　　　　　　　　　*0-2 (0-1)*
Championnat d'Europe　　　　　　　　　　　4 000 spectateurs
13 décembre 1994 à Trabzon (Avni Aker)
Arbitre : M. Pedersen (Norvège)
Lama – Angloma, Roche, Blanc, Di Meco – Desailly (Ferri, 71ᵉ), Cantona, Le Guen, Pedros (Martins, 76ᵉ) – Loko, Papin
Buts : Papin (25ᵉ), Loko (56ᵉ)

Pays-Bas-France　　　　　　　　　　　　　　　　*0-1 (0-1)*
Amical　　　　　　　　　　　　　　　　　　15 000 spectateurs
18 janvier 1995 à Utrecht (Nieuw Galgenwaard)
Arbitre : M. Piraux (Belgique)
Lama – Karembeu (Thuram, 87ᵉ), Desailly, Blanc, Di Meco – Ferri, Le Guen (Angloma, 61ᵉ), Cantona, Pedros – Papin (Ouedec, 67ᵉ), Loko
But : Loko (44ᵉ)

Israël-France　　　　　　　　　　　　　　　　　　*0-0 (0-0)*
Championnat d'Europe　　　　　　　　　　　45 000 spectateurs
29 mars 1995 à Tel Aviv (Ramat-Gan)
Arbitre : M. Mc Cluskey (Écosse)
Lama – Angloma, Roche, Blanc, Di Meco – Desailly, Le Guen, Martins (Djorkaeff, 78ᵉ), Pedros – Loko, Ouedec (Ginola, 66ᵉ)

ANNEXE 2

France-Slovaquie   *4-0 (2-0)*
Championnat d'Europe   26 000 spectateurs
26 avril 1995 à Nantes (La Beaujoire)
Arbitre : M. Heynemann (Allemagne)
Lama – Angloma, Blanc, Roche, Di Meco – Deschamps, Desailly,
Guerin, Zidane, (Djorkaeff, 73ᵉ) – Loko, Ginola
Buts : Kristofik (27ᵉ c.s.c.), Ginola (42ᵉ), Blanc (57ᵉ), Guerin (62ᵉ)

SAISON 1995/96

Norvège-France   *0-0 (0-0)*
Amical   10 000 spectateurs
22 juillet 1995 à Oslo (Ullevall)
Arbitre : M. Luyten (Pays-Bas)
Lama – Thuram, Roche, Blanc, Lizarazu – Le Guen (Lebœuf, 68ᵉ),
Makelele, Guerin, Zidane (Djorkaeff, 46ᵉ) – Cocard (Martins, 73ᵉ),
Pedros

France-Pologne   *1-1 (0-1)*
Championnat d'Europe   40 496 spectateurs
16 août 1995 à Paris (Parc des Princes)
Arbitre : M Diaz Vega (Espagne)
Lama – Angloma (Karembeu, 66ᵉ), Thuram, Lebœuf (Djorkaeff, 69ᵉ),
Lizarazu – Deschamps, Desailly, Guerin, Zidane – Dugarry, Ginola
(Pedros, 64ᵉ)
But : Djorkaeff (85ᵉ)

283

France-Azerbaïdjan

10-0 (3-0)
Championnat d'Europe
15 000 spectateurs
6 septembre 1995 à Auxerre (Abbé-Deschamps)
Arbitre : M. Micaleff (Malte)
Lama – Angloma (Thuram, 57e), Desailly, Lebœuf, Lizarazu – Deschamps, Guerin, Djorkaeff, Zidane – Dugarry (Cocard, 68e), Pedros (Ginola, 65e)
Buts : Desailly (13e), Djorkaeff (17e et 78e), Guerin (33e), Pedros (49e), Lebœuf (54e et 74e), Dugarry (65e), Zidane (72e), Cocard (90e)

Roumanie-France

1-3 (0-2)
Championnat d'Europe
25 000 spectateurs
11 octobre 1995 à Bucarest (Steaua)
Arbitre : M. Pairetto (Italie)
Barthez – Angloma, Lebœuf, Desailly, Di Meco – Karembeu, Deschamps, Guerin, Djorkaeff (Lizarazu, 73e) – Dugarry (Madar, 62e), Zidane (Thuram, 84e)
Buts : Karembeu (29e), Djorkaeff (41e), Zidane (72e)

France-Israël

2-0 (0-0)
Championnat d'Europe
21 500 spectateurs
15 novembre 1995 à Caen (d'Ornano)
Arbitre : M. Grabher (Autriche)
Lama – Angloma, Desailly, Lebœuf, Di Meco (Lizarazu, 63e) – Karembeu (Keller, 90e), Deschamps, Guerin, Zidane – Djorkaeff, Madar (Loko, 63e)
Buts : Djorkaeff (69e), Lizarazu (89e)

France-Portugal

3-2 (1-2)
Amical
25 000 spectateurs
24 janvier 1996 à Paris (Parc des Princes)
Arbitre : M. Gallacher (Angleterre)
Lama – Angloma (Lamouchi, 69e), Lebœuf, Desailly, Di Meco – Karembeu, Deschamps, Guerin (Pedros, 46e), Zidane – Djorkaeff, Loko (Pouget, 78e)
Buts : Djorkaeff (24e et 75e), Pedros (77e)

ANNEXE 2

France-Grèce 3-1 (1-1)
Amical 23 452 spectateurs
21 février 1996 à Nîmes (Costières)
Arbitre : M. Philippi (Luxembourg)
Lama – Angloma (Lebœuf, 46ᵉ), Thuram, Desailly, Petit (Pouget, 77ᵉ) – Karembeu, Lamouchi (Laigle, 70ᵉ), Deschamps, Pedros – Loko, Djorkaeff (Zidane, 46ᵉ)
Buts : Loko (30ᵉ et 46ᵉ), Zidane (49ᵉ)

Belgique-France 0-2 (0-0)
Amical 20 000 spectateurs
27 mars 1996 à Bruxelles (Roi-Baudoin)
Arbitre : M. Stuchlik (Autriche)
Lama – Thuram (Angloma, 46ᵉ), Blanc, Roche, Di Meco – Karembeu, Deschamps, Lamouchi, Martins – Dugarry (Pouget, 80ᵉ), Pedros (Laigle, 73ᵉ)
Buts : Albert (66ᵉ c.s.c), Lamouchi (72ᵉ)

France-Finlande 2-0 (2-0)
Amical 29 304 spectateurs
31 mai 1996 à Strasbourg (Meinau)
Arbitre : M. Steinborn (Allemagne)
Martini – Angloma, Thuram, Lebœuf, Di Meco (Lizarazu, 67ᵉ) – Desailly, Guerin, Lamouchi (Karembeu, 69ᵉ), Martins – Pedros, Loko (Dugarry, 46ᵉ)
Buts : Loko (15ᵉ), Pedros (18ᵉ)

Allemagne-France 0-1 (0-1)
Amical 53 135 spectateurs
1ᵉʳ juin 1996 à Stuttgart (Gotlieb-Daimler)
Arbitre : M. Wojcik (Pologne)
Lama – Thuram, Blanc, Desailly, Di Meco (Lizarazu, 66ᵉ) – Karembeu (Angloma, 84ᵉ), Deschamps, Guerin (Lamouchi, 81ᵉ), Zidane (Loko, 46ᵉ) – Djorkaeff, Dugarry (Pedros, 73ᵉ)
But : Blanc (6ᵉ)

MA VIE POUR UNE ÉTOILE

France-Arménie   *2-0 (1-0)*
Amical   21 486 spectateurs
5 juin 1996 à Villeneuve-d'Ascq (Stadium Nord)
Arbitre : M. Hamer (Luxembourg)
Lama - Angloma (Thuram, 46e), Desailly, Blanc, Lizarazu – Deschamps,
Guerin (Karembeu, 46e), Lamouchi, Zidane – Madar, Djorkaeff (Loko,
46e)
Buts : Angloma (15e), Madar (70e)

France-Roumanie   *1-0 (1-0)*
Tournoi Final Euro 96   26 323 spectateurs
10 juin 1996 à Newcastle (Saint James' Park)
Arbitre : M. Krug (Allemagne)
Lama – Thuram, Desailly, Blanc, Di Meco (Lizarazu, 68e) – Guerin,
Karembeu, Deschamps, Zidane (Roche, 80e) – Dugarry (Loko, 68e), Djor-
kaeff
But : Dugarry (25e)

France-Espagne   *1-1 (0-0)*
Tournoi Final Euro 96   30 000 spectateurs
13 juin 1996 à Leeds (Elland Road)
Arbitre : M. Zhuk (Biélorussie)
Lama – Angloma (Roche, 65e), Desailly, Blanc, Lizarazu – Deschamps,
Karembeu, Guerin (Thuram, 81e), Zidane – Djorkaeff, Loko (Dugarry, 74e)
But : Djorkaeff (48e)

France-Bulgarie   *3-1 (1-0)*
Tournoi Final Euro 96   26 976 spectateurs
18 juin 1996 à Newcastle (Saint James' Park)
Arbitre : M. Gallacher (Angleterre)
Lama – Thuram, Blanc, Desailly, Lizarazu – Karembeu, Guerin, Des-
champs, Zidane (Pedros, 62e) – Dugarry (Loko, 70e), Djorkaeff
Buts : Blanc (20e), Penev (62e c.s.c), Loko (90e)

ANNEXE 2

France-Pays-Bas   *0-0 (5 t.b à 4)*
Tournoi Final Euro 96 (1/4 de finale)   37 465 spectateurs
22 juin 1996 à Liverpool (Anfield Road)
Arbitre : M. Lopez Nieto (Espagne)
Lama – Thuram, Desailly, Blanc, Lizarazu – Karembeu, Guerin,
Deschamps, Zidane – Loko (Dugarry, 62e puis Pedros, 80e), Djorkaeff

République Tchèque-France   *0-0 (6 t.b à 5)*
Tournoi Final Euro 96 (1/2 finale)   25 000 spectateurs
26 juin 1996 à Manchester (Old Trafford)
Arbitre : M. Moltram (Écosse)
Lama – Thuram (Angloma, 83e), Blanc, Roche, Lizarazu – Guerin,
Desailly, Lamouchi (Pedros, 62e), Zidane – Djorkaeff, Loko

SAISON 1996/97

France-Mexique   *2-0 (0-0)*
Amical   20 259 spectateurs
31 août 1996 à Paris (Parc des Princes)
Arbitre : M. Byrne (Eire)
Lama – Thuram (Lamouchi, 87e), Blanc, Desailly (Lebœuf, 46e), Lizarazu
(Guerin, 78e) – Karembeu, Deschamps, Djorkaeff, Pedros (Zidane, 46e) –
Ouedec (Maurice, 64e), Loko (Pires, 46e)
Buts : Ouedec (49e), Djorkaeff (53e)

France-Turquie   4-0 (2-0)
Amical   28 611 spectateurs
9 octobre 1996 à Paris (Parc des Princes)
Arbitre : M. Coroado (Portugal)
Barthez – Karembeu, Goma, Blanc, Thuram (Djetou, 77ᵉ) – Deschamps,
Lamouchi, (Candela, 23ᵉ), Zidane, Pedros, (Gava, 66ᵉ) – Djorkaeff, Loko
(Pires, 70ᵉ)
Buts : Blanc (33ᵉ), Pedros (35ᵉ), Djorkaeff (51ᵉ), Pires (83ᵉ)

Danemark-France   1-0 (1-0)
Amical   10 645 spectateurs
9 novembre 1996 à Copenhague (Parken Stadion)
Arbitre : M. Olsen (Norvège)
Barthez – Thuram, N'Gotty, Desailly, Candela (Laigle, 73ᵉ) – Karembeu,
Deschamps, Martins (Loko, 62ᵉ), Zidane (Keller, 80ᵉ), Pedros (Pires, 46ᵉ) –
Djorkaeff

Portugal-France   0-2 (0-1)
Amical   40 000 spectateurs
22 janvier 1997 à Braga (1ᵉʳ Mai)
Arbitre : M. Manrique (Espagne)
Barthez – Thuram, Blanc, Desailly, Laigle – Karembeu, Deschamps
(N'Gotty, 63ᵉ), Ba (Djorkaeff, 63ᵉ), Zidane – Pires (Blondeau, 79ᵉ),
Dugarry (Loko, 79ᵉ)
Buts : Deschamps (10ᵉ), Ba (62ᵉ)

France-Pays-Bas   2-1 (0-1)
Amical   35 331 spectateurs
26 février 1997 à Paris (Parc des Princes)
Arbitre : M. Wojcik (Pologne)
Lama – Thuram, Blanc, Desailly, Lizarazu (Candela, 86ᵉ) – Karembeu,
Vieira (N'Gotty, 78ᵉ), Zidane, Laigle (Pires, 33ᵉ) – Dugarry, Ba (Loko, 78ᵉ)
Buts : Pires (74ᵉ), Loko (84ᵉ)

ANNEXE 2

France-Brésil   *1-1 (0-1)*
Tournoi de France   28 193 spectateurs
4 juin 1997 à Lyon (Gerland)
Arbitre : M. Nielsen (Danemark)
Barthez – Candela, Blanc, Desailly (Thuram, 67ᵉ), Lizarazu – Karembeu
(Vieira, 14ᵉ), Deschamps, Ba, Zidane – Pires (Keller, 46ᵉ), Dugarry (Loko,
56ᵉ)
But : Keller (60ᵉ)

France-Angleterre   *0-1 (0-0)*
Tournoi de France   28 500 spectateurs
7 juin 1997 à Montpellier (La Mosson)
Arbitre : M. Belgola (Maroc)
Barthez – Thuram, N'Gotty, Blanc, Laigle (Lizarazu, 83ᵉ) – Vieira,
Deschamps, Keller, Djorkaeff – Dugarry (Zidane, 76ᵉ), Ouedec (Loko,
63ᵉ)

France-Italie   *2-2 (1-0)*
Tournoi de France   35 000 spectateurs
10 juin 1997 à Paris (Parc des Princes)
Arbitre : M. Lopez Nieto (Espagne)
Charbonnier – Thuram, Lebœuf, Desailly (N'Gotty, 84ᵉ), Lizarazu – Ba,
Deschamps, Karembeu (Vieira, 65ᵉ), Zidane – Maurice (Djorkaeff, 63ᵉ),
Dugarry
Buts : Zidane (12ᵉ), Djorkaeff (72ᵉ)

SAISON 1997/98

France-Afrique du Sud   *2-1 (0-1)*
Amical   29 677 spectateurs
11 octobre 1997 à Lens (Félix Bollaert)
Arbitre : M. Philippi (Luxembourg)
Letizi – Thuram, Blanc, Desailly, Candela (Laigle, 73ᵉ) – Deschamps,
Petit (Boghossian, 31ᵉ), Djorkaeff (Ba, 78ᵉ) – Henry, Guivarc'h, Pires
(Zidane, 46ᵉ)
Buts : Guivarc'h (53ᵉ), Ba (83ᵉ)

289

France-Écosse   *2-1 (1-1)*
Amical   19 514 spectateurs
12 novembre 1997 à Saint-Étienne (Geoffroy-Guichard)
Arbitre : M. Lopez Nieto (Espagne)
Barthez – Thuram, Blanc, Desailly, Laigle (Candela, 79ᵉ) – Deschamps,
Ba (Gava, 79ᵉ), Petit (Boghossian, 73ᵉ), Zidane – Guivarc'h, Laslandes
Buts : Laigle (34ᵉ), Djorkaeff (77ᵉ)

France-Espagne   *1-0 (1-0)*
Amical   78 836 spectateurs
28 janvier 1998 à Saint-Denis (Stade de France)
Arbitre : M. Meier (Suisse)
Barthez – Thuram, Blanc, Desailly, Boghossian – Ba (Pires, 62ᵉ),
Deschamps (Candela, 62ᵉ), Zidane – Diomède, Djorkaeff (Lebœuf, 90ᵉ),
Guivarc'h (Trezeguet, 74ᵉ)
But : Zidane (20ᵉ)

France-Norvège   *3-3 (2-1)*
Amical   45 000 spectateurs
25 février 1998 à Marseille (Vélodrome)
Arbitre : M. Wegereel (Pays-Bas)
Barthez – Thuram, Blanc, Desailly, Boghossian – Deschamps, Pires,
Zidane (Makelele, 62ᵉ) – Diomède, Guivarc'h (Trezeguet, 62ᵉ), Djorkaeff
Buts : Blanc (23ᵉ), Zidane (27ᵉ), Desailly (90ᵉ)

Russie-France   *1-0 (1-0)*
Amical   7 000 spectateurs
25 mars 1998 à Moscou (Dynamo)
Arbitre : M. Yaremtchouk (Ukraine)
Letizi – Thuram, Lebœuf, Desailly, Petit (Candela, 46ᵉ) – Deschamps
(Boghossian, 46ᵉ), Karembeu (Keller, 62ᵉ), Lamouchi (Pires, 73ᵉ) –
Diomède, Djorkaeff, Guivarc'h

ANNEXE 2

Suède-France   *0-0 (0-0)*
Amical   14 018 spectateurs
22 avril 1998 à Solna (Rasunda)
Arbitre : M. Poll (Angleterre)
Lama – Thuram, Blanc, Djetou, Lizarazu – Lamouchi, Karembeu, Deschamps (Vieira, 68ᵉ), Zidane (Pires, 46ᵉ) – Anelka (Trezeguet, 68ᵉ), Dugarry (Djorkaeff, 46ᵉ)

Belgique-France   *0-1 (0-0)*
Tournoi Hassan II   25 000 spectateurs
27 mai 1998 à Casablanca (Mohammed-V)
Arbitre : M. Guezzaz (Maroc)
Barthez – Thuram, Blanc, Desailly, Lizarazu – Deschamps, Petit, Pires (Henry, 62ᵉ), Zidane – Djorkaeff (Dugarry, 46ᵉ), Guivarc'h
But : Zidane (63ᵉ)

Maroc-France   *2-2 (1-1)*
Tournoi Hassan II   50 000 spectateurs
29 mai 1998 à Casablanca (Mohammed-V)
Arbitre : M. Seck (Sénégal)
Lama – Karembeu, Lebœuf, Blanc, Candela – Boghossian, Deschamps (Vieira, 46ᵉ), Zidane (Djorkaeff, 63ᵉ) – Henry, Dugarry (Trezeguet, 70ᵉ), Diomède (Pires, 77ᵉ)
Buts : Blanc (23ᵉ), Djorkaeff (72ᵉ)

Finlande-France   *0-1 (0-0)*
Amical   21 619 spectateurs
5 juin 1998 à Helsinki (Olympique)
Arbitre : M. Plautz (Autriche)
Barthez – Thuram (Karembeu, 69ᵉ), Desailly, Blanc, Lizarazu – Deschamps, Petit, Zidane (Pires, 89ᵉ), Djorkaeff – Guivarc'h (Trezeguet, 75ᵉ), Dugarry (Diomède, 77ᵉ)
But : Trezeguet (84ᵉ)

MA VIE POUR UNE ÉTOILE

COUPE DU MONDE 1998

France-Afrique du Sud   *3-0 (1-0)*
Premier tour   60 000 spectateurs
12 juin 1998 à Marseille (Vélodrome)
Arbitre : M. Rezende de Freitas (Brésil)
Barthez – Thuram, Desailly, Blanc, Lizarazu – Deschamps, Petit
(Boghossian, 72ᵉ), Zidane – Henry, Guivarc'h (Dugarry, 26ᵉ), Djorkaeff
(Trezeguet, 82ᵉ)
Buts : Dugarry (34ᵉ), Issa (77ᵉ c.s.c), Henry (90ᵉ)

France-Arabie Saoudite   *4-0 (1-0)*
Premier tour   80 000 spectateurs
18 juin 1998 à Saint-Denis (Stade de France)
Arbitre : M. Brizio Carter (Mexique)
Barthez – Thuram, Blanc, Desailly, Lizarazu – Boghossian, Deschamps,
Zidane – Henry (Pires, 77ᵉ), Dugarry (Trezeguet, 30ᵉ), Diomède
(Djorkaeff, 58ᵉ)
Buts : Henry (36ᵉ et 77ᵉ), Trezeguet (68ᵉ), Lizarazu (85ᵉ)

France-Danemark   *2-1 (1-1)*
Premier tour   44 000 spectateurs
24 juin 1998 à Lyon (Gerland)
Arbitre : M. Collina (Italie)
Barthez – Karembeu, Lebœuf, Desailly, Candela – Vieira, Petit
(Boghossian, 64ᵉ), Djorkaeff, Pires (Henry, 71ᵉ) – Diomède, Trezeguet
(Guivarc'h, 85ᵉ)
Buts : Djorkaeff (13ᵉ), Petit (56ᵉ)

France-Paraguay   *1-0 (but en or)*
Huitième de finale   42 000 spectateurs
29 juin 1998 à Lens (Félix Bollaert)
Arbitre : M. Bujsaim (E.A.U)
Barthez-Thuram, Desailly, Blanc, Lizarazu – Deschamps, Djorkaeff,
Petit (Boghossian, 70ᵉ) – Henry (Pires, 65ᵉ), Trezeguet, Diomède
(Guivarc'h, 77ᵉ)
But : Blanc (114ᵉ)

ANNEXE 2

Italie-France   *0-0 (4 t.b 3)*
Quart de finale   78 000 spectateurs
3 juillet 1998 à Saint-Denis (Stade de France)
Arbitre : M. Dallas (Écosse)
Barthez – Thuram, Desailly, Blanc, Lizarazu – Deschamps, Petit,
Karembeu (Henry, 65ᵉ) – Zidane – Guivarc'h (Trezeguet, 65ᵉ), Djorkaeff

France-Croatie   *2-1 (0-0)*
Demi-finale   80 000 spectateurs
8 juillet 1998 à Saint-Denis (Stade de France)
Arbitre : M. Garcia Aranda (Espagne)
Barthez – Thuram, Blanc, Desailly, Lizarazu – Deschamps, Petit,
Karembeu (Henry, 31ᵉ), Zidane – Djorkaeff (Lebœuf, 76ᵉ), Guivarc'h
Buts : Thuram (47ᵉ et 70ᵉ)

France-Brésil   *3-0 (2-0)*
Finale   80 000 spectateurs
12 juillet 1998 à Saint-Denis (Stade de France)
Arbitre : M. Balgola (Maroc)
Barthez – Thuram, Desailly, Lebœuf, Lizarazu – Deschamps, Petit,
Karembeu (Boghossian, 57ᵉ), Zidane – Guivarc'h (Dugarry, 66ᵉ),
Djorkaeff (Vieira, 75ᵉ)
Buts : Zidane (27ᵉ et 45ᵉ), Petit (90ᵉ)

BILAN À LA TÊTE DE L'ÉQUIPE DE FRANCE

53 matches
34 victoires, 16 nuls, 3 défaites
93 buts pour, 27 buts contre

Annexe 3

Listes

EURO 96

Liste des 22

Gardiens de but
16. BARTHEZ Fabien   AS MONACO
 1. LAMA Bernard   PARIS SG
22. MARTINI Bruno   MONTPELLIER HSC

Défenseurs
 2. ANGLOMA Jocelyn   TORINO CALCIO
 5. BLANC LAURENT   AJ AUXERRE
 8. DESAILLY Marcel   MILAN AC
 3. DI MECO Eric   AS MONACO
 4. LEBŒUF Frank   RC STRASBOURG
12. LIZARAZU Bixente   GIRONDINS DE BORDEAUX
20. ROCHE Alain   PARIS SG
15. THURAM Lilian   AS MONACO

Milieux de terrain
 7. DESCHAMPS Didier   JUVENTUS DE TURIN
 6. GUERIN Vincent   PARIS SG
19. KAREMBEU Christian   SAMPDORIA DE GÊNES
14. LAMOUCHI Sabri   AJ AUXERRE
21. MARTINS Corentin   AJ AUXERRE
10. ZIDANE Zinedine   GIRONDINS DE BORDEAUX

Attaquants
 9. DJORKAEFF Youri   PARIS SG
13. DUGARRY Christophe   GIRONDINS DE BORDEAUX
11. LOKO Patrice   PARIS SG
17. MADAR Mickaël   AS MONACO
18. PEDROS Ronald   FC NANTES

STAGE D'AVRIL 1997 – SUÈDE/FRANCE

Gardiens de but

BARTHEZ Fabien	AS MONACO
CHARBONNIER Lionel	AJ AUXERRE
LAMA Bernard	PARIS SG
LETIZI Lionel	FC METZ
REVAULT Christophe	LE HAVRE AC

Défenseurs

BLANC Laurent	FC BARCELONE
BLONDEAU Patrick	AS MONACO
CANDELA Vincent	AS ROMA
DESAILLY Marcel	MILAN AC
GOMA Alain	AJ AUXERRE
LAIGLE Pierre	SAMPDORIA DE GÊNES
LEBŒUF Frank	CHELSEA FC
LIZARAZU Bixente	ATHLETIC BILBAO
N'GOTTY Bruno	PARIS SG
THURAM Lilian	PARME AC

Milieux de terrain

BA Ibrahim	GIRONDINS DE BORDEAUX
DESCHAMPS Didier	JUVENTUS DE TURIN
DJETOU Martin	AS MONACO
GAVA Franck	OLYMPIQUE LYONNAIS
KAREMBEU Christian	SAMPDORIA DE GÊNES
LAMOUCHI Sabri	AJ AUXERRE
LEGWINSKI Sylvain	AS MONACO
MAKELELE Claude	FC NANTES
PETIT Emmanuel	AS MONACO
VIEIRA Patrick	ARSENAL FC
ZIDANE Zinedine	JUVENTUS DE TURIN

Attaquants

DIOMÈDE Bernard	AJ AUXERRE
DJORKAEFF Youri	INTER DE MILAN
DUGARRY Christophe	MILAN AC

HENRY Thierry   AS MONACO
KELLER Marc   KARLSRUHE SC
LASLANDES Lilian   AJ AUXERRE
LOKO Patrice   PARIS SG
MAURICE Florian   OLYMPIQUE LYONNAIS
OUEDEC Nicolas   ESPANYOL BARCELONE
PEDROS Reynald   PARME AC
PIRES Robert   FC METZ

Retenus dans leur club
BONNISSEL Jérôme // MARTINS Corentin // MADAR Mickaël.
(LA COROGNE)

TOURNOI DE FRANCE - JUIN 1997

Gardiens de but
16. BARTHEZ Fabien   AS MONACO
 1. CHARBONNIER Lionel   AJ AUXERRE

Défenseurs
 5. BLANC Laurent   FC BARCELONE
 2. CANDELA Vincent   AS ROMA
 8. DESAILLY Marcel   MILAN AC
 4. LEBŒUF Frank   CHELSEA FC
12. LIZARAZU Bixente   ATHLETIC BILBAO
18. N'GOTTY Bruno   PARIS SG
15. THURAM Lilian   PARME AC

Milieux de terrain
13. BA Ibrahim   GIRONDINS DE BORDEAUX
 7. DESCHAMPS Didier   JUVENTUS DE TURIN
19. KAREMBEU Christian   SAMPDORIA DE GÊNES
 3. LAIGLE Pierre   SAMPDORIA DE GÊNES
17. VIEIRA Patrick   ARSENAL FC
10. ZIDANE Zinedine   JUVENTUS DE TURIN

Attaquants
 6. DJORKAEFF Youri   INTER DE MILAN
 2. DUGARRY Christrophe   MILAN AC
21. KELLER Marc   KARLSRUHE SC
11. LOKO Patrice   PARIS SG
22. MAURICE Florian   OLYMPIQUE LYONNAIS
20. OUEDEC Nicolas   ESPANYOL BARCELONE
14. PIRES Robert   FC METZ

NOËL À TIGNES (22-27.12.97)

Gardiens de but
BARTHEZ Fabien	AS MONACO
CHARBONNIER Lionel	AJ AUXERRE
LAMA Bernard (absent)	PARIS SG
LETIZI Lionel	FC METZ

Défenseurs
BLANC Laurent	OLYMPIQUE DE MARSEILLE
CANDELA Vincent	AS ROMA
DESAILLY Marcel	MILAN AC
GOMA Alain	AJ AUXERRE
LAIGLE Pierre	SAMPDORIA DE GÊNES
LIZARAZU Bixente	BAYERN DE MUNICH
N'GOTTY Bruno	PARIS SG
THURAM Lilian	PARME AC

Milieux de terrain
BA Ibrahim	MILAN AC
BOGHOSSIAN Alain	SAMPDORIA DE GÊNES
DESCHAMPS Didier	JUVENTUS DE TURIN
GAVA Franck	PARIS SG
KAREMBEU Christian	SAMPDORIA DE GÊNES
ZIDANE Zinedine	JUVENTUS DE TURIN

Attaquants
DJORKAEFF Youri	INTER DE MILAN
DUGARRY Christophe	FC BARCELONE
HENRY Thierry	AS MONACO
KELLER Marc	KARLSRUHE SC
LASLANDES Lilian	GIRONDINS DE BORDEAUX
MAURICE Florian	PARIS SG
OUEDEC Nicolas	ESPANYOL BARCELONE
PEDROS Reynald	PARME AC
PIRES Robert	FC METZ
TREZEGUET David	AS MONACO

PRÉPARATION COUPE DU MONDE

Liste des 28

Gardiens de but
BARTHEZ Fabien   AS MONACO
CHARBONNIER Lionel AJ AUXERRE
LAMA Bernard   WEST HAM UNITED
LETIZI Lionel   FC METZ

Défenseurs
BLANC Laurent   OLYMPIQUE DE MARSEILLE
CANDELA Vincent   AS ROMA
DESAILLY Marcel   MILAN AC
LAIGLE Pierre   SAMPDORIA DE GÊNES
LEBŒUF Frank   CHELSEA FC
LIZARAZU Bixente   BAYERN DE MUNICH
THURAM Lilian   PARME AC

Milieux de terrain
BA Ibrahim   MILAN AC
BOGHOSSIAN Alain   SAMPDORIA DE GÊNES
DESCHAMPS Didier   JUVENTUS DE TURIN
DJETOU Martin   AS MONACO
KAREMBEU Christian REAL MADRID
LAMOUCHI Sabri   AJ AUXERRE
PETIT Emmanuel   ARSENAL FC
VIEIRA Patrick   ARSENAL FC
ZIDANE Zinedine   JUVENTUS DE TURIN

Attaquants
ANELKA Nicolas   ARSENAL FC
DIOMÈDE Bernard   AJ AUXERRE
DJORKAEFF Youri   INTER DE MILAN
DUGARRY Christophe OLYMPIQUE DE MARSEILLE
GUIVARC'H Stéphane AJ AUXERRE
HENRY Thierry   AS MONACO
PIRES Robert   FC METZ
TREZEGUET David   AS MONACO

COUPE DU MONDE

Liste des 22

Gardiens de but
16. BARTHEZ Fabien   AS MONACO
22. CHARBONNIER Lionel   AJ AUXERRE
 1. LAMA Bernard   WEST HAM UNITED

Défenseurs
 5. BLANC Laurent   OLYMPIQUE DE MARSEILLE
 2. CANDELA Vincent   AS ROMA
 8. DESAILLY Marcel   MILAN AC
18. LEBŒUF Frank   CHELSEA FC
 3. LIZARAZU Bixente   BAYERN DE MUNICH
15. THURAM Lilian   PARME AC

Milieux de terrain
14. BOGHOSSIAN Alain   SAMPDORIA DE GÊNES
 7. DESCHAMPS Didier   JUVENTUS DE TURIN
19. KAREMBEU Christian   REAL MADRID
17. PETIT Emmanuel   ARSENAL FC
 4. VIEIRA Patrick   ARSENAL FC
10. ZIDANE Zinedine   JUVENTUS DE TURIN

Attaquants
13. DIOMÈDE Bernard   AJ AUXERRE
 6. DJORKAEFF Youri   INTER DE MILAN
21. DUGARRY Christophe   OLYMPIQUE DE MARSEILLE
 9. GUIVARC'H Stéphane   AJ AUXERRE
12. HENRY Thierry   AS MONACO
11. PIRES Robert   FC METZ
20. TREZEGUET David   AS MONACO

TABLE

1. Des émotions pour l'éternité 11
2. Le fils à Claudius 43
3. Président, on va être champions du monde ! 83
4. La vie en Bleus 131
5. On n'a rien lâché ! 171
6. Mes champions du monde 231
7. Le pire aussi 247
Épilogue 263

Annexe 1 273
Annexe 2 279
Annexe 3 295

Cet ouvrage a été réalisé par la
SOCIÉTÉ NOUVELLE FIRMIN-DIDOT
Mesnil-sur-l'Estrée
pour le compte des Éditions Robert Laffont
24, avenue Marceau, 75008 Paris
en juin 1999

Imprimé en France
Dépôt légal : juin 1999
N° d'édition : 40205/06 - N° d'impression : 47460